JULES RAVISY

LA

SOCIÉTÉ DE PARIS

PARIS

TYPOGRAPHIE GEORGES CHAMEROT

19, RUE DES SAINTS-PÈRES, 19

COMTE PAUL VASILI

LA
SOCIÉTÉ DE PARIS

DEUXIÈME VOLUME

LE MONDE POLITIQUE

SIXIÈME ÉDITION

PARIS

NOUVELLE REVUE

18, BOULEVARD MONTMARTRE, 18

1888

LA

SOCIÉTÉ DE PARIS

MON JEUNE AMI,

Vous avez fait votre tour d'Europe et je vous ai suivi de chancellerie en chancellerie; vos nombreux déplacements et mon séjour prolongé en France nous ont donné, à vous le loisir d'oublier, à moi l'occasion d'apprendre la société de Paris. Tandis que le monde politique de votre patrie vous devenait étranger, il m'est devenu familier. J'achève auprès de vous mon rôle de Mentor jusque dans Ithaque.

Il vous est arrivé maintes fois à l'étranger d'entendre médire des hommes d'État de votre pays et vous m'avez conté votre vigoureuse indignation quand, un jour, au Prater de Vienne, le nom de votre Président et celui de votre dictateur Gambetta parvinrent à vos oreilles accolés à quelques-unes de ces injures dont le lexique populaire de Vienne est si riche. Bien que républicain fort tiède alors, il vous sembla que l'outrage fait à vos chefs rejaillissait sur votre patrie. Lequel de nous, loin du *home*, n'abdique l'esprit de parti? Ne semble-t-il pas que nous devenions plus *national* à mesure que notre existence est plus cosmopolite? Les voyages et surtout les longs séjours au dehors développent le patriotisme et il est curieux que cette fleur si régionale pousse plus vigoureuse sur un sol étranger.

Mon jeune ami, n'en croyez ni les hommes du dehors ni vos Français, au moins quand ils dénigrent votre personnel politique; vous avez su faire la comparaison, vous connaissez toutes les cours étrangères, vous avez approché et mesuré beaucoup de *bâtons flottants*, comme dit « notre » La Fontaine, car votre fabuliste ainsi que Molière appartient à l'humanité autant qu'à la France. D'où vient l'apparente infériorité de vos hommes d'État républicains? De votre presse. Vos journalistes ont infiniment d'esprit. Ils l'emploient mal. Ils ne semblent pas se douter que leurs feuilles volent au delà de la frontière et ils ont un goût trop prononcé pour la lessive de famille sans songer que l'eau sale déborde hors de chez eux.

La France a ses jaloux, votre journalisme leur fournit trop de sujets de consolations.

Où donc, ailleurs qu'à Paris, un journal, aussi satirique qu'on le suppose, a-t-il tourné en ridicule les mœurs intimes, les habitudes d'un chef d'État? Est-ce à Londres, est-ce à Berlin, est-ce à Rome, est-ce à Pétersbourg? Ce n'est pas qu'ils manquent là plus qu'ailleurs, les sujets de médisance, mais ces choses-là ne s'impriment pas toutes vives à cent mille exemplaires. Ainsi faites-vous pourtant, et vos ennemis s'en gaussent.

Les polémiques de presse sont vives, âpres, cruelles, en tout pays de liberté. Elles n'épargnent pas les personnes politiques, mais presque toujours elles épargnent les personnes morales. A Madrid même où elles sont féroces, aucun journal n'a révélé les petits travers de M. Canovas ou ceux de M. Sagasta. Quiconque n'a pas vécu là-bas ne connaît pas ces hommes d'État en robe de chambre. Il sait leur carrière, leur politique, leur système de gouvernement, rien de plus. M. de Bismarck commence à se révéler au monde dans son intimité. Il a dicté lui-même ses « propos de table ». Il ne lui déplaît pas que la photographie, la gravure, le représentent la pipe à la bouche devant sa chope. Il y a beaucoup de coquetterie dans ce déshabillé; si le valet de chambre du grand homme écrit ses mémoires, soyez sûr que le maître y aura mis sa griffe et que le volume sortira de son cabinet de toilette, revu, corrigé et considérablement augmenté.

Vous, vous faites la légende avec l'histoire, vos épopées tournent en potins. J'ai d'abord été très dépaysé en arrivant ici. Partout le plus petit fait politique est traité gravement, sérieusement; à Paris aujourd'hui, les plus grands événements se dépècent en *anas*. Les luttes les plus décisives se passent en escarmouches. On se combat à coups de langue. Tout le monde rit de tout le monde.

Le canard de M. Grévy, un vrai *canard*, comme disent les petites feuilles, a fait le tour du monde et diverti toutes les cours, et *Bébé* n'a été délaissé que quand la griffe de M. Wilson s'est montrée. La légende des mœurs ultra-bourgeoises de votre ancien Président, celle de la frugalité de ses repas, s'est accréditée et, j'en atteste tous ceux qui se sont assis à sa table, était-ce vrai? On se l'est figuré à l'étranger, durant neuf années, en le jugeant d'après le jugement de vos journaux, indifférent aux affaires publiques, partageant son temps entre son canard, son billard, son échiquier et ses comptes de maison, à moins qu'à Mont-sur-Vaudrey, il ne fît carnage de lapins. Et c'est vous, Français, c'est votre presse, qui aviez accrédité ces niaiseries !

C'est de la France que sont parties ces fertiles inventions, c'est vous-mêmes qui peiniez à rendre ridicule le chef de votre gouvernement et le ridicule retombait sur votre État mieux que s'il eût été mérité.

Qui donc votre satire a-t-elle épargné? Chacun de vos ministres a pris place sur la sellette. Celui-ci avait dérobé des millions à la détresse nationale et il est mort laissant à peine les rentes que peut acquérir derrière son comptoir un épicier qui réussit ; celui-là a l'air et les allures d'un garçon de café ; cet autre... mais je n'en finirais pas de rééditer tous vos cancans. Hé bien, avec vous, qui m'en saurez gré, je veux remettre hommes et choses en leur vraie place, en leur vrai jour. Je veux apporter des documents à l'histoire et non à la chronique de l'Œil-de-Bœuf. J'essaierai, par comparaison avec les autres gouvernements, de vous réhabiliter vous-mêmes à vos propres yeux, car devant l'étranger vous en avez à cette heure le plus grand besoin.

Oh! je sais bien que, des racontars, vous ne prenez *in petto* que ce qu'il faut pour vous amuser de vous-mêmes et à vos propres dépens. C'est un travers national, mais c'est aussi un excès de générosité dont l'Europe ne vous sait aucun gré.

Souffrez qu'un étranger vous dise ce que vous êtes, ce que vous valez, et mesure vos hommes au niveau de leurs émules. Souffrez qu'il vous rappelle au respect de vous-mêmes. Après tout, l'humanité n'a guère qu'une taille, elle produit peu de géants et peu de nains. Tous, a-t-on dit, nous sommes égaux par les pieds. Il s'en faut que notre élite humaine ne soit égale aussi par la tête. La sélection de la politique produit partout sur la scène historique des hommes à peu près équivalents, croyez-en mon expérience.

Sans doute une jeune démocratie comme est la vôtre recrute ses chefs parmi des hommes nouveaux à qui manquent parfois la tradition et l'éducation spéciales. Dans les vieux gouvernements, des castes s'établissent qui fournissent des hommes tout faits pour les grands emplois ; mais derrière cette solennité, cette gourme, derrière ces formules acquises et ces manières empruntées au bel usage se cachent bien des faiblesses, bien des petitesses et des imperfections.

Vous avez dans votre Parlement, en dehors de votre Parlement, de nombreux débris des anciens régimes qui possèdent les allures et le langage des cours les plus rigides. Ont-ils fait bien plus brillante figure aux affaires que vos tribuns, que vos « fils d'épicier », puisque c'est un genre d'aristocratie qui a pris assez dans votre République?

Puis ces usages mondains s'acquièrent vite. Votre race produit de merveilleux comédiens qui apprennent leurs rôles avec une étonnante rapidité. Tel est entré tout provincial dans l'un de vos ministères, qui en sort et y retourne homme d'État très convenable.

La transformation s'opère à vue d'œil. Encore quelques années et quelques roulements ministériels, votre personnel gouvernemental ne le cédera en rien à celui des cours les plus antiques. Ce n'est pas ce qui m'inquiète en votre démocratie. L'Américain reste à perpétuité un Yankee. Dans tout Français il y a l'étoffe d'un homme du monde. Il s'acclimate sans aucun effort à l'atmosphère des salons. L'apprentissage de l'habit noir n'est ni très long ni très difficile. L'écueil des plus maladroits en est seulement l'abus ; le plus aisé, c'est de savoir le quitter ou ne l'endosser qu'à propos. Mais on ne l'apporte pas deux fois à la tribune de Longchamps. Seulement l'extrême mobilité de votre République laisse à peine le temps de se former à vos « nouveaux ».

Ne rougissez donc ni de votre pays ni de votre République ; la France est restée fertile en talents, en nobles qualités comme par le passé. Le moule qui servait à façonner votre élite n'est pas encore brisé et si l'on y coule, de nos jours, de la matière neuve, c'est que votre patrie en est riche.

Mais, vous le savez, on dépense parfois beaucoup de vertu à se mal conduire, et beaucoup de génie à faire des sottises. Les résultats dépendent des circonstances et de la fortune, mais, somme toute, après dix-sept années de vicissitudes et de chaos, votre République, au regard des autres États, n'est pas en aussi mauvais point que vous le croyez vous-même. Vous vous acharnez, entre gens de parti, à vous calomnier ; et vos lunettes ne voient que les difformités. Ces difformités existent partout, mais ailleurs que chez vous on les cache. Votre littérature étale vos infirmités sociales; vos journaux grossissent vos erreurs politiques, vous vous obstinez à vous croire en décadence; mais on ne s'y fie pas, et l'on a bien raison.

COMTE PAUL VASILI.

PREMIÈRE LETTRE

LES DEUX PRÉSIDENTS DE L'AN DE GRACE 1887

Les Tuileries n'ont pas porté bonheur à vos monarchies. On dit qu'un petit homme rouge les hantait, qui apparaissait à la veille des révolutions. Ce méchant spectre revenait trop souvent. Depuis que les Tuileries étaient la résidence royale ou impériale, il n'a pas été permis à une dynastie d'y faire souche. Tout souverain qui entrait aux Tuileries n'y entrait que pour l'exil ou la mort. En un siècle ce palais n'a vu qu'une seule chapelle ardente de souverain. Les ruines fumantes de la Commune ont enseveli le petit homme rouge. Les démolisseurs ont balayé son cadavre diabolique, et malheur à l'amateur de curiosités qui a fait monter une parcelle de ses restes en épingle : espérons que c'est un Anglais qui a emporté le bibelot. A aucun de ceux qui ont acheté les débris des ruines des Tuileries, elles n'ont porté bonheur.

L'Élysée n'a pas une si tragique histoire. C'est un joli hôtel assez confortable entre cour et jardin, donnant sur le faubourg Saint-Honoré et les Champs-Élysées, quartier semi-aristocratique et semi-officiel. Quand les Tuileries s'élevaient dans le voisinage, c'était une antichambre. A présent c'est un palais. On y reste, et l'on en sort quelquefois prématurément, mais toujours vivant.

C'est là que le prince-président attendit, dans l'angoisse, des nouvelles du coup d'État en 1851. Les mauvais rèves ne hantent plus les lambris dorés de l'Élysée. On y dort sans fièvre et la révolution n'en a pas encore violé le seuil. Elle s'est arrêtée à la place de la Concorde. D'ailleurs le poste est facile à garder et les précautions ont été bien prises. Une armée d'assaut ne saurait où se développer pour l'assiéger, et la place stratégique est plus favorable que celle des Tuileries, trop découverte et vulnérable des deux côtés. Mais à quoi pensé-je? Malgré quelques alertes, le président Grévy n'y a jamais couru de risques sérieux, et son successeur peut diminuer le nombre des gardes sans compromettre sa sécurité. M. Grévy jusqu'au dernier jour y a vécu content de son sort. M. Sadi Carnot a pris la place sans coup férir. Il compte la garder malgré le *précédent* fâcheux de son prédécesseur.

M. Grévy est tombé du pouvoir sans laisser de parti ni de regrets, mais l'histoire sera plus juste que ses contemporains. Les contemporains ne saisissent pas l'ensemble des lignes historiques ; ils ne voient que le fait qui passe. Faut-il juger Louis XIV sur les dernières années de sa vie, et Napoléon sur les Cent Jours?

Ce fut un malheur pour M. Grévy que cette réélection de 1885. Ce furent ses Cent Jours à lui, qui durèrent deux ans! La fortune n'aime pas les vieillards, même ceux qui l'aiment trop!

M. Grévy octogénaire, isolé dans son palais, entouré de sa famille dont l'affection exclusive lui voilait la réalité extérieure, avait perdu le sens du gouvernement. Il n'avait plus la promptitude d'esprit nécessaire pour prendre des résolutions décisives. Il pouvait dix fois échapper à la conjuration qui le renversa. Il n'avait qu'à laisser sa porte s'ouvrir aux conseillers clairvoyants et désintéressés; mais on montait la garde devant cette porte. Et pourtant il ne s'agissait d'être ni Jephté ni Agamemnon. Il lui suffisait de sacrifier son gendre, et quel gendre!

Quoi qu'il en soit, M. Grévy appartient encore à la société politique de Paris. Je voulais remanier, pour la publication de ces lettres intimes, le portrait que j'avais tracé à votre intention et que je vous avais envoyé avant que les noms des Limouzin et des Ratazi fussent accolés à celui du premier magistrat de la France. Je préfère n'y pas toucher. Les traits noirs qu'il eût fallu y ajouter pour compléter la ressemblance ne sont que trop connus du monde entier. Libre à vous, sous l'empire des dernières impressions, d'en croire les ennemis victorieux de M. Grévy.

Je pense que l'esquisse primitive et sans retouche est plus voisine de la vérité que ne pourrait l'être une biographie écrite sous la dictée des amis de M. Jules Ferry. Car ce sont eux qui ont noirci, sali à plaisir les derniers jours de celui qu'on appelait depuis soixante ans « l'austère Grévy, le républicain intègre ».

Les pamphlets ne peuvent s'écrire que pour les hommes debout. M. Grévy est tombé, l'histoire seule peut le relever.

Je publie donc ici ce que nous pensions tous de M. Grévy avant la révolution de palais qui le précipita. Le portrait date de septembre 1887. Je crois que la postérité l'acceptera ainsi.

DEUXIÈME LETTRE

M. JULES GRÉVY

Vous avez pu connaître, mon cher ami, grâce aux innombrables détails prodigués par les journaux à reportage, l'emploi, heure par heure et minute par minute, de la vie d'un Président. « Levé à six; couché à dix », M. Grévy obéit aux préceptes de l'hygiène classique. Il n'a pas dans l'existence intime ces singularités qu'on rapportait de M. Thiers. Il ignore le petit sommeil après dîner, qui permettait au fondateur de la troisième République les veillées mondaines. Il néglige aussi les audiences à cinq heures du matin qui prêtent au personnage un tel renom de labeur et de vaillance; il se conserve tout uniment, et il se conserve bien, ménageant sa monture pour voyager loin, travaillant juste autant qu'il faut, sans ostentation et sans excès, et porté plutôt à dissimuler son activité intellectuelle qu'à s'en faire admirer.

On a dit de la carrière de M. Jules Grévy que c'était le triomphe d'une attitude; c'est vrai, mais l'homme ne se guinda jamais pour l'affecter; elle lui fut naturelle, et, comme elle n'avait rien de violent ni de fatigant, il la garda.

Vous connaissez les origines de M. Jules Grévy, origines honnêtes et obscures. On lui attribue des ancêtres italiens, génois même. C'est encore une manie de vos journalistes de faire honneur à l'étranger et particulièrement à Gênes de vos hommes de haute marque. Eh bien! s'il est vrai que l'Italie ait fourni M. Grévy à votre République, comme elle avait fourni Gambetta, elle prouve que le génie de l'Italie s'acclimate aisément au gouvernement de la France. Cela prouve aussi que votre République n'a rien à envier à ces temps prospères de la monarchie où fleurirent les Concini, les Mazarin et les Broglie.

M. Grévy n'a pas besoin de généalogie. Il porte fièrement, sans forfanterie de parvenu, sa qualité d'homme nouveau.

Sa notoriété politique date de 1848. Député de son

département du Jura, il se signala par le fameux amendement, vous savez, qui supprimait le Président de la République, pour attribuer la direction suprême de l'État au premier ministre, toujours responsable devant une assemblée souveraine.

On a vu dans cette motion une prédestination. L'adversaire de la Présidence devait se heurter à sa propre loi pour devenir le Président, comme le cardinal La Ballue devait expérimenter sa cage, comme le docteur Guillotin devait être guillotiné, comme M. Thiers devait faire le siège de l'enceinte fortifiée de Paris.

Il est certain que l'amendement Grévy ne nuisit pas à sa première élection présidentielle. Les républicains anarchistes n'ont qu'une tendresse modérée pour ce genre de souveraineté; ils redoutent toujours le dictateur et, dans le plus constitutionnel des chefs d'État, ils flairent le monarque. Ils ont donc aidé à l'avènement de celui qui ne voulait pas de présidence, estimant qu'il exercerait ses fonctions aussi peu que possible. Je crois bien qu'ils se sont trompés, car récemment ils ont accusé M. Grévy de tyrannie! Mais n'anticipons pas, comme disent les romanciers.

L'amendement Grévy impliquait-il d'ailleurs une haine absolue pour toute présidence? C'était un amendement de circonstance, présenté contre une loi qui remettait au suffrage universel l'élection du Président alors que l'un des candidats s'appelait Bonaparte! Cette loi introduisait dans la constitution républicaine un élément césarien, un dualisme de pouvoirs avec un horizon de conflits solubles seulement par la force.

L'homme qui, dès 1848, prévoyait 1851 et la suite, ne manquait pas de clairvoyance. Dès ce jour, M. Grévy passa à bon droit pour un républicain incorruptible.

Il traversa l'Empire avec ce renom, et l'Empire le respecta.

Avocat estimé, il eut les honneurs du bâtonnat. Élu député vers la fin du régime, il exerça sur la gauche une action puissante sans jamais se mêler aux petits débats. Il eût mal pratiqué la mesquine guerre d'opposition suivant la tactique des Cinq. Mais son exemple, sa fermeté inébranlable, son air antique, imposaient à quelques-uns de ces républicains plus farouches, mais moins durs, qui se lassaient, dans la dernière législature impériale, « des longs espoirs et des vastes pensers », et qui flirtaient déjà avec un pouvoir dont ils ignoraient la caducité. Il en retint plusieurs au bord de la gauche ouverte, précipice dont ils sont d'ailleurs sortis fort allégrement, plus républicains que jamais, quand la République fut venue, et plus empressés que les autres à recueillir les fruits d'une victoire dont il se désintéressaient la veille.

M. Grévy, sous l'Empire, n'intervint guère qu'une fois dans un débat solennel; ce fut pour rompre en visière avec la majeure partie de la gauche; il s'agissait, sous le ministère orléano-impérialiste de M. Ollivier, de rapporter les lois de bannissement contre la famille d'Orléans. C'étaient les beaux jours de l'Union libérale, et alors il était de mode dans la gauche de faire un pèlerinage à Twickenham. Gambetta pas plus que les autres n'avait manqué à l'usage, et son ami Clément Laurier l'avait présenté aux « princes de la Révolution ». M. Grévy, l'austère M. Grévy, prononça contre le projet un de ces grands discours auxquels leur extrême rareté ajoutait plus de solennité. Il vota avec les chevau-légers de l'Empire et la loi fut rejetée. Il a toujours merveilleusement flairé les petits complots. Dans la politique, ce robuste chasseur a l'odorat des chiens de son pays. Il évente d'une lieue les gîtes monarchiques. Si la gauche l'avait emporté avec la complicité des autres, il est probable qu'une troisième République ne fût jamais née. Après Sedan, les princes installés dans de grands commandements eussent signé la paix, et 1870 recommençait 1830. M. Grévy eut donc une grande part aux préliminaires du 4 septembre, mais il n'en prit aucune à la crise.

Il ne se réservait pas. On le réserva. Quant à lui, jamais pressé, il a attendu son heure, et, le dernier parti, il a monté plus haut que tous les autres. Il n'était pas de ceux qui firent en fiacre la course des ministères et les occupèrent par droit de premier occupant. Il n'était pas de ceux qui jetèrent à la foule, du balcon de l'Hôtel de Ville, leurs propres noms pour le gouvernement de la Défense nationale. Il se laissa oublier, et comme rien n'est plus facile que l'oubli des autres à ceux qui ne songent qu'à eux-mêmes, on ne lui fit aucune violence.

Il n'eut, et préféra n'avoir aucune responsabilité dans la guerre à outrance ni dans les gouvernements de Paris, de Tours et de Bordeaux. Alors, encore, il s'enferma dans le mutisme; tranquille dans la belle retraite de Chenonceaux, auprès de sa fidèle amie Mme Pelouze, et de son futur gendre M. Wilson.

Un malaise vague, indéfinissable, se mêlait aux désastres et ajoutait à la tristesse et aux angoisses de l'Année terrible. Qu'était-ce? On ne savait le dire, on se sentait une inquiétude. C'est que M. Grévy n'était pas content. Il ne le disait guère, mais on le devinait. Le mécontentement du « républicain intègre » pesait sur une République qui naissait dans la dictature.

M. Grévy ne se montrait pas, mais on se figurait sa figure sévère et attristée. Et quand on se représentait les traits de M. Grévy, aussitôt, je ne sais comment, l'ardent organisateur des armées suprêmes paraissait plus jeune et plus téméraire, MM. Crémieux, Fourichon et Glais-Bizoin prenaient au contraire une apparence plus marquée de décrépitude. Une république sans M. Grévy n'était pas une république sérieuse.

Aussi fut-il promu d'acclamation à la présidence de l'Assemblée nationale réunie à Bordeaux. Légitimistes, orléanistes, républicains de toutes nuances, confondirent leurs votes. Il y eut alors deux hommes nécessaires : M. Thiers et M. Grévy.

L'un représentait l'habileté consommée, l'expérience des affaires, il valait à lui seul un gouvernement.

L'autre, plus modeste, représentait la protestation digne et muette contre les fautes commises, la sagesse indéfectible.

L'un c'était le talent confinant au génie, l'autre

la vertu passant pour confiner à l'austérité. Ce mot d'austérité revient sans cesse sous la plume quand on parle de M. Grévy. Avec M. Grévy la République semblait se purifier. Il est des heures où les nations comme les hommes ont un impérieux besoin de vertu, où elles se concentrent en elles-mêmes pour chercher bien loin, bien loin, tout au fond de l'être, les bons instincts, hélas! oubliés et dédaignés. Ainsi fit la France au commencement de 1871, et cette recherche aboutit à la mise en lumière de M. Grévy, président de l'Assemblée nationale.

L'estime que tous les partis avaient de son caractère en élevant un républicain à la première place dans l'assemblée souveraine et en partie monarchique, ne contribua pas peu à donner à la minorité républicaine une importance prépondérante dans la lutte des partis qui dès lors s'engageait.

On avait cherché le plus impartial, le plus digne, pour diriger les débats de l'Assemblée nationale, et on avait trouvé un républicain, que dis-je? le républicain par excellence. L'honneur rejaillissait sur le parti tout entier, et les monarchistes s'étaient effacés devant ce républicain.

M. Thiers avait dit : « L'avenir appartient aux

plus sages. » Les plus sages étaient ceux qui comptaient M. Grévy dans leurs rangs.

La Commune de Paris ne pouvait l'emporter contre une assemblée présidée par M. Grévy. En face d'un pareil président, combien paraissaient misérables les craintes affectées par les communards pour le salut de la République. Oui, M. Thiers fut actif, habile, il fit des tours de force pour combattre l'insurrection ; mais je ne sais s'il aurait pu maintenir toute la France dans le devoir, obtenir un crédit de confiance des Prussiens circonvenant tout un côté de la capitale et prêts à y mettre l'ordre, quel ordre ! à la moindre défaillance du gouvernement, laisser enfin aux républicains l'espoir que le régime de leurs rêves survivrait à une telle crise, si, au-dessus de tout, au-dessus de M. Thiers lui-même, n'avait plané à Versailles l'image calme, l'image grave, l'image sereine du président Grévy.

Une attitude, soit. Je le dis très sérieusement, cette attitude fut votre dernière ressource, elle valut mieux que l'habileté, que l'éloquence, que tous les talents. Par contraste à la folie de la Commune, il fallait, pour qu'elle fût sauvée, à la République de l'ordre, il fallait aux gens sages une personnification imposante, une identité vivante du recueillement. M. Grévy fut l'homme de la situation. Il ne semblait pas s'en douter et je crois même que personne n'y prit garde ; mais sa respectabilité se faisait sentir alors, comme pendant le 4 septembre son mécontentement, c'est-à-dire silencieusement et discrètement : une influence occulte mais toute-puissante.

Qu'elle fut belle la convalescence de la grande blessée ! Les deux années qui s'écoulèrent de juillet 1871 à octobre 1873 sont les plus surprenantes de votre histoire. Vous avez étonné l'Europe et arraché son admiration. Ce fut un peu trop court, mais une nation capable de ce relèvement est immortelle.

On se reprit même à la gaîté et au plaisir. Les salons se rouvrirent. Une société élégante, toute surprise de se retrouver vivante après les jours sombres, s'y donna rendez-vous. L'Assemblée nationale était du reste elle-même un salon, où se continuait la conversation de la veille au soir, avec un peu plus de véhémence ; les femmes, il est vrai, y étaient muettes, mais que d'éloquence dans leurs regards ! Les vrais chefs de parti siégeaient aux galeries. Vous ne manquiez pas alors une séance, duchesse d'Harcourt, vicomtesse de Renneville, comtesse de Valon et autres Égéries.

Vous meniez au combat la troupe vaillante des sigisbées. De l'autre côté s'affirmait une puissance égale à la vôtre, celle de l'éducatrice des plus farouches républicains, qui initiait aux mystères de la tenue, aux élégances mondaines les plus réfractaires, et qu'une espérance passionnait : voir les chefs de son parti devenir des hommes de gouvernement.

M. Grévy paraissait rarement dans le monde où l'on jase. Il préférait aux dîners d'apparat les sévères distractions de la partie d'échecs au café de la Régence. Cependant, nul plus que lui, avec sa gravité, n'excelle dans la conversation des femmes. Sa bonhomie malicieuse, sa galanterie d'homme mûr, sa politesse relevée par je ne sais quelle saveur rustique et franc-comtoise, obtenait plus de succès que les affectations des damerets.

On a gardé le souvenir de certains dîners hebdomadaires et champêtres où le président présidait sans sonnette et où ses bons mots faisaient florès. Tous les partis y avaient leurs convives des deux sexes, et un autre grave, feu M. Batbie, donnait les meilleures répliques et les plus galantes au sévère président.

C'est, je crois, au lendemain d'un de ces festins de campagne que le président eut une distraction pendant un séance orageuse. Il avait offert l'hospitalité de sa tribune à de fort beaux yeux, des yeux politiques d'ailleurs. Tandis que du haut de son fauteuil, et de fort loin, il s'y mirait par un de ces regards dérobés et malins dont il a le secret, les gros mots s'échangeaient, on se lançait des « bagages » à la tête! Rappelé au devoir, M. Grévy descendit de son siège. Aussi bien la conspiration était évidente, c'était le prélude du 24 mai. Un autre « austère » lui succéda, M. Buffet.

Mais j'essaie, à bâtons rompus, l'histoire de M. Grévy, non celle de votre République. Lui recommença à se réserver. Il ne voulut pas d'un siège inamovible au Sénat. Il sommeilla pendant la tourmente et se réveilla président de la Chambre des députés en 1876. La République avait survécu.

M. Grévy, c'était le président modèle. Il ne cherchait pas les mots d'esprit à la façon de M. de Morny, il n'apportait à ses difficiles fonctions, ni véhémence, ni recherche, ni mollesse, ni faiblesse, ni langueur, ni fougue sévère. Juste comme le règlement, il se possédait toujours lui-même, sûr moyen de garder indéfectible son autorité. Jamais il ne lui échappa une expression blessante; jamais un mouvement de partialité. Et Dieu sait s'il présida à des tempêtes! Son esprit contenu contenait tout autour de lui. Il n'a procédé d'aucun de ses devanciers et, chef d'école, il n'a pas eu d'élèves. Pour présider comme lui, il fallait être lui-même. D'autres président bien ou mal, lui présidait; il était né président, et quand il ne présidait pas, il y avait interrègne. L'attitude!

Quand il dut lire en 1877 le décret de dissolution, il y ajouta peu de paroles, quelques mots. On n'en a pas gardé la mémoire, bien qu'ils fussent éloquents, mais c'était le gage de la victoire des 363.

Il revint bientôt avec ces 363 et il figura, à côté de son vaincu, le maréchal de Mac-Mahon, aux solennités de l'Exposition de 1878. Faut-il l'avouer? J'assistai dans la tribune diplomatique à la distribution des récompenses au palais de l'Industrie. Votre République y déploya des pompes royales. On n'a pas fait mieux à Vienne. Il y avait là, autour du maréchal, Amédée de Savoie, don François d'Assise, le prince de Galles; M. Grévy y était aussi. Eh bien! le bourgeois de Mont-sous-Vaudrey auprès de ce maréchal et de ces princes faisait grande mine. Sa gravité se haussait peut-être à la solennité, mais il avait belle et noble tenue.

Quand le maréchal eut monté sa dernière faction aux fêtes de l'Exposition, il s'en alla. Il n'y eut aucune crise, aucune inquiétude, aucune angoisse de compétition. Le congrès porta tout simplement M. Grévy aux honneurs suprêmes.

Les réserves de toute sa vie recevaient leur récompense.

Président de la République, il a continué à se réserver, à se conserver.

Élevé à ce poste suprême, il a acquis aussitôt toutes les grâces d'état nécessaires, mais déjà n'avait-il pas tous les dons de l'emploi? Une noble figure, une grande taille, une tenue simple et grave, cette bonhomie aiguisée d'une pointe de finesse, qui relève la dignité du pouvoir, une prudence toujours en éveil, la discrétion d'un irresponsable, la vigilance d'un patriote, la connaissance intime des hommes et des affaires acquise dans une longue vie publique, l'habitude des grands emplois, et celle d'être respecté.

Je ne sais comment vivent et comment se tiennent les présidents de la République américaine, mais je l'imagine. J'ai connu des présidents de la République helvétique. L'Américain et le Suisse ont chacun leur manière de sans-façon ; ils représentent des pays démocratiques jusqu'aux moelles.

La France est restée pays de monarchie. Un

chef d'État à la mode américaine ou helvétique, n'y conviendrait pas. A Berne, le président que j'ai connu jouait aux boules, le dimanche, dans un établissement public. C'est charmant dans ces montagnes, mais en Suisse un pharmacien, un instituteur, font partie de la « société ». Vous avez gardé des anciens régimes beaucoup de traditions. Vous êtes démocratisés au fond, mais fort peu à la surface. Pour parodier un mot célèbre et assez cruel de M. Grévy lui-même, qui l'appliquait aux magistrats, étant avocat, je dirai que, pour être président de la République française, il ne suffit pas d'être démocrate, il faut encore avoir de la tenue.

Aucun de vos présidents, jusqu'ici, n'en a d'ailleurs manqué.

M. Thiers avait celle d'un homme d'État de la monarchie bourgeoise.

M. le maréchal de Mac-Mahon, celle d'une République aristocratique et militaire.

M. Grévy a celle du magistrat suprême d'une République où la bourgeoisie défend encore sa position. Entre M. Thiers et lui il y a la nuance de la royauté citoyenne à la République. L'un était l'incarnation du Tiers-État conservé dans une monarchie élective; l'autre, l'incarnation du Tiers-État dominant une république démocratique.

Votre presse, si malicieuse, n'a d'ailleurs pas dit que M. Grévy était un homme d'un esprit très fin et très cultivé. Comme certains vieux magistrats, comme certains vieux rois aussi, il se plaît dans la compagnie des classiques. Il possède son Horace et son Virgile aussi bien que Louis XVIII. Il les sait par cœur et il les relit. Sa tournure d'esprit est tout antique, et sa simplicité, la concision de ses discours, cette solennité tempérée qui ne le quitte guère, tout rappelle en lui un Romain de la République.

Mont-sous-Vaudrey n'est-il pas cette maison de Scipion dont Sénèque a loué la rusticité? Le chef d'État s'y repose; il arbore la blouse et le chapeau de paille en ruminant Cicéron, Tive-Live ou Tacite.

Revenir en son pays auprès de ses parents restés humbles et pauvres, des témoins des origines plébéiennes et des commencements difficiles, y reprendre la vie champêtre, bonnement, sans affectation de parvenu, est un trait de courage dont peu d'hommes seraient capables.

Gambetta fit à Cahors un seul voyage, il y alla chercher une apothéose.

M. Grévy ne cherche à Mont-sous-Vaudrey que les vieux et chers souvenirs, et un agréable délassement. Il oublie là volontiers les cérémonies et les pompes de la vie officielle.

Cependant il ne les déteste pas.

Une des fonctions de sa charge où M. Grévy excelle, c'est la réception officielle des ambassadeurs. Il se plaît à ces représentations réglées par M. Mollard. Il y apporte une dignité simple avec un soupçon de solennité. Ce mélange est fort convenable. La simplicité vient de l'homme, la petite nuance de solennité indique le représentant d'un grand pays, le chef d'une puissante République. Quand M. Grévy doit remettre une barrette à un cardinal, sa joie est au comble, et prélats, ablégats et gardes nobles se retirent enchantés de l'accueil de ce voltairien. Une coquetterie familière aux souverains consiste à donner une large et chaude poignée de main. Les Bourbons se transmettaient, de génération en génération, l'art de la poignée de main. Le dernier des Bourbons, M. le comte de Chambord, étreignait avec un élan de cœur, qui semblait véritable, le dernier de ses visiteurs. La tradition n'a pas sauté à la branche cadette. La poignée de main de M. le comte de Paris est froide et indifférente.

Je ne crois pas que M. Mollard ait donné à M. Grévy des leçons de poignée de main. Pourtant le Président de la République y est passé maître. Son étreinte est affectueuse, empressée, elle dépasserait même la mesure convenable à un souverain. Mais la fraternité républicaine tolère ce léger excès.

Vos journaux ont accrédité la légende de l'avarice présidentielle. Sans doute la générosité de M. Grévy s'exerçait peu hors des murs de l'Élysée et il était loin des errements du maréchal de Mac-Mahon, de prodigue mémoire. Ses écuries étaient rien moins que luxueuses, mais un bourgeois du Jura n'a pas besoin d'être monté comme un maréchal de France. Les équipages de M. Grévy ont seulement la bonne tenue qui convient à la simplicité républicaine.

Sa table est plus que confortable; celle de beaucoup de souverains ne l'égale pas, et, ce qui vaut mieux encore, elle est ouverte et l'hospitalité en est cordiale.

A part les grands dîners de rigueur qui fatiguent le Président, c'est à déjeuner que M. Grévy aime à recevoir, au milieu de sa famille.

Et le billard? Eh bien? et Louis XIV? Les échecs? et Napoléon? Les jeux de la petite Marguerite Wilson? et Henri IV?

Ce qu'on loue chez les rois est-il interdit aux Présidents?

On a beaucoup glosé aussi des trois bals annuels, du buffet assiégé, des toilettes négligées, des invitations trop faciles, « des gens qu'on ne rencontre que là ». Mais la maison d'un président bourgeois s'ouvre naturellement à un monde qui n'a pas accès au palais des rois ou des empereurs, « au château », comme on disait. D'ailleurs les plaisanteries de la presse monarchique sont renouvelées du règne de Louis-Philippe, du roi garde-national. L'Élysée de M. Grévy ne ressemble pas aux Tuileries de l'Empire. On s'y amuse mieux, paraît-il; l'étiquette n'y retient pas les jeunes couples. On danse, chez M. Grévy, pour le plaisir de danser. Cet exercice développe l'appétit, et le buffet est abondamment garni. Ce n'est pas la faute du Président si on s'y presse trop.

Quant aux toilettes... Le militaire n'est pas riche, chacun sait cela! La République doit-elle rééditer l'obligation du costume de cour? La bonhomie domine dans ces réceptions républicaines, et si le corps diplomatique n'est pas friand de bonhomie, il se confine dans son salon réservé et se mire dans sa belle tenue; mais il ne s'amuse pas.

A l'Élysée, ce sont fêtes militaires et bourgeoises.

Ceux qui sont curieux de fêtes démocratiques

doivent aller aux bals de l'Hôtel de Ville, surtout dans la salle du rez-de-chaussée, dans le temple de la bière et de la charcuterie, de la fumée, même de la fumée de pipe. Ils apprécient là la distance qui sépare encore la République municipale de la République officielle.

Vous vivez en République, accommodez-vous des mœurs républicaine et du règne de la rue du Sentier. Si M. Grévy recevait autrement, si l'Élysée devenait une succursale du faubourg Saint-Germain, quelle clameur dans la démocratie !

Sauf l'apparat des vieux costumes, les soirées du lord-maire de Londres ressemblent à celles de l'Élysée. M. Grévy, depuis sa présidence, a pris la figure et l'allure d'un lord-maire. Il porte à présent toute sa barbe blanche et courte ; ses yeux noirs reçoivent un supplément d'éclat de ce supplément de blancheur. Il ne se plaît guère au théâtre. Il n'use de sa loge à l'Opéra et au Théâtre-Français qu'aux soirs de grandes premières. Avec sa lorgnette d'or, son air impassible, il a tout à fait bonne mine, celle d'un riche bourgeois anglais.

M. Grévy remplit donc à merveille, dans la juste mesure, au regard du monde particulier dont il tient son mandat, ses devoirs de premier citoyen de la République.

Il a hérité des suppléments de traitement octroyés au maréchal de Mac-Mahon. La liste civile de M. Thiers se chiffrait à 600 000 francs. On a donné au maréchal un supplément de 300 000 pour frais de représentation et d'autant pour frais de voyage. Si M. Grévy réalise des bénéfices, c'est sur ce dernier chapitre. Le train de Paris à Mont-sous-Vaudrey, aller et retour, n'épuise pas le crédit. M. Grévy gère sa liste civile en père de famille. Le maréchal, en quittant le pouvoir, a vendu son hôtel. M. Grévy en laissera un à sa fille, en plus des immeubles qu'il possédait déjà. Je l'ai dit et répété : c'est un président bourgeois. La bourgeoisie s'enrichit surtout par l'économie. Mais nous n'avons rien à voir dans ces comptes de ménage.

Écoutons les détracteurs du Président. Ils se contredisent. Pour les uns, c'est un président fainéant, indifférent, sans action sur l'État. Pour les autres, c'est une manière de tyran qui dissimule sous des dehors constitutionnels et corrects une politique très personnelle à la Louis XI ou à la Louis-Philippe.

Qui doit-on croire?

A ses débuts, M. Grévy était l'idole des radicaux. En ces derniers temps il est devenu le point de mire de leurs attaques. Tour à tour les opportunistes et les radicaux l'ont accusé de politique secrète et d'abus dans le gouvernement. Personne du moins n'a découvert derrière M. Grévy un pouvoir occulte. Il n'a jamais eu d'Éminence grise, pas de duc de Broglie, ni d'Emmanuel d'Harcourt, pas même de Barthélemy Saint-Hilaire. Il ne communique à personne, pas même à M. Wilson, je crois, ses pensées de derrière la tête; il ne les emprunte pas. S'il a son secret, il est bien à lui. Cependant, après neuf ans de présidence, il lui est difficile de dérober les mobiles mystérieux d'une politique personnelle. Or M. Grévy a une politique personnelle, ses adversaires ont raison en cela. Qu'il en soit accusé par M. Ranc, l'opportuniste, ou par M. Rochefort, l'intransigeant, rien ne sert de le nier. La vérité est que M. Grévy gouverne, qu'il y a une suite dans ses actes, qu'il ne laisse pas aller à la dérive la barque républicaine, qu'il ne cède pas aveuglément au caprice des majorités, qu'il n'est pas une machine à signer. S'il n'a pas de responsabilité constitutionnelle, il s'en croit une devant le pays et aussi devant l'histoire.

Pourquoi pas?

D'ailleurs le chef d'État parfaitement constitutionnel n'existe pas dans la nature. C'est un être de raison, une fiction doctrinaire. La terre n'a jamais enfanté un sceptique si accompli, un pyrrhonien aussi outré. L'histoire n'en a jamais donné d'exemple. Jamais être né d'un homme et d'une femme, en qui bat un cœur et palpite un cerveau, ne parviendra au degré d'impassibilité requise, ne pourra contresigner des décrets et des lois qu'il juge dangereux pour son pays, sans que la plume lui tombe des mains, ni, sur la désignation des Chambres, appeler au pouvoir des ministères qu'il estimera funestes à sa patrie.

Je crois bien que les vrais constitutionnels sont rarement ceux que l'on pense. Si le doctrinarisme anglais eût été dès lors inventé et importé en France, Louis XI et Henri IV eussent merveilleusement joué la comédie du constitutionnalisme, mais ils n'eussent agi qu'à leur tête. Ce pauvre Charles X, au contraire, s'est laissé accuser de tyrannie par maladresse. Il a signé ses ordonnances parce qu'il ne savait pas jouer de la Charte et avec la Charte. C'est un art qui exige une malice qui se dissimule, une patience qui ne se dément pas, une finesse voilée sous la rondeur. Pour y exceller il faut faire monter le sceptre en manche de parapluie.

Donc M. Grévy a une politique personnelle. Il a une méthode à lui pour présider le conseil des ministres. Il parle peu et écoute beaucoup; mais ses mots sont aussi décisifs qu'ils sont rares. Le président sait à merveille ce qu'il laissera faire et ce qu'il empêchera. Mais il reste maître de son secret; sa taciturnité est bien précieuse, car avec un silencieux on ne discute pas.

C'est en temps de crises ministérielles — et Dieu sait si M. Grévy en a traversé — qu'apparaît son habileté (1). Il ne se presse jamais de les dénouer. Il consulte tout le monde, il appelle les chefs de tous les groupes de la majorité et même les autres. On dirait qu'il ne sait pas où il va, qu'il est indécis; il essaie combinaison sur combinaison. On le croit à bout de ressources. Alors il mande M. Duclerc. Avec M. Duclerc il récapitule ce qu'il a essayé, tenté; il réclame de lui un conseil, celui justement qu'il désire suivre, M. Duclerc est le seul homme avec lequel M. Grévy consente à jouer la confiance, à feindre l'abandon. Quand M. Duclerc est appelé, la solution est proche, car il est souvent arrivé que la menace d'un ministère Duclerc a ramené à merci les plus récalcitrants.

L'habileté de M. Grévy tend à un but unique, sa politique personnelle se borne à un objectif; il élimine et il choisit les hommes, il combine, il ruse

(1) Le portrait, je dois le rappeler, date de septembre 1887.

en vue d'un seul résultat : la paix avec l'Allemagne. Il ne veut pas compromettre la République dans une crise nationale semblable à celle d'où elle est sortie.

M. Grévy est un porte-toge. Il redoute pour la France et surtout pour la République la prépondérance d'un sabre. C'est pourquoi il n'a jamais aimé Gambetta, l'homme de la guerre à outrance, celui que M. de Bismarck appelait l'homme de la revanche.

Le Président de la République a tout fait pour empêcher l'avènement de Gambetta au ministère ; et quand il comprit que la résistance devenait impossible, il entoura le tribun de pièges, avant, pendant et après son arrivée au pouvoir. Dieu sait quels efforts Gambetta et ses amis durent accumuler pour vaincre l'obstination du vieux Président. Vous vous souvenez de la furieuse séance où dix-sept ordres du jour étant repoussés sur une interpellation tunisienne, Gambetta, invisible durant cette journée où la consigne était de patauger, survint vers le soir et fit voter d'acclamation un ordre du jour retentissant.

Aussitôt Gambetta fut chargé de former un ministère ; mais on lui laissa commettre l'imprudence de parler de « grand ministère », c'est là que M.

Grévy l'attendait. Un grand ministère, cela voulait dire un cabinet qui, sous la présidence de Gambetta, aurait pour membres les grands chefs, les Léon Say, les Freycinet, un vrai ministère d'union républicaine. Après de longues et vaines démarches, Gambetta, sans cesse amusé, berné, déçu, dut se résigner à ne faire qu'un ministère d'amis. Il tint trois mois contre l'Élysée et succomba. Sa carrière ministérielle était finie. Une mort prématurée a fait oublier son échec gouvernemental.

On a accusé M. Grévy, qui jamais ne s'est plus nettement découvert qu'alors, d'avoir cherché à couler tous ses successeurs possibles. Je crois que, dans sa lutte avec Gambetta, le Président n'a été mû ni par un égoïsme personnel ni par des principes politiques: il a obstinément combattu l'homme qui faisait peur à l'Allemagne.

Et la preuve, c'est que, Gambetta mort, M. Grévy donna toute sa confiance à l'héritier de sa politique, de l'opportunisme, dont il s'était auparavant servi pour renverser Gambetta: à M. Jules Ferry. M. Jules Ferry a toujours été agréable à Berlin, son portrait a figuré à l'almanach de Gotha à côté de la famille impériale d'Allemagne.

On a attribué à une jalousie de popularité l'antipathie professée par le président de la République contre le général Boulanger. C'est encore une erreur ; à tort ou à raison, M. Grévy, très bien informé des choses extérieures, croyait que le général Boulanger c'était la guerre, et, de même que pour M. Gambetta, il se découvrit encore et fit le ministère Rouvier.

M. Grévy a, jusqu'à ce jour, refusé d'appeler M. Clémenceau. Au fond, depuis neuf ans, il a toujours suivi, avec des hommes différents, la même politique. M. Grévy n'en admet pas d'autre : une politique qui empêche au dedans des troubles trop graves et au dehors la guerre avec la Prusse.

Votre Président a l'âme humaine et pacifique, c'est un philosophe. Aussi, comme tous les républicains de son école, l'école classique, a-t-il toujours eu une certaine aversion pour la peine de mort. Mais il est faux qu'il fasse de son droit de grâce un abus. Jamais il n'a épargné un criminel que la commission des grâces avait désigné à la mort. Il étudie soigneusement les dossiers, comme c'est son devoir, il recherche les éléments d'information complémentaire.

C'est ainsi qu'il a accueilli la fameuse maîtresse de Pranzini, pensant, à bon droit, qu'elle devait avoir sur le crime de la rue Montaigne des renseignements inédits. Il a entendu Me Demange avec complaisance, mais il n'a pas été contre la décision prise.

Ce système est sans doute le seul moyen pratique, pour un président aussi humain, de concilier ses doctrines personnelles avec ses devoirs de chef d'État et la paix de sa conscience.

A l'égard des condamnés le Président n'a pas de politique personnelle.

Il est très vrai que M. Grévy a travaillé, dans le dernier congrès, à sa réélection, qu'il a écarté tous les compétiteurs avec un soin jaloux. Il n'a confiance qu'en lui-même pour sauvegarder la paix. Et voyez comme il réussit dans ses exclusions : ceux qu'il a écartés ne reviennent pas. Gambetta vivant ne serait pas revenu. M. Brisson semble entré dans la retraite définitive ; le général Boulanger... Au contraire, M. de Freycinet et M. Ferry, qu'il a épargnés et qu'il aime, l'un comme ami personnel, l'autre comme *persona grata* de M. de Bismarck, reviendront toujours au pouvoir sous des noms différents. C'est l'un ou l'autre de ces deux hommes d'État qui vous gouvernera pendant longtemps encore.

Il y a des phares tournants qui distribuent à intervalles réguliers des rayons de couleurs diverses, mais c'est toujours la même lumière.

M. Ferry c'est la lentille blanche, M. de Freycinet c'est la lentille rouge; ils passent alternativement au pouvoir, soit par eux-mêmes, soit par leurs lieutenants. La lampe immobile et centrale, c'est M. Grévy.

En somme, sa présidence aura été pacifique. Vous avez fait avec M. Grévy la première expérience d'un chef que ne recommandaient ni des services très éclatants, ni un nom illustre. Il est parvenu au pouvoir par un mérite continu plutôt que par de hauts faits; à l'ancienneté, si l'on veut. A regarder en son ensemble le règne de ce philosophe, l'histoire dira qu'il n'a pas été sans valeur; M. Grévy n'a laissé péricliter ni la paix, ni l'honneur de la France, ni la sécurité de la République à lui confiée.

Il s'est rendu à lui-même cet hommage dans son message de démission. Ainsi faisaient les consuls romains au sortir de leur charge. Pour renverser M. Grévy, il a fallu un coup d'État parlementaire. Je raconterai cette histoire en traçant le portrait des conjurés. Je ne veux pourtant pas omettre un souvenir à ceux qui, hier encore, constituaient la famille du Président.

TROISIÈME LETTRE

LA FAMILLE DE M. GRÉVY

Un des périls de la démocratie, ce sont *les épouses,* je ne dis pas les femmes. Dans les pays où les grands emplois demeurent l'apanage exclusif d'un petit nombre de familles, ce péril n'existe pas. Toujours une princesse occupe le trône; les princesses présentent bien des physionomies différentes et caractéristiques, mais ce sont toujours des princesses; les dames nobles unies aux ministres, aux grands fonctionnaires, appartenant toutes au même rang, recevant la même éducation, font à peu près la même figure dans le monde. Il y a là une uniformité rassurante.

Chez vous, où tous les citoyens, quelle que soit

leur origine, ont accès aux charges, bien peu ont eu la précaution de prévoir en leur compagne Mme la présidente ou Mme la ministre qu'elle est exposée à devenir.

Les hommes, je l'ai dit, prennent assez aisément les manières convenables aux situations éminentes, mais les femmes?

Vous avez vu passer à l'Élysée trois présidentes. L'une était issue de la grosse et vieille bourgeoisie; Mme Thiers avait fait honneur à M. Thiers en l'épousant. Elle continuait à lui faire honneur quand il fut parvenu. La maréchale de Mac-Mahon, née duchesse de Castries, appartenait au plus grand monde. Elle était l'égale des princesses de sang royal, c'est tout au plus si, en entrant à l'Élysée, dans ce palais un peu banal, elle ne dérogeait pas.

Mme Grévy ne s'attendait pas à être exposée au périlleux et difficile honneur de recevoir des princes et des ambassadeurs, ni à occuper la place d'une reine de France.

Compagne de M. Grévy depuis sa première enfance, elle s'était tenue dans l'ombre à mesure qu'il grandissait. Il fallut l'élévation suprême de son mari pour la mettre dans une lumière qui ne permît pas à sa modestie de se dérober.

Elle tint dignement son rang sans chercher à y briller. Elle se confina dans la direction de la maison présidentielle, n'ayant aucune part à la politique. Elle est douée d'un grand sens, plus précieux souvent que le plus rare mérite, parce qu'il épargne toutes les fautes qu'une présidente peut commettre.

Il n'était pas facile à Mme Grévy d'échapper à tous les écueils de sa haute situation. Elle y a pleinement réussi. L'âge ne l'a pas défigurée. Elle a le port majestueux et son visage garde des restes de beauté. Elle portait simplement des toilettes riches. Elle faisait tranquillement les honneurs de ses salons, s'effaçant autant qu'elle pouvait derrière son mari, n'ayant aucun désir d'être remarquée, de jouer un rôle distinct. Elle n'aimait pas le monde ni le bruit. Elle subissait comme un devoir des obligations mondaines que d'autres envient. Par son extrême affabilité elle imposait la sympathie, par une sorte de dignité et de réserve mélancolique, le respect.

Sa fille, Mme Alice Wilson, ne lui ressemble pas du tout. Elle a les traits de son père. C'est l'artiste de la famille.

Elle a passé à la campagne la plus grande partie de son enfance. Elle excellait alors en tous les genres de sport; elle conduit les chevaux comme

Mme la comtesse de Paris ; elle portait même, dit-on, à la chasse au moins, le costume masculin. Vive, exaltée, prompte à la repartie, d'esprit primesautier, elle fut l'enfant gâtée de la famille. Dauphine de la République, elle se plaisait au théâtre, surtout aux théâtres de musique. Elle aimait sincèrement le monde, du moins la compagnie des personnes intelligentes, et si elle ne se mêla pas directement à la politique entre son père et son mari, je suis sûr qu'elle avait ses idées sur le gouvernement et qu'elle les soutenait, les défendait, et eût été capable de les imposer, si elle n'avait préféré les arts à la politique. On la rencontrait prenant plaisir partout où les siens allaient par devoir, aux courses, aux premières, aux fêtes de bienfaisance.

Son visage est bien plus connu du tout Paris que celui de sa mère. C'est une des physionomies les plus originales, les plus dignes d'être étudiées de la vie parisienne. Elle s'est mariée un peu tard, quand M. Grévy occupait déjà la présidence de la République. Elle s'était fait une vie à part dans la maison et on disait parfois qu'elle eût préféré garder le nom de son père auquel elle demeure attachée par une affection de camarade autant que de fille. Elle regrettait sans doute les bonnes parties de Mont-sous-Vaudrey et la liberté campagnarde. Elle aussi a sa mélancolie dans ce brouhaha du monde qu'elle ne fuit pas.

M. Wilson mériterait tout un chapitre, mais ce chapitre serait bien difficile à faire.

J'ai promis de réhabiliter devant vous votre haut personnel gouvernemental, mais à la condition de demeurer juste et vrai. Je me bornerai donc à une esquisse de caractère, M. Wilson étant devenu, par certains actes, tristement célèbre.

Vous avez, vous Français, une part de culpabilité dans les événements que vous venez de traverser; votre crise est due à votre cosmopolitisme, comme plus d'une difficulté en Russie est due à notre facilité d'accueillir les Allemands. Vous avez admis les étrangers dans toutes les fonctions et ils ont introduit chez vous des procédés tolérables dans leur pays d'origine où ils ont un contrepoids, mais en contradiction avec vos mœurs. Vous avez supprimé la noblesse, y voyant une nécessité, mais pourquoi la démocratie qui l'a remplacée a-t-elle négligé les principes essentiels, fruits d'une longue expérience ?

De même qu'autrefois plusieurs quartiers étaient exigés dans les charges de confiance, la preuve de quatre ou cinq générations de sang français devrait être demandée à vos députés, à vos ministres, aux représentants de votre gouvernement à l'étranger et à messieurs vos gendres. Le patriotisme vrai, celui qui consiste à tout sacrifier à son pays et fait comprendre par intuition ses véritables intérêts, sa dignité, son honneur, ne s'acquiert que par atavisme. Vous n'auriez pas dû donner votre confiance à des métis anglais, italiens, allemands, mulâtres, qui encombrent vos ministères, vos chancelleries, vos colonies.

Qui n'a vu M. Wilson? C'est ce qu'on est convenu d'appeler une figure bien parisienne. Qui saurait dire où on ne l'a pas vu? Du reste, la figure est remarquable et ne s'oublie pas. Un grand corps un peu voûté avec de larges épaules et un balancement dans la démarche, ce balancement qui fut à la mode dans le monde où l'on s'amuse. Par-dessus ce corps une tête aux cheveux ras, encadrée d'une immense barbe rougeâtre, un teint de roux, des yeux bleus sans douceur, un nez fort, tel est le signalement du gendre de M. Grévy.

Ce n'est pas son austérité qui l'a désigné au choix de l'ancien Président (1). Je ne crois pas non plus qu'une inclination supérieure ait attiré vers

(1) N'oubliez pas que ce portrait était écrit, non pas avant la lettre, mais avant les « fameuses lettres ».

lui Mlle Alice Grévy ; mais il s'est trouvé, dès son plus jeune âge, mêlé à la carrière de M. Grévy, Avocat, président de l'Assemblée nationale, M. Grévy a toujours été l'hôte de Mme Pelouze, veuve de l'éminent chimiste, et sœur de M. Wilson. Depuis que Chenonceaux appartient à Mme Pelouze, M. Grévy s'est trouvé chez lui à Chenonceaux. Il a été le précepteur politique de M. Wilson ; il lui a fait partager ses opinions, ses sympathies, ses antipathies. Bien avant son mariage, M. Wilson était de la famille ; à l'Assemblée nationale ou dans la Chambre, il était du parti du Président. Par son mariage il est devenu un personnage.

Tout le monde connaît sa jeunesse désordonnée et l'aventure du conseil judiciaire imposé par sa sœur au futur contrôleur des finances françaises. Sous l'Empire, le jeune Wilson s'était associé aux grands viveurs du temps ; il fut le plus joyeux compagnon des Caderousse, des Branicki, des princes qui régnaient surtout dans les Grand-Seize. Il songeait déjà aux finances, et beaucoup, mais ce n'était pas pour les bien gérer.

Cet Anglais naturalisé a copié les allures de la jeunesse du prince de Galles. Puis tout à coup il est devenu sérieux. Il s'est lancé à corps perdu, à fonds perdus, dans une politique très active, très complexe, très pratique. Le prodigue est devenu le surveillant le plus vigilant de la fortune publique; il a fait sa spécialité des questions financières. Il a présidé la commission du budget et passé par le sous-secrétariat des finances. L'homme léger, l'idole de l'ex-demi-monde, est devenu le travailleur le plus âpre, le politicien le plus tenace. Il joue dans le Parlement un rôle savant, le jeu d'araignée qui tend des fils, qui englue des mouches.

Et quand il a épluché le budget, combiné un petit complot, surveillé les affaires publiques et tripoté la politique parlementaire, M. Wilson croit n'avoir encore rien fait. Il a seulement vaqué à ses occupations officielles, les moindres de sa vie. Il a réservé la plus grande part de sa journée à ses vraies affaires.

Qui saura jamais tout ce qu'a fait M. Wilson, à quels trafics il a été mêlé? Qui dira quelles spéculations hardies, téméraires, il a organisées avec ses nombreux prête-noms? De combien de petits journaux n'a-t-il pas abrité la correspondance, le colportage, l'abonnement obligatoire sous le couvert officiel? Qui contera ses audiences à une multitude de gens avec qui il fait on ne sait trop quels commerces?

M. Wilson a trouvé moyen d'installer à l'Élysée,

à l'ombre de son intègre et austère beau-père, dans une situation presque officielle, une véritable agence d'affaires, un bureau de commission. On y trafique de tout, on y échange tout ce qui peut s'échanger contre de l'or, des titres de toutes sortes, des denrées, des faveurs et des honneurs... même des croix d'honneur!

Et avec cela, avec cette activité prodigieuse, ce suprême dédain du qu'en dira-t-on, cette circulation effrayante de marchandises de toutes provenances, la fortune du gendre présidentiel ne s'augmente pas. On prétend même qu'elle se défait, et c'est ce qui l'oblige à la refaire sans cesse, sans trêve, sans merci. Son coffre-fort est un tonneau des Danaïdes; qu'il se vide, ce ne serait rien; mais il faut le remplir, et tous les moyens sont bons.

Où s'en va la fortune de M. Wilson? Il habite l'Élysée et son train de vie est modeste. Il porte même à un degré inconnu avant lui l'héroïsme des petites économies. Depuis que la chandelle se brûle par les deux bouts, l'usage n'est plus de l'économiser; mais M. Wilson se rattrape sur les timbres-poste. Il a supprimé de sa vie cette petite dépense. Il lui en reste, hélas! de très grosses. Toutes les spéculations ne réussissent pas. Puis, un homme aussi en évidence se trouve lui-même en butte à toutes sortes d'assauts, auxquels il ne peut pas résister, et il doit expier, à deniers comptants, ses témérités de tout genre; ce qui arrive par la flûte s'en va par le larynx des maîtres chanteurs, et même des ex-chanteurs.

M. Wilson a installé à l'Élysée une fort belle salle d'escrime, où les amis de la maison s'exercent au combat. M. Wilson n'a donc rien à craindre des provocations d'une certaine espèce. On ne vise que son coffre-fort et on le force souvent.

Aussi lui, l'ancien prodigue, a-t-il été obligé récemment de retourner contre son aimable sœur, Mme Pelouze, dont il est l'héritier, des précautions analogues à celles dont il fut jadis l'objet.

La châtelaine de Chenonceaux possède une très grosse fortune, mais aussi des goûts très dispendieux. Elle entretient en sa magnifique résidence toute une maison artistique, des historiens, des peintres, des sculpteurs. Elle a érigé Chenonceaux en Académie; quiconque sacrifie aux Muses trouve à Chenonceaux hospitalité, encouragement et travail. On a recommencé sur ces bords délicieux la noble vie du temps des Valois; ajoutez à cela le train que comporte une demeure royale.

Mme Pelouze n'a-t-elle pas sa place marquée dans nos bavardages sur la famille du Président?

Eh bien! M. Wilson s'est ému d'être le frère, héritier présomptif, d'une dame Mécène. Il a persuadé à sa sœur que l'Inde était le véritable pays des féeries, qu'on ne pouvait vivre sans avoir admiré les enchantements de la terre de Bouddha, les temples mystérieux, les fakirs sorciers, les palais fantastiques des maharajahs. Mme Pelouze est partie ; aussitôt M. Wilson a fait maison nette à Chenonceaux. Il a vendu les équipages, congédié l'innombrable domestique, dispersé l'académie, et, quand elle est revenue des bords du Gange, elle a trouvé la demeure d'une bourgeoise à la place du château d'une reine. On a cru que cette lessive de famille annonçait une ruine. Non, pas du tout : c'est l'acte d'un héritier prévoyant.

M. Wilson, en effet, n'a pas une confiance illimitée dans l'héritage du beau-père. Il sait que le président le mettra à l'abri des spéculations et des coups de bourse. Il devait donc se pourvoir du côté fraternel, et lui-même, par un coup hardi, il est devenu le conseil judiciaire de sa trop généreuse sœur.

Si la première culpabilité de M. Grévy est d'avoir donné sa fille à M. Wilson, il en est et en sera terriblement puni. Sans son gendre, la vieillesse de M. Grévy eût été trop heureuse, trop honorée, trop prospère. Il eût joui d'une plénitude de bonheur qui n'est pas accordée à un homme; mais qui sait quels chagrins se déguisent sous le masque doux et impassible du Président?

Aux débuts de la présidence, dans la lune de miel, il y eut une certaine conspiration de courtisans pour constituer autour du nouveau chef de l'État une sorte de maison, non royale, mais républicaine. On éleva ses deux frères à la dignité de sénateurs. C'est encore une tradition très française, qui différencie votre démocratie de toutes les autres. Vous avez conservé l'esprit de famille.

Napoléon, petit gentilhomme, officier de fortune, quand il se fut décrété empereur, donna des royaumes à ses frères. Autour de tous vos chefs de groupes, il y a de petites dynasties. Chacun de vos grands hommes, si obscure que soit son origine, traîne à sa suite une séquelle de frères, de neveux et de petits-cousins.

M. Grévy a laissé les honneurs venir aux siens. Du reste, par leur seul mérite, ils étaient parvenus à se mettre en place pour les recevoir.

M. Albert Grévy, depuis longtemps, occupait une place honorable dans la Chambre des députés. Le général Grévy avait fourni une brillante carrière militaire sous l'Empire, et il ne figurait pas dans la liste de ces officiers républicains dont les opinions retardaient. Il est né gouvernemental. La République lui a donné un siège de sénateur. Il n'y fait pas tapage, son influence reste discrète. Elle n'en est pas moindre. Tout le monde rend hommage à la correction de sa vie, à la droiture de son jugement, à la sûreté de son conseil. Il est fort utile à son frère et n'est point inutile à la République.

La carrière politique de M. Albert Grévy a été plus bruyante. Lorsque son illustre frère présidait la Chambre des députés, M. Albert Grévy présentait souvent des motions hardies. Il prit une part active aux grands débats du 16 Mai. Albert ressemble à Jules, mais avec plus de couleur, plus d'épaisseur, son visage se prête aux mouvements d'une éloquence violente; il a visé, au temps où l'autorité fraternelle prêtait une portée à ses discours, à la ressemblance des farouches conventionnels; ce n'était pas un orateur souriant, un causeur, mais un véhément. Il exagérait la solennité. Je ne l'ai jamais vu rire, mais je n'ai pu toujours retenir un sourire en le voyant se dresser sur ses ergots, enfler ses plumes. Il n'intervenait dans les discussions que lorsqu'elles comportaient la colère. Au demeurant, le meilleur frère du monde.

A présent il est silencieux, effacé et triste.

On lui avait donné l'Afrique en apanage lorsque la famille Grévy était au faîte des honneurs. L'Afrique avait porté bonheur à la famille d'Orléans. Philippeville, Orléansville et bien d'autres attestent les gloires conquises sur les traces de Scipion par les enfants de Louis-Philippe; Albertville n'est pas en Algérie et ne doit pas son nom à la dynastie des Grévy. Cependant M. Albert Grévy a laissé là-bas des souvenirs.

C'était le plus soigneux des administrateurs. Il gérait sa vice-royauté comme un avocat consciencieux dirige une bonne étude. Tous les dossiers de ses bureaux passaient par son cabinet et ils y restaient jusqu'à ce qu'il les eût consciencieusement feuilletés; il travaillait, travaillait, travaillait. Jamais on ne montra une telle bonne volonté, une telle ardeur au bien public. Malheureusement la haute administration demande moins de vertus et plus de promptitude. Le préteur d'Afrique s'occupait des minimes détails, et pendant ce temps les Arabes, indifférents au labeur d'un gouverneur civil, trop civil, s'insurgeaient. M. Albert Grévy fut le premier des gouverneurs qui ne portât pas d'uniforme de général ou d'amiral. Les marabouts du Sud Oranais crurent l'instant propice à une prédication de révolte. Depuis ils se sont aperçus que le régime civil n'excluait pas une forte répression militaire et ils se tiennent tranquilles. Ces graves affaires ont jeté une ombre de tristesse sur la préture d'Albert Grévy.

Par compensation il y avait trop de gaîté aux fêtes du palais gouvernemental. Le système des réceptions ouvertes ne réussit pas du tout à Alger. Les salons de M. Albert Grévy furent envahis par la foule des colons hétéroclites. On s'y permit des choses dont on n'eût même pas eu l'idée au temps de l'amiral de Gueydon ou du général Chanzy. Les nouvelles couches avaient fait irruption avec l'élément civil, et, en Algérie, les nouvelles couches sont d'une familiarité désolante. On raconte d'amusantes histoires sur ces bals africains et elles ne sont que trop vraies. On fit au buffet de véritables razzias. A cela demi-mal. Seulement les pillards emportaient le butin jusque dans le salon de danse, et se le partageaient, non sans rixes, en des festins sans tables, au grand dommage des parquets et des robes à traîne. Par la suite, les cartes d'invitation de M. Albert Grévy portèrent la mention sévère mais indispensable : « Cette invitation est rigoureusement personnelle et devra être présentée à l'entrée. »

Ces petites mésaventures, jointes aux insurrections, ont nui au prestige de celui que la petite presse appelait « Monsieur Frère », elles ont empoisonné sa béatitude et changé en amertume l'honneur d'une si haute mission. Le rappel fut pour M. Albert Grévy une délivrance, et, depuis ce temps, il a renoncé à la tribune, à la solennité, aux propositions véhémentes, de peur sans doute qu'on ne songe à lui rendre quelque poste éclatant et périlleux. Le péril est à jamais détourné. Les joies de la famille ne l'ont pas consolé dans sa retraite. M. Albert Grévy a un fils, M. Léon Grévy, conseiller d'État, qui, par un riche et récent mariage, a enfin assuré la tranquillité paternelle.

Les autres membres de la famille sont heureux, je crois, et n'ont pas d'histoire.

QUATRIÈME LETTRE

M. SADI CARNOT

Le 1er et le 2 décembre 1887, les troupes étaient consignées dans les casernes ; les chevaux sellés dans les quartiers de cavalerie. A Versailles, des troupes de renfort appelées du fond de la France attendaient, l'arme au pied. On se fût cru transporté à trente-six ans en arrière. La place de la Concorde, occupée militairement, ressemblait à un champ de bataille. Les pharmacies voisines se remplissaient de blessés. Déjà commençait à apparaître la foule spéciale des révolutions.

Le 3 décembre, jour de congrès à Versailles, la commune de Paris allait se réinstaller à l'Hôtel de

Ville. La gare Saint-Lazare était gardée par les régiments.

Il n'y avait plus de pouvoirs civils. Il ne restait plus de l'organisme gouvernemental qu'une police aux mains d'un préfet nouveau, car l'ancien était traduit en justice; qu'une armée sans ministre et dont le chef à Paris allait, sans le vouloir et sans le savoir, prêter son nom aux manœuvres des partis ennemis de la Constitution.

L'émeute fermentait.

J'aime trop la France pour n'avoir pas alors partagé les angoisses de vos compatriotes. Mais alors il me semblait bon de n'être pas Français. Le corps diplomatique en partant pour Versailles croyait assister à l'enterrement de la République, et quel triste enterrement!

Trois hypothèses se présentaient : l'élection de M. Jules Ferry, celle d'un candidat de l'extrême gauche, ou l'impuissance d'un congrès divisé en trois tronçons à aboutir dans une journée à une élection présidentielle.

Cette dernière était la plus probable; c'était l'anarchie officielle, sans doute la révolution, non plus confinée sur la place de la Concorde, mais gagnant toute la France; c'était l'inconnu.

Les deux autres n'étaient guère plus rassurantes.

Le candidat de l'extrême gauche, M. Floquet ou M. de Freycinet, élu à une faible majorité, tenant son pouvoir d'un seul parti, contraint par son origine même à une politique de défense sinon de combat, ne rétablissait pas la paix dans les esprits. Il était à la merci d'un autre coup d'État parlementaire. Sa présidence recevait un caractère provisoire.

L'élection de M. Ferry, c'était la guerre civile immédiate. Les pavés se soulevaient d'eux-mêmes. Oh! sans doute, le triomphe fût resté à la loi, à l'armée; alors c'était la dictature la plus sombre, la plus mesquine, dont l'histoire eût fait mention. Je ne sais si, dans les annales de l'empire romain en décadence, dans les galeries des bustes antiques, on trouverait quelque César de rencontre dont les traits rappelassent ceux de M. Ferry. Ce genre de dictature s'appuyant sur des éléments ennemis de ceux qui ont primitivement élevé le personnage dictatorial, accrochés à lui par la peur ou par des concessions qu'on pourrait appeler des amendes non honorables; ce genre de dictature, dis-je, ne pouvait fleurir que dans une société tout à fait rongée.

Vous n'en étiez pas encore là!

La journée du 3 décembre, commencée sous de

lugubres auspices, s'acheva dans un embrassement général.

A Paris, l'émeute préparée se résolut subitement en bandes de joyeux manifestants. La police rentra chez elle. Les troupes se dispersèrent. Tout à la joie!

Votre histoire contient le récit de quelques journées semblables, — la nuit du 4 août, la fédération de 1790. Elles sont rares partout.

Le nom, ignoré de la foule, de M. Sadi Carnot, avait produit ce miracle. En quelques secondes il devint populaire. D'abord ce n'était pas celui de M. Jules Ferry, ce n'était pas non plus un nom marquant dans les luttes parlementaires et civiles. C'était un nom nouveau qui ne réveillait aucune antipathie, n'exaltait aucune sympathie provocante. Le peuple ratifia donc par un soupir de soulagement, bientôt transformé en acclamation, le choix fait par l'unanimité républicaine de l'Assemblée nationale.

Les lettrés savaient en outre que M. Sadi Carnot descendait en droite ligne de l' « organisateur de la victoire ». Ce nom de Carnot rappelle à votre nation guerrière des jours de gloire militaire. Il semblait de bon augure. C'est un nom intègre. Le grand Carnot a laissé une réputation tout à fait pure. Dans la Révolution française, dans le comité de salut public, il prit pour lui le beau rôle, celui de la défense du territoire. Sous le second Empire, son fils, M. Carnot, le père du Président actuel, sénateur respecté, eut son heure de popularité. M. Carnot père, sans briller d'un vif éclat dans votre monde politique, y mérita toujours l'estime. M. Sadi Carnot appartient donc à une bonne race. On l'a dit, c'est un prince de la République. Eh bien! ce n'est pas pour déplaire à la France, vrai pays de tradition, quoi qu'on en dise. M. Sadi Carnot se trouve ce qu'aurait voulu être Napoléon Ier, un petit-fils! Ne vous semble-t-il pas qu'en se rattachant à des souvenirs presque séculaires, par le nom de son chef actuel, votre troisième République conquiert une sorte de légitimité antique? Elle a emprunté le premier de ses présidents aux souvenirs de la monarchie de Juillet, le second aux fastes militaires du second Empire; elle a, par le troisième, un parvenu sans ancêtres, manifesté l'avènement de la démocratie ne relevant que d'elle-même; mais en choisissant le quatrième dans une sorte de dynastie républicaine, elle se confère, sans cesser d'être démocratique, des sortes de lettres de noblesse. Elle exhibe ses parchemins.

M. Sadi Carnot n'est pas tout à fait aussi jeune ni aussi beau que l'affirment ses portraits. Il dépasse à peine la cinquantaine, mais ses travaux d'ingénieur et de financier ont pâli son visage et y ont tracé des sillons, sa taille médiocre s'est voûtée. L'allure timide et circonspecte ne manque pas de grâce et de prévenance. Il s'accoutumera bien vite à sa grandeur, et la portera avec toute l'assurance convenable. Déjà, en quelques semaines, il a fait beaucoup de progrès et il a eu, dans son nouveau rôle, de véritables trouvailles. Par exemple, quand il fit sa première visite aux hôpitaux et décora deux vieilles infirmières. La manière dont il s'y prit pour attacher la croix sur la poitrine de Mme de Moissac, religieuse de Saint-Vincent de Paul, est tout à fait royale. Il détacha le ruban d'un médecin militaire, qui assistait à la cérémonie : « Vous me pardonnerez, dit-il, de vous le prendre, nous le remplacerons par une rosette. »

La vie de M. Sadi Carnot n'a pas été fertile en aventures. Sorti l'un des premiers de l'École polytechnique, il fournit une carrière brillante dans les ponts et chaussées. On lui doit, paraît-il, l'invention de ces grands tubes étanches qui servent aujourd'hui à la construction des piles de pont. C'est la petite ville d'Annecy qui a l'honneur d'avoir vu éclore cette invention et d'avoir donné l'hospitalité au futur Président.

M. Carnot se maria fort jeune avec la fille d'un homme très connu des Parisiens : l'excellent et disert M. Dupont-White, un économiste distingué entre tous les économistes, pour qui a été imaginée l'épithète de « distingué ». M. Dupont-White a publié dans nombre de journaux et revues des articles remarquables, qui tournaient autour des doctrines de Stuart Mill et sont écrits à la manière anglaise. Stuart Mill fit des prosélytes dans la famille, puisque le seul écrit connu de M. Carnot, en dehors des travaux parlementaires, est une préface à la traduction des œuvres du célèbre philosophe.

Mme Carnot s'est tout de suite familiarisée avec sa dignité. Elle salue avec aisance, elle porte bien des toilettes riches et sévères. On la dit affligée d'une légère surdité. Sa conversation abonde en traits aimables et l'on devine sous les formules mondaines un esprit très fin et très cultivé. Votre Présidente a des idées. Vous avez une Présidente. Le ménage offre un parfait modèle d'union et de conformité de vues, sauf sur un point peut-être : M. Carnot, sans manquer de respect à la religion, tient de sa race les traditions libres-penseuses ;

Mme Carnot, au contraire, inclinerait vers la dévotion.

Cette famille correcte a produit de beaux enfants également corrects. Une fille mariée à un magistrat; les jeunes fils, dont l'un fut un bon élève de Saint-Cyr, brillent déjà par une excellente tenue et une louable assiduité à toutes les études de leur âge.

Député de Saône-et-Loire, M. Carnot a tout de suite appliqué ses facultés de travail et les ressources de son esprit pratique et mathématique aux questions financières. Sous-secrétaire d'État aux finances, puis ministre du même département dans le ministère Freycinet, membre né de la commission du budget à la Chambre, il chercha à introduire la sincérité, la loyauté et l'ordre dans les chiffres, ces chiffres si souvent artificieux, tortueux, cachottiers et menteurs! Aussi trouva-t-il dans M. Rouvier un adversaire implacable qui maltraita à tel point le budget présenté par M. Carnot en 1886 que ce ministre dut donner une démission prématurée. Le Président de la République n'a peut-être pas absolument oublié les injures du ministre des finances; aussi M. Rouvier n'a-t-il pas bénéficié de la conspiration dont il tenait si dextrement les fils contre M. Grévy. M. Carnot ne l'accepta pas, même comme ministre intérimaire. Et, en effet, entre le rigide économe de la fortune publique et l'astucieux jongleur d'expédients budgétaires, il y a incompatibilité de caractère, d'humeur, d'antécédents et de situation de famille.

C'est le *Siècle,* un journal où la famille Carnot garda toujours des intérêts, qui le premier s'indigna quand M. Rouvier devint ministre pour la première fois, et cette vertueuse indignation partait de faits étrangers à la politique.

Vous savez comment M. Carnot parvint à la magistrature suprême. Il passa entre la rivalité de MM. Jules Ferry et de Freycinet, et les deux rivaux s'inclinèrent devant leur vainqueur.

L'élection, d'abord patronnée par M. Clemenceau, se fit à l'unanimité républicaine et presque d'acclamation. Tous les amis de la France à l'étranger l'accueillirent avec joie.

M. Sadi Carnot n'était pas de ces hommes que la voix du peuple désigne à l'avance ou qui apparaissent comme prédestinés à sauver les peuples ou à dénouer les crises. Sa popularité a commencé peu de jours avant son élection. Au milieu des révélations fâcheuses de l'affaire Limousin, Caffarel, Wilson, on apprit qu'un ministre des finances avait opposé une résistance respectueuse mais inébranlable à des sollicitations parties de haut. Aussitôt cet honnête homme fut acclamé par la Chambre et par le pays. Mais c'était là une popularité de circonstance. Le service rendu au Trésor n'est pas de ceux qui eussent forcé l'admiration de l'histoire.

Cependant, aussitôt que l'élection fut connue, on tomba d'accord que le choix n'était pas mauvais.

Les premiers actes de M. Carnot permettent d'espérer qu'il développera dans sa présidence toutes les qualités requises pour l'emploi. On ne l'a pas élu à coup sûr; sans doute on connaissait le juste équilibre de son esprit, ses vertus publiques et privées, la correction de son républicanisme. C'était beaucoup, mais ce n'était pas assez; il faut que M. Carnot devienne un chef d'État.

On ne saurait encore juger sa politique ni s'il aura une politique. Pour la confection de son premier ministère il a tâtonné, allant de M. Goblet à M. Fallières, et revenant de l'un à l'autre en leur demandant des ministères peut-être irréalisables; puis tout à coup il s'est arrêté à M. Tirard, et comme M. Tirard ne se tirait pas sans difficulté de sa tâche, M. Carnot lui donna un fort coup d'épaule, prenant son parti de ne pas débuter par un grand ministère.

Son message montrait également des intentions modestes. C'était un programme de gouvernement modèle, un message Monthyon. Votre nature ne s'enthousiasme guère pour les affaires sérieuses, pour les questions d'économie et d'hygiène. Et pourtant n'êtes-vous pas rassasiés de politique, d'agitations et de harangues, et de crises? Une petite douche un peu glacée ne convenait-elle pas après la fièvre dont vous étiez possédés?

Je ne crois pas que la présidence de M. Carnot soit le règne des tribuns. Mais le président propose et les députés disposent. Qui sait si la politique ne cherchera pas et ne trouvera pas sa revanche?

Mais si la politique personnelle de M. Carnot semble plutôt négative, sa conduite présidentielle lui a déjà gagné tous les suffrages.

Il fera de l'Élysée un salon. Cela vaut mieux que l'agence d'affaires de M. Wilson.

Il dépensera largement les sommes qui lui sont allouées pour représenter avec éclat la République. Sans doute les fêtes de M. Carnot ne ressemblent en rien à celles de la Régence ; je doute même que le ton y devienne jamais aussi léger qu'à la cour de Napoléon III. Peut-être n'est-ce pas à l'Élysée que s'établira l'arbitrage suprême des modes et des élégances ; mais votre élite intellectuelle, politique, littéraire, artistique s'y donnera rendez-vous. La République aura son château, ses salons, ses rendez-vous de bonne compagnie. Entre le monde où l'on s'amuse et le monde où l'on s'ennuie il y aura place pour le monde des distractions graves et honnêtes.

Déjà les chasses officielles, si rares au temps où le grand chasseur Grévy en disposait, sont remises en honneur. Messieurs les hommes d'État, apprenez à brûler la poudre et instruisez-vous dans l'art de figurer honorablement au tableau de la pelouse de Marly ou de Rambouillet.

Puis M. Sadi Carnot voyagera officiellement. Il visitera ce bon pays de France qui depuis si longtemps n'a connu ses grands chefs que par des gravures, des photographies ou des échos de journaux. Il ira s'enquérir des besoins, des intérêts, des aspirations provinciales. Il se mettra en contact avec beaucoup de maires et d'adjoints. Il fera circuler une vie nouvelle dans votre République, il la rajeunira ; il la fera respecter en sa personne.

C'est peut-être l'aurore d'une période de calme et de travail, et le commencement, sinon d'une grande présidence, au moins d'une bonne présidence. Si quelque bourrasque ne vous arrive de l'extérieur, vous deviendrez sans doute plus heureux que vous ne l'aurez mérité, et plus sages que vous ne sembliez le vouloir.

CINQUIÈME LETTRE

M. JULES FERRY

Pour étudier votre personnel gouvernemental, mon jeune ami, il ne sied pas de suivre l'ordre usité dans les cours. Là-bas, l'importance des hommes se mesure assez exactement à celle de la fonction. Chez vous, pour trouver les vrais directeurs des affaires, il faut, le plus souvent, les chercher dans la coulisse. Vos premiers rôles, à l'heure où je vous écris, ne sont pas en scène.

Je ne voudrais en rien offenser l'honnête premier ministre que vous avez, mais il est évident que le premier personnage de la République, après M. le Président, n'est pas M. Tirard. La France sort d'une période grave, troublée, périlleuse, dont elle a commencé à peine à se reposer. La République a fort heureusement passé cette crise climatérique qui semblait devoir l'emporter à l'âge où meurent vos gouvernements depuis votre grande Révolution.

On croyait le mal profond, peut-être irrémédiable. On croyait que le désordre qui faillit ruiner la Constitution avait son origine dans les entrailles mêmes de votre France.

La facilité avec laquelle tout s'est remis en place prouve que le mal était superficiel et provenait de causes accidentelles. Il était le fait de quelques hommes et non des institutions; il venait de quelques volontés ambitieuses et non d'un vice national.

En vain a-t-on cherché à créer dans votre République ces grands courants populaires qui emportent hommes et choses. On n'a produit qu'une tempête superficielle. Votre peuple, l'un des plus sages, des plus tranquilles, des plus gouvernables que je connaisse; votre peuple a senti l'orage passer au-dessus de sa tête dans les couches politiciennes. Il n'a pas interrompu ses travaux ni perdu sa confiance dans la République.

J'essaierai de vous montrer, en vous traçant le portrait de son principal auteur, l'origine de la révolution de palais qui vient d'aboutir à la chute de M. Grévy et à l'élévation de M. Carnot. J'ai suivi de près les évolutions de M. Jules Ferry. J'ai été à même de connaître ses pensées, ses désirs et de regarder les moyens d'action qu'il employait. Je ne vous dirai que ce dont je suis sûr.

M. Jules Ferry est certainement, de tous vos hommes d'État, celui dont le renom est le mieux établi à l'étranger. Il a occupé le pouvoir, et jamais sans remplir la France et l'étranger du bruit de ses actes. D'autres détrônent les ministères pour gérer le plus paisiblement du monde les intérêts dont ils ont la garde. M. Jules Ferry, ministre, s'acharne à des entreprises toujours bruyantes. Il mène les affaires à outrance; même lorsqu'il est tombé, qu'on le croit à terre, meurtri de sa chute, assommé aux trois quarts, écrasé, pantelant, il médite des revanches, il combine des complots, et, à peine relevé, il ne prend pas le temps de s'essuyer; il rassemble ses amis et il monte à l'assaut du pouvoir. Le pouvoir, tel est le but de sa vie.

Je ne l'ai pas connu enfant : je n'ai même rencontré personne qui l'ait connu enfant. Peut-être n'a-t-il pas eu d'enfance. Il n'est pas très âgé, cinquante-six ans, je crois. D'aussi loin que je me souvienne il a existé un politicien du nom de Jules

Ferry, qui écrivait de lourds articles dans les journaux et les revues, qui pérorait dans les réunions avec l'éloquence d'un avoué de sous-préfecture; qui s'agitait, qui se guindait pour se faire connaître, qui fréquentait dans les salons politiques et dans les cercles où s'élaborent les hommes d'État de l'avenir. Déjà on le caricaturisait, on le détestait, on le raillait, on le conspuait; déjà il comprenait que c'est une force d'être haï, un avantage de posséder un visage facile aux caricatures, que l'impopularité est une carrière.

Sous l'Empire, alors qu'il écrivait cette brochure dont le titre fut tout le succès, et dont on ne lut jamais que le titre (encore n'était-il pas dû à l'imagination de M. Jules Ferry, mais à celle de M. Neftzer), le politicien en herbe enrageait. Ce n'est pas tant la tyrannie impériale ni les comptes fantastiques de M. Haussmann qui causaient cette rage, c'était la carrière de M. Émile Ollivier. Ne croyez pas non plus qu'il s'indignât contre la volte-face de ce républicain de la veille. M. Jules Ferry n'a jamais attaché grande importance aux principes. C'est la jalousie qui l'étouffait. En se ralliant à l'Empire libéral pour y devenir ministre, M. Ollivier avait dérobé à M. Jules Ferry son idée, son plan, son projet. Tout jeune encore, il jetait des regards de convoitise sur ce portefeuille gagné à si bon marché, au prix d'un habit retourné. Député de Paris, il se préparait à s'insinuer dans la gauche ouverte, dans l'Empire libéral, à suivre de loin M. Ollivier pour recueillir ses épaves et sa succession, quand vint le 4 Septembre qui lui donna seulement la succession de M. Haussmann.

Le poste n'était pas enviable pendant le siège. Au préfet incombaient les besognes les plus ingrates. Rationner chichement la viande de cheval, le bois et le pain, fabriquer du pain avec tout autre chose que de la farine, contraindre de pauvres femmes à attendre, la nuit, dans la neige, la répartition administrative de la dose de famine allouée à chaque ménage, c'était propager l'héroïsme dans la population parisienne, mais sous la forme la plus désagréable. Ces fonctions pénibles ne rebutèrent pas M. Jules Ferry. Il se signala par une sorte de vigueur acharnée dans les formalités cruelles que la nécessité imposait. Il n'essaya jamais d'adoucir la consigne, d'épargner aux mères misérables une heure de gelée. Il semblait, en vérité, se complaire dans la dureté de ce temps, et il ne tempéra jamais par aucun élan de charité, par une marque de commisération, par un adoucissement même passager, les souffrances dont il était le distributeur officiel. Sa préfecture raide et morose ajoutait un crêpe au deuil de la grande ville.

A l'Assemblée nationale il se fit tout d'abord une spécialité des questions d'enseignement et des questions antireligieuses. Aventurier, tracassier, il trouva dans ces doubles études une ample satisfaction à son besoin de régenter et de vexer. Travailleur acharné, collectionneur de dossiers, ne voyant jamais ni plus haut ni plus loin que la pièce à classer, il ébaucha dès lors cette campagne contre la liberté de l'enseignement et contre la tolérance religieuse où il entraîna tant de républicains pour le grand dommage de la République.

Sans doute ces entreprises faisaient partie du programme républicain. Gambetta les conduisait, mais le tribun avec sa grande éloquence, avec sa chaleur de cœur, portait aux adversaires des coups qui les blessaient sans les irriter. Dans ses plus cruelles boutades, dans ses mots de combat, on sentait toujours en Gambetta le « bon garçon »; il avait des colères, du mépris, non des haines. M. Jules Ferry s'acharnait après la proie avec une âpreté haineuse, il la tourmentait en la déchirant. Ses discours étaient des réquisitoires pleins de fiel. On redoutait Gambetta, on détestait

M. Jules Ferry. Avec cela, peu de mesure et de tact. Plus tard, au moment du 16 Mai, il prononça un discours qui scandalisa même les républicains, celui où il semblait faire appel à l'Allemagne pour intervenir dans nos affaires, et où il montrait la guerre comme conséquence de la dissolution. Voilà des arguments dont un véritable homme d'État se gardera toujours!

Ministre de l'instruction publique il inventa le fameux article 7, puis, l'article 7 rejeté, il dicta les décrets plus fameux encore. Cette guerre qu'il conduisait contre des enfants, contre des congréganistes, contre des religieux, il n'en était pas l'inventeur, et il n'a jamais rien inventé, pas même le Tonkin, mais il s'en fit l'exécuteur froidement passionné. Il lui faut toujours tourmenter quelqu'un, les prêtres, les Chinois ou les radicaux. Il a l'âme et le visage d'un tortionnaire. Ce n'est pas sa faute. Je le crois très inconscient. La nature l'a fait, non pas avocat, — il serait ridicule de se figurer M. Jules Ferry défendant une veuve ou un orphelin ; — non pas même ministère public, — il ne s'élève pas à la hauteur d'un réquisitoire ; — mais avoué poursuivant. Sans doute il voudrait être bonhomme ; il ne le peut pas. Il essaie souvent de sourire, il n'aboutit qu'à une grimace sardonique.

Alors que Gambetta constituait le parti opportuniste, M. Jules Ferry n'en était pas. Il servait de toutes ses forces l'Élysée contre celui qu'on accusait de rêver la dictature. Il jalousait Gambetta comme il avait jalousé Émile Ollivier. Le grand tribun d'ailleurs ne dissimulait pas son dédain pour M. Ferry. On cite des boutades cruelles contre un homme en qui il n'eût jamais deviné son héritier. A peine Gambetta disparu, M. Jules Ferry se présenta pour recueillir sa succession. Il profita de la douleur des amis pour mettre les scellés sur tout le bagage politique laissé par son ancien adversaire. Le vif saisit le mort, il entra dans ses souliers. N'avait-il pas été, tout en le combattant, l'exécuteur tenace de ses desseins ? N'avait-il pas mis en pratique, mieux que personne, tous ses mots fameux : « Le cléricalisme, voilà l'ennemi ! » et tant d'autres ?

Il entreprit d'accomplir les œuvres que Gambetta laissait en suspens : la revision de la Constitution, le rétablissement du scrutin de liste. Il avait ramassé les dossiers dans la chambre du défunt. Il se flatta de réussir où le maître avait échoué; il ne se trompa point.

Il faut ajouter qu'il rapetissa à sa taille les projets de Gambetta.

Mais avant tout, il fallait conquérir les amis du grand homme, lieutenants qui faisaient sa force, et ne pas laisser disperser l'héritage d'Alexandre.

La tâche n'était pas aussi difficile qu'il semblait au premier abord.

A coup sûr, M. Jules Ferry ne possédait aucune des qualités qui gagnent l'amitié. Aussi sombre, aussi enfermé que Gambetta se montrait ouvert et accueillant, dépourvu d'esprit et de bonne grâce autant que Gambetta en était muni, il ne pouvait prétendre à fonder la République aimable. Il n'essaya même pas de remplacer son prédécesseur dans le cœur de ses amis, et il ne chercha même pas à se faire une cour. Un mérite qu'on ne saurait dénier à M. Jules Ferry c'est de ne jamais viser plus haut que sa portée et de ne pas forcer son talent. C'est la seule grâce dont il soit capable.

Il laissa donc de côté les amis inutiles, les petits clients du maître, comme l'acteur Coquelin et le photographe-poète Carjat.

Il reconstitua le parti en dehors de toute sympathie personnelle, et il fonda l'association sur l'intérêt. L'opportunisme est devenu une société en commandite sous la raison sociale Jules Ferry et Cie. La Compagnie se compose d'ailleurs d'hommes de talent, d'expérience et de caractère, qui acceptèrent d'autant mieux la direction du chef qu'il ne les éclipsait ni par l'esprit, ni par l'éloquence, ni par la popularité. Il se réserva le département de l'audace, de l'intrigue et de la ténacité.

C'est ainsi que dans une Chambre qui n'avait pu tolérer Gambetta plus de deux mois, M. Jules Ferry trouva le moyen de régner pendant plus de deux ans.

On revit sous son ministère les grands jours de l'Empire, ceux de M. Rouher, ceux de l'expédition du Mexique.

Je n'ai pas besoin de vous rappeler les dépêches tronquées et falsifiées, la théorie des opinions successives, la guerre faite à la Chine sous l'euphémisme d'expédition de représailles, ses fausses déclarations et les votes préalables du Parlement. Je ne rappellerai pas non plus ce système déplorable qui consiste à engager les actions militaires avec des forces insuffisantes, à escompter des crédits qu'on n'osait demander qu'après leur épuisement. Cette politique à la fois audacieuse et timide, soumise et outrancière, tout l'homme est là : hardi jusqu'à la témérité dans la conception, confiant dans le hasard et dans l'intrigue, effronté et hypocrite, craintif dans l'exécution et tremblant devant ceux qu'il a asservis : des façons de commandeur de plantation qui a peur de ses esclaves en les fouettant.

Il s'évanouit à la nouvelle de l'accident de Lang-Son. Il ne savait même pas que ses agents venaient de conclure une paix telle quelle. Il déplora à tout jamais sa défaillance de ce jour-là. Ah! s'il avait su, comme il aurait escamoté la dépêche de Lang-Son! Comme il eût relevé la tête et se fût glorifié s'il avait attendu seulement deux jours avant de s'enfuir effaré du ministère! M. Jules Ferry n'est pas un homme de résolution ni de courage. Ce n'est qu'un entêté et un téméraire, sujet à des effondrements subits.

L'Allemagne avait d'ailleurs trouvé en lui le ministre qui lui convenait pour la France.

On a injustement accusé M. Jules Ferry d'avoir trahi volontairement la dignité française dans ses relations avec M. de Bismarck. On le calomnie quand on lui reproche une insuffisance de patriotisme. Il est patriote à sa manière. Il a sincèrement recherché, en même temps que son propre intérêt, l'intérêt de son pays.

Seulement M. de Bismarck a fort habilement joué des qualités et des défauts de M. Ferry. Il l'a flatté en son incommensurable vanité et en sa confiance en lui-même. Il a fait publier son portrait en tête de l'*Almanach de Gotha*. Il l'a encouragé de toutes ses forces à pousser jusqu'au bout la guerre à la Chine, tandis que des officiers allemands instruisaient les troupes chinoises. Il a présenté l'expansion coloniale de la France comme une compensation à la perte de l'Alsace-Lorraine, alors que cette compensation la ruinait en hommes et en argent. En même temps et à mesure que l'expédition du Tonkin devenait plus funeste et plus coûteuse, M. de Bismarck inquiétait la France en Europe, nouait la triple alliance avec M. Mancini, envoyait M. de Moltke inspecter les Alpes, le Kronprinz passer en revue les troupes espagnoles et italiennes et vous isolait absolument en Europe. M. Jules Ferry ne voulait pas voir cela. Il se fiait à l'amitié du chancelier et profitait de la carte blanche qui lui était laissée en extrême Orient. Il croyait d'ailleurs de très bonne foi servir son pays et lui éviter les périls d'une guerre que d'ailleurs M. de Bismarck n'avait aucune envie de déclarer à la France. Il lui suffisait que la France décimât son armée et vidât son trésor en stériles conquêtes. La Chine et l'Annam le dispensaient de risquer les os du grenadier poméranien. A cette condition M. de Bismarck honorait M. Ferry de sa protection et de son amitié, et celui-ci en faisait parade devant les autres cours.

Aussi la chute de M. Jules Ferry, accueillie en France par un soupir de soulagement, fut-elle saluée à Berlin par des regrets unanimes.

M. Ferry s'enfuit en Italie après son désastre. Il crut qu'on le rappellerait avant les élections d'octobre. Il n'avait aucun sentiment de son impossibilité.

Ce qu'il fit en Italie, comment il essaya de rentrer en grâce complète avec le Vatican, comment il s'y prit maladroitement, allant à ceux dont l'influence commençait à décroître, je le sais et vous le dirai peut-être un jour.

Les élections se firent sans lui, contre lui ; son parti revint à la Chambre, toujours compact mais singulièrement réduit. Il est vrai que la droite monarchique avait profité de ses fautes. Le ministère Ferry léguait à la République de redoutables embarras : une liquidation douloureuse de la politique coloniale, un désarroi lamentable dans les finances, un déclassement de tous les partis, enfin une formidable minorité inconstitutionnelle.

Ce n'était pas pour embarrasser longtemps un politicien sans principes.

Irrémédiablement brouillé avec le parti radical,

c'est vers la droite que M. Jules Ferry se tourna tout d'abord pour compenser la perte subie par son entourage immédiat.

L'auteur de l'article 7, l'inspirateur des décrets, se présenta à la droite, par une subite volte-face, comme le gardien du Concordat, comme le plus féroce représentant de l'autorité, comme le gendarme de l'ordre public.

M. Jules Ferry avait une belle occasion de rendre service à la République et à la France, de racheter toutes les fautes de son passé.

Il devait comprendre d'abord que son rôle personnel était achevé pour de longues années et qu'il ne pouvait, sans transition, devenir le chef de la droite. Il devait s'effacer, mais inspirer à ses amis une politique largement conciliante, franchement conservatrice et nationale, qui eût amené à la République nombre de conservateurs assez libres d'attaches dynastiques, ce qui eût effacé bien des malentendus.

Il prononça quelques discours en ce sens, mais il suffisait qu'ils fussent prononcés par lui pour perdre leur salutaire effet. Il devait en laisser l'honneur à des hommes moins compromis.

Ce n'était pas un mystère que beaucoup de députés de la droite, élus sur un programme exclusivement conservateur, ne demandaient pas mieux que de prendre rang dans la République, d'y venir pour défendre leurs principes et leurs convictions, à la condition qu'ils y trouvassent quelque encouragement et quelque appui.

Une telle politique devait être tentée au lendemain même du 4 octobre, alors que la droite, forte des avantages remportés devant le suffrage universel, pouvait traiter dignement avec le parti républicain. Elle devait surtout être faite au grand jour, comme le comprit plus tard M. Raoul Duval. Elle devait enfin être dégagée de toute apparence d'intrigue, de compromission, d'intérêt immédiat. Ce n'est pas dans les couloirs qu'il la fallait machiner, c'était à la tribune et devant le pays.

Mais pour M. Jules Ferry la politique se réduit à un compte de voix et à une convoitise de pouvoir. Aussi se dépêcha-t-il d'engager des pourparlers avec les chefs de la droite, d'esquisser des programmes et de bâcler des alliances avec une soixantaine de députés. Était-ce suffisant pour lui faire une majorité, pour renverser M. de Freycinet? Non, pas encore. Avec un petit supplément d'intrigues, de promesses, de gages, on fût arrivé au nombre voulu, car M. Jules Ferry n'a jamais vu dans la droite républicaine que l'appoint nécessaire à sa majorité.

L'expulsion des princes, proposée par M. de Freycinet, reduisit à néant une première tentative. Les élections aux conseils généraux, qui tournèrent ensuite au détriment de la droite, enlevèrent aux conservateurs le bénéfice moral de leur victoire. Quand M. Raoul Duval prononça son fameux discours du 5 novembre 1886, il parlait par la fenêtre de la Chambre des députés, et sa voix trouva plus d'écho dans le pays que dans le Parlement. D'ailleurs le noble et courageux député de l'Eure n'eût jamais consenti à servir les intérêts d'une coterie, à devenir l'homme lige de M. Jules Ferry, à se prêter à une combinaison ambitieuse. Loyalement rallié à la République, il y venait libre d'engagements, en sa complète indépendance, et il eût appuyé, non pas un système jacobin, non pas un césarisme de bas étage, mais une politique de liberté et d'égalité, une politique ouverte, franche et nationale. La mort le frappa quand son œuvre politique était à peine ébauchée. M. Jules Ferry ne pouvait plus compter sur la droite républicaine, pour trouver les éléments de sa majorité.

Il fit du moins une sourde opposition au ministère Goblet, comme il avait fait au cabinet Freycinet. Son lieutenant, M. Rouvier, présidait la commission du budget. Par là seulement il avait encore une action directe sur la Chambre. Les journaux de M. Jules Ferry recommencèrent contre M. Dauphin la campagne qu'ils avaient menée contre M. Sadi Carnot, le ministre des finances de M. de Freycinet. La commission du budget, dirigée par M. Rouvier, accabla de sarcasmes le système de M. Dauphin qui n'était ni un habile financier ni un homme de valeur, mais qui, eût-il été tous les deux, n'en eût pas été plus épargné.

En effet, le temps pressait. Depuis deux ans M. Jules Ferry et ses amis n'étaient plus au pouvoir. La coterie se disloquait, la coterie que l'ambition et l'intérêt avaient formée.

Puis, au commencement de 1888, les élections sénatoriales devaient avoir lieu, et le Sénat était devenu la citadelle de refuge de l'opportunisme. Il était à craindre que le renouvellement partiel de la Chambre haute n'infligeât aux amis de M. Jules Ferry des pertes cruelles, sous la dévotion de préfets qu'un ministère libéral eût commandés.

D'ailleurs M. Goblet réussissait à merveille et la popularité du général Boulanger grandissait. L'heure était venue de frapper les grands coups. Une coalition de la droite, d'une fraction des opportunistes et de l'extrême gauche, toujours prête à renverser n'importe quel gouvernement, fit tomber le cabinet Goblet. La crise dura plus d'un mois. La division des républicains, l'importance numérique de la droite rendaient à peu près impossible la constitution d'un autre ministère de concentration. On laissa M. Grévy s'épuiser en vaines combinaisons. Puis on lui dépêcha des conseillers qui franchissaient pour la première fois le seuil de l'Elysée.

M. Jules Ferry venait de nouer alliance avec les chefs de la droite, mais non plus sur la base d'un ralliement des monarchistes à la République. On acceptait la droite tout entière et telle quelle. On englobait dans la nouvelle majorité, avec M. de Mackau qui avait traité, M. de Baudry d'Asson, Mgr Freppel, M. Cazenove de Pradines, M. de Mun. M. Grévy, qui redoutait autant que M. Ferry la personnalité encombrante du général Boulanger; M. Grévy, vieux, lassé, inquiété par la longueur de la crise, accepta la majorité qu'on lui offrait, le ministère que M. Ferry avait préparé de longue main, et dont M. Rouvier était le chef désigné, comme prix de son intervention décisive dans la chute du cabinet Goblet. Il ne manquait plus que quelques personnalités de la gauche radicale pour colorer l'évolution à droite. M. Rouvier se chargea de les trouver en quelques heures.

Voilà donc M. Jules Ferry revenu au pouvoir en la personne de ses fidèles associés. Il n'y demeura pas inactif. La majorité républicaine était coupée en deux parties à peu près égales. La droite monarchique faisait partie intégrante de la majorité ministérielle. M. Paul de Cassagnac devenait un des plus chauds partisans du cabinet, sans cesser d'accabler la République de ses invectives. Pour arrêter l'élan qui mettait ses fidèles aux pieds de MM. Jules Ferry et Rouvier, M. le comte de Paris dut publier son manifeste césarien.

M. Jules Ferry savait combien était précaire sa combinaison si laborieuse. Il ne pouvait, tant que durerait cette Chambre, occuper en personne le pouvoir. Il était réduit au rôle de gouvernant occulte, à la fonction de protecteur du cabinet. Puis M. Rouvier, si attaché qu'il fût à son maître, avait fait d'assez heureux débuts à la tribune comme président du conseil, il avait gagné une importance personnelle, il se créait une cour de gens d'affaires, de trafiquants, tout à fait indépendante de celle de M. Ferry. N'allait-il pas un jour se croire affranchi d'une tutelle qu'il était d'ailleurs obligé de répudier publiquement à chaque séance de la

Chambre? Enfin, ce n'est pas du tout la même chose d'être derrière un gouvernement ou à la tête d'un gouvernement.

Puisqu'un ministère Rouvier était possible avec le concours de la droite, à plus forte raison M. Ferry redevenait-il possible dans une situation encore plus haute. J'ignore à quel calcul on se livra dès lors avenue de l'Alma; mais je suis sûr qu'on pointa les chances d'un congrès. Au congrès on était assuré de la presque unanimité des voix républicaines du Sénat, de 130 voix à la Chambre, soit 300 voix. La droite, si fidèle à M. Rouvier, ne refuserait pas ses voix au chef de M. Rouvier, à celui qui avait poussé par les épaules M. de Mackau dans le cabinet de M. Grévy, et dont la présidence ressemblerait à un empire.

Il fallait, pour arriver au congrès, ne pas perdre une minute, car le congrès devait être réuni avant les élections sénatoriales. Un écart possible de quelques voix pouvait tout compromettre.

Sans doute il était cruel de bousculer M. Grévy, qui, en prenant le ministère Rouvier sur la recommandation de M. de Mackau, avait donné à M. Ferry la plus haute marque de confiance; mais qu'importe? On ne fait pas de la politique avec des scrupules.

L'occasion manquait.

Une sottise du général Ferron la fournit tout à coup.

Vous connaissez l'affaire Caffarel... On comprit tout de suite qu'elle deviendrait l'affaire Wilson, et, de là, l'affaire Grévy. Une fois cela compris, les conspirateurs frappèrent comme des sourds. Pour accabler le Président, on exhuma des cartons la trace de toutes ses faiblesses et on les livra aux journaux.

Un membre de la droite proposa la nomination d'une commission d'enquête, M. Rouvier ne s'y opposa point. Il vint lui-même à la tribune accabler de sarcasmes le Président de la République, que sa fonction lui faisait un devoir de couvrir; il le traita de « solliciteur éminent ». Il lui fit honte de son intervention en faveur d'un ancien client du Palais de Justice; il accepta, il conseilla peut-être la restitution des 40 000 francs de timbres-poste dont le Trésor avait été frustré.

Ce n'était pas assez. Le préfet de police avait livré à M. Grévy les pièces d'un dossier. On révoqua le préfet, on le traduisit en justice afin que le Président fût tout à fait compromis.

Le ministère en vint à favoriser ouvertement le mouvement de l'opinion qui se dessinait en faveur d'une démission présidentielle, et lui-même, afin de précipiter la crise gouvernementale, afin d'acculer M. Grévy où voulait le conduire M. Ferry, il délia la droite de ses engagements, il sollicita peut-être de ses amis fidèles sa propre chute. C'en était fait de M. Grévy. Les opportunistes refusèrent hautement leur adhésion à un cabinet quelconque. Le Parlement fit grève, M. Grévy céda.

Les voies étaient libres à M. Jules Ferry vers la présidence de la République, sa candidature nettement posée sous le patronage de Mgr Freppel.

Pour en arriver là on avait avili la Légion d'honneur, étendu la suspicion sur toutes les administrations publiques, sali la réputation d'honneur jusque-là immaculée du doyen des républicains, compromis la magistrature, désorganisé la police, brisé un à un tous les rouages gouvernementaux, peut-être ruiné la République. A coup sûr on l'avait déshonorée devant toute l'Europe.

Ce ne sont pas là des conjectures, mon jeune ami; c'est de l'histoire, de l'histoire suivie de près, au jour le jour.

Les événements qui se sont succédé en octobre 1887 n'ont aucun sens, ils sont absurdes, s'ils ne procédaient pas de la volonté opiniâtre d'un ambitieux. Mais ils se sont enchaînés avec logique;

ils aboutissent à un but. C'était l'exécution très savante d'un complot.

Je ne crois pas que le général Ferron ait compris, quand il ordonna l'arrestation d'un sous-chef d'état-major. M. Rouvier fut sans doute étranger à ce début de l'affaire : mais le jour où on découvrit dans les papiers d'une intrigante des lettres de M. Wilson, on procéda avec méthode. M. Jules Ferry dirigea toute la conduite de l'entreprise. Il avait trouvé le moyen de rentrer au pouvoir, non plus à la discrétion d'une majorité républicaine, mais comme un souverain. Sa candidature était posée quand M. Grévy tomba sous la série de pièges placés sous ses pas.

L'honneur d'un vieillard, le bon renom de la République, la Constitution ! qu'est-ce que c'est que cela pour M. Ferry?

L'intérêt de la République ne l'avait pas gêné quand il risqua la guerre civile pour exécuter ses décrets. La Constitution ne l'avait pas gêné pour faire la guerre à la Chine sans la déclarer. La Constitution ni l'intérêt de la République ne le gênèrent pas pour renverser un Président et se mettre à sa place.

L'impopularité? Elle l'eût suivi s'il eût réussi, car il n'eût pas reculé devant un 2 décembre pour établir sa dictature. M. Rouvier avait déjà rassemblé à Versailles les troupes nécessaires. La guerre civile? Elle eût assis sa toute-puissance.

Si l'Assemblée nationale du 3 décembre dernier eût couronné cette ambition excitée, vous auriez avec M. Ferry une contrefaçon d'Empire.

Le congrès recula devant cette menace.

M. Jules Ferry en sortit simple député mais non découragé.

Le coup de pistolet d'un insensé lui fournit l'occasion de solliciter une sorte de plébiscite des comités provinciaux à lui dévoués.

Il n'a pas renoncé à faire rentrer au pouvoir ses affidés. Peu s'en est fallu qu'il ne réussît encore une fois, le 16 janvier, à couper en deux la majorité républicaine. Sans l'intervention de M. Goblet, c'était fait.

On ne peut contester à M. Jules Ferry l'esprit de suite dans les entreprises, la ténacité indomptable dans les rancunes et dans les convoitises; si cette dictature pouvait apporter à votre pays quelque tranquillité intérieure, quelque ordre véritable fondé sur la liberté, à votre République quelque solide alliance qui lui assurât dans le monde l'honneur et la paix, il faudrait lui céder la place. Quand l'intérêt d'un ambitieux de talent se confond avec celui d'un pays, l'ambition cesse d'être criminelle.

Mais M. Jules Ferry n'a jamais fait usage du pouvoir que pour des œuvres de violence et de persécution. Il ne le désire encore que pour recommencer quelque proscription. Indifférent à la cause de Marius ou à celle de Sylla pourvu qu'il proscrive.

Je ne vous souhaite pas l'expérience de cette dictature.

Saviez-vous que, pendant la Commune même, M. Jules Ferry s'était réservé des intelligences dans la place pour le cas où l'insurrection eût définitivement triomphé? Demandez-vous alors ce que faisait à l'Hôtel de Ville, après le 18 mars, le doux, le timide M. Méline. M. Méline est un compatriote de M. Ferry. Déjà, en 1870, il ne voyait que par les yeux, il n'agissait que par les ordres du grand électeur des Vosges. Pendant la préfecture urbaine de M. Ferry, M. Méline était venu à l'ombre de son maître. A l'Hôtel de Ville des insurgés il représenta, quoi? M. Jules Ferry. Il donna sa démission quand M. Jules Ferry jugea la victoire impossible au mauvais droit. Demandez au dernier électeur des Vosges si ce n'est pas vrai?

L'ambition, loin d'être coupable, est noble quand

elle a un noble objet, quand elle aspire à un idéal.

L'idéal de M. Jules Ferry, c'est le pouvoir; non pas même pour ses charmes, mais pour la faculté qu'il donne d'apporter aux autres hommes la plus grande somme possible de vexations, de tracasseries et d'épreuves. Tel est le plaisir qu'il y trouve.

Il s'est trompé de siècle, il devait naître au temps du Bas Empire. Et c'est le Bas Empire qu'il apporterait à la France.

Déjà il se pose en prétendant.

Si la France doit renoncer à sa liberté; ce qui serait, à mon avis, un malheur pour le monde entier, que du moins elle se remette à la discrétion d'un maître moins indigne !

Parmi les vieux partis dont le retour serait haïssable, le pire serait celui des républicains sans principes pour qui la liberté est une « vieille guitare », dont l'autorité serait une tyrannie, la politique une série d'aventures téméraires.

Que Dieu vous garde de Jules Ferry !

SIXIÈME LETTRE

M. DE FREYCINET

S'il est une certitude politique, c'est que M. de Freycinet reprendra le pouvoir demain ou après. C'est de lui qu'on peut chanter : « Il reviendra ! » Il reviendra avant ou après Pâques, mais sans que la Trinité se passe. Un moment arrive toujours où M. de Freycinet redevient l'homme nécessaire. M. Grévy — quoiqu'il goûtât peu la politique de M. de Freycinet qu'il trouvait trop bienveillante aux réformes, et à laquelle il préférait la politique de M. Jules Ferry ! — se sentait plus rassuré lorsque M. de Freycinet, qu'il aimait personnellement, était au pouvoir.

M. Carnot, lui aussi, aura besoin de M. de Freycinet qui a été son concurrent.

M. de Saulce de Freycinet n'appartient ni de près ni de loin aux nouvelles couches. Il ne fait pas partie de cette aristocratie républicaine qui, à l'instar de la génoise et de la florentine, se glorifie des anciennes boutiques ancestrales. Il n'est pas non plus sorti des grandes pépinières où se recrutent les états-majors républicains ; ni le barreau, ni la médecine, ni un comptoir, ni une chaire de philosophie ou d'histoire ne lui ont servi de marchepied. L'École polytechnique l'a nourri, cette grande école qui a fourni beaucoup de ministres mais très peu de présidents du conseil.

Malgré sa tête blanche, malgré sa pâleur, malgré sa voix fluette, malgré cette apparence alerte et menue qui lui ont valu d'un journaliste le surnom de « souris blanche », M. de Freycinet est un jeune. Il n'a pas atteint la soixantaine, mais depuis si longtemps on le connaît, depuis si longtemps il occupe les premiers rôles, qu'on lui ajoute tout naturellement des années.

Sorti l'un des premiers de l'École polytechnique, il fit sous l'Empire une carrière très rapide dans le corps des mines. Il sollicita de ses compatriotes de Montauban un mandat de conseiller général.

Était-il neutre ou opposant? Je ne le sais pas. Il cherchait alors sa voie politique.

En ce temps-là encore, il s'occupait, dit-on, de résoudre un problème, pour lequel les mathématiques les plus transcendantes fournissaient peu de données; il s'adonnait à la recherche de la meilleure des religions. Il était issu d'une de ces nobles familles du Dauphiné qui professent la loi réformée avec d'autant plus de fidélité qu'elles ont subi plus de persécutions. Les protestants de Nîmes, de La Rochelle, des Cévennes ont gardé fièrement leurs traditions et descendent tous, en ligne plus ou moins directe, du Marcel des *Huguenots*. Ils ignorent le scepticisme qui a prévalu dans les provinces que n'ensanglantèrent pas les guerres de religions.

Qui sait si, à travers toutes les vicissitudes de sa vie politique, et avec son esprit de mathématicien ardent, M. de Freycinet a complètement renoncé à la théologie critique, à celle qui cherche des preuves certaines, à cet autre calcul de l'infini qui veut parvenir, par voie de théorèmes, à dégager l'X mystérieux?

En sa jeunesse, M. de Freycinet était lié d'étroite amitié avec un mystique, catholique absolu, M. Henri Lasserre. On connaît l'anecdote, M. Lasserre, lui-même y a fait allusion dans la préface de son *Histoire de Notre-Dame de Lourdes*. Mais on l'a différemment racontée. Je crois posséder la version vraie. Elle éclaire d'ailleurs le caractère à la fois contemplatif et positif de M. de Freycinet.

Son ami Lasserre devenait aveugle. Ce travailleur intrépide ne pouvait plus se servir de ses yeux ni pour lire ni pour écrire, à peine pour se diriger. Les médecins aggravaient le mal. A ce moment la source de Lourdes commençait à opérer des guérisons, mais des guérisons encore contestées. M. Veuillot lui-même, dans sa correspondance, marque une défiance de Lourdes naissante.

M. de Freycinet, que la maladie de son ami affligeait profondément, conçut alors l'idée d'une expérience. Il conseilla à M. Lasserre d'essayer de l'eau de Lourdes, le sachant catholique pratiquant et convaincu. M. de Freycinet voulait mesurer avec une précision mathématique la puissance curative de la foi.

M. Lasserre hésita. Il ne se croyait pas digne d'un miracle. Était-ce humilité véritable ou crainte d'être redevable à la Sainte-Vierge d'une faveur spéciale, d'une exception aux lois de la nature ?

Il est toujours redoutable pour un homme, même croyant et sage, de voir un jour ses péchés se compliquer d'ingratitude.

M. de Freycinet tenait à son expérience. Il fit écrire à son ami une belle lettre au curé de Lourdes pour qu'il lui expédiât un panier de bouteilles. Celles-ci reçues, les yeux malades et perdus furent bassinés à l'eau de Lourdes sans résultat. Alors le mathématicien se frappa le front. « L'expérience ne compte pas, s'écria-t-il, tu n'es pas dans les conditions requises pour le succès, tout est à recommencer. » Il démontra à Lasserre qu'il devait au préalable purger son âme par la confession et communier.

Lasserre obéit, et les frictions réussirent; le miracle opéra. Lasserre recouvra la vue; il s'en servit pour écrire son histoire de Lourdes, l'histoire de Bernadette, la traduction en langue moderne des Saints Évangiles et, à l'heure qu'il est, il voit comme vous et moi.

Lasserre fit une retraite à Solesmes auprès de dom Guéranger et de dom Pitra. M. de Freycinet, se rendant à Montauban, s'arrêta 36 heures à Solesmes pour voir son ami et s'entretint avec dom Guéranger qui avait alors une célébrité. Bien des années plus tard, il songea sans doute à Solesmes, quand il se retira plutôt que d'exécuter les décrets qu'il avait contresignés.

Vers la fin de l'Empire, M. de Freycinet faisait partie de la commission extra-parlementaire de décentralisation avec le duc de Broglie, avec l'un et l'autre Lefèvre-Pontalis, avec les futurs leaders de l'Assemblée nationale.

Le 6 septembre, il eut l'occasion de connaître Gambetta, tribun célèbre, député qui déguisait, sous une fougue méridionale, un esprit très politique et très pratique, qui eût été un des successeurs possibles d'Émile Ollivier, si Sedan n'eût interrompu l'expérience de l'Empire libéral au milieu de la période orléaniste qui préparait la période républicaine. Avec sa fine intelligence M. de Freycinet apprécia toute la valeur du tribun. Peu de temps après il devint son second.

Gambetta, qui toute sa vie demeura quelque peu bohème, même en ses splendeurs, même en son luxe, ne garda dans la bohème que des amitiés. Il recruta ses lieutenants dans un autre pays.

La guerre à outrance fut une folie, chacun sait cela; mais une folie héroïque, une folie française. La paix après Sedan, M. Jules Favre en fit l'offre sentimentale à Ferrières; or, les sentiments ne valaient rien pour persuader l'implacable Teuton.

Ils valurent pour prolonger, même sans espoir, la résistance et faire payer chèrement aux vainqueurs les provinces et les milliards, rançon fixée même avant la guerre. Ils valurent pour montrer à la France ce dont elle eût été capable si l'Empire imprévoyant eût, comme le voulait le maréchal Niel, organisé d'avance la nation tout entière en armée.

M. de Freycinet dut tout improviser : régiments, batteries, plans de campagne, plans de bataille. Le mathématicien dut résoudre, à main levée, une infinité de problèmes insolubles. Il dut dégager chaque jour l'X d'une défaite certaine, et eut affaire à d'autres mathématiciens qui, de longue date, avaient déterminé toutes les données de l'équation. Le joueur d'échecs retarda le mat inévitable et sauva l'honneur d'une partie qu'il n'avait pas engagée.

Étranger à la France je plains ceux qui méconnurent les efforts malheureux de vos dictateurs de Tours et de Bordeaux, de ceux qui se trompaient avec Chanzy, avec Jauréguiberry, avec tout ce qu'il y eut de viril en votre nation. L'Histoire dira d'eux ce que disait le roi de Prusse devant vos cavaliers chargeant sous la mitraille : « Ah ! les braves gens ! »

Les sages succédèrent aux fous quand les fous avaient sauvegardé la dignité nationale et quand tout était perdu, sauf ce qui resta intact après Pavie.

M. de Freycinet rédigea les commentaires de la guerre des Gaules après Sedan avec une simplicité lumineuse ; c'est ainsi que Vercingétorix eût écrit, s'il eût pu écrire ou si César lui en eût laissé le loisir.

Paris l'envoya au Sénat, alors que Paris élisait M. Spuller comme grand électeur. M. de Freycinet cacha pendant quelque temps au Luxembourg ses éminentes qualités.

Puis il reçut le portefeuille des travaux publics d'un ministère où M. Léon Say dirigeait les finances. Gambetta, président de la commission du budget, avait fait de cette situation un poste dictatorial.

Au temps du 16 mai, M. Pâris, ministre des travaux publics, avait rédigé un rapport qui passa inaperçu au milieu des tourmentes politiques. Il s'agissait de cataloguer les lignes de chemins de fer restant à construire, les canaux à exécuter, les ports à perfectionner, de tracer un plan méthodique des travaux destinés à mener à complet achèvement l'outillage commercial et industriel de la France.

Programme électoral, soit. Machine de gouvernement, passe. L'idée apparaissait du moins généreuse et féconde. Le ministère du 16 mai y eût-il donné suite s'il eût survécu au scrutin du 14 octobre? J'en doute.

Gambetta et M. de Freycinet reprirent au profit des républicains les desseins hardis dont M. Pâris avait tracé la ligne.

Une déconfiture de M. Philippart laissait vacants les chemins de fer de la Vendée et toute l'esquisse d'un grand réseau. M. de Freycinet profita de la circonstance pour mettre au jour ce gigantesque travail d'achèvement du réseau national.

Les finances étaient prospères, le budget se soldait en excédent grâce à d'énormes plus-values d'impôts. On chevauchait les vaches grasses, on n'entendait pas encore la cloche menaçante de leurs maigres et fatales survivantes.

L'ingéniosité de M. Léon Say trouva, pour parer à ces dépenses prévues, l'expédient du trois pour cent amortissable. M. de Freycinet triompha; son projet avait souri aux plus implacables ennemis de la République, que sa parole avait séduits dans ce fameux discours de Nantes où il conviait les conservateurs à prendre place à la table républicaine, bien avant que M. Raoul Duval songeât à se rendre à l'invitation. Il fit ce miracle de rendre ministériel M. de Lareinty.

Vous savez le reste. M. de Freycinet financier avait été optimiste, comme M. de Freycinet guerrier avait cru à des ressources qui s'étaient dérobées.

Au gouvernement, le sénateur de Paris déploya d'incomparables talents.

Depuis M. Thiers on n'avait pas entendu de parole plus insinuante. C'est une fête pour l'esprit que d'entendre M. de Freycinet soutenant une cause difficile. Sa voix, harmonieuse comme une flûte, porte jusqu'au dernier recoin d'une vaste enceinte. Un léger accent méridional la fait vibrer. Les périodes à la fois amples et précises contiennent chacune un argument, rien de moins, rien de trop. L'éloquence est un vêtement juste appliqué sur la pensée. Son discours abonde en grâces sobres, en souplesses exquises; sa dialectique, aux mouvements serrés et habiles, est réglée sur la méthode de combat des lutteurs antiques: des muscles puissants, mais onctueux d'huile.

C'était un président du conseil tout désigné pour le jour où la République appartiendrait sans conteste aux républicains. Il fut le second des présidents désignés par M. Grévy. A ce ministère échut l'accomplissement des premières tâches de ce qu'on appelait alors la « vraie République »:

l'amnistie aux condamnés de la Commune, l'élimination de l'Église de l'école. M. de Freycinet fit voter l'amnistie, mais il ne réussit pas à faire voter au Sénat l'article 7 proposé par M. Jules Ferry, son ministre de l'instruction publique.

A la fin de son discours au Sénat, où il avait d'ailleurs défendu mollement l'article fameux, il avait indiqué qu'à défaut de l'article 7, le gouvernement serait contraint d'appliquer aux ordres religieux les lois existantes.

Telle fut l'origine des décrets que contresigna M. de Freycinet.

Le président du conseil comptait sur sa diplomatie pour éviter la fâcheuse extrémité d'une exécution brutale. Il croyait pouvoir s'arrêter à l'expulsion des jésuites. Les jésuites ont toujours servi de boucs émissaires à l'Église. Ils ont contre eux le vieil esprit parlementaire janséniste et gallican. Expulsés par Louis XV, par Charles X, par Louis-Philippe, ils ne pouvaient attendre grâce de la République; les précédents étaient trop nombreux. Les décrets les condamnèrent sans rémission possible. Milice romaine, janissaires du Pape, comme on dit, ils campent partout et ne séjournent nulle part. Les derniers coups leur sont réservés, la tribulation est le lot qui leur échoit;

ils l'acceptent avec simplicité. Ainsi firent-ils quand leur noviciat de la rue de Sèvres fut crocheté, en cette nuit où M. Andrieux revêtit ses légendaires gants gris perle.

Les jésuites avaient admis une manifestation, ils interdirent la résistance. M. de Charette n'avait qu'un mot à dire : la légion des zouaves pontificaux était sur pied. Ce mot, les jésuites intimèrent au général la défense expresse de le prononcer. Ils se dispersèrent silencieusement.

M. de Freycinet estima que cette exécution suffisait. Rome n'avait pas parlé. Mgr Czacki, le plus fringant des nonces, continuait à paraître dans les soirées officielles. Il ne s'abstint même pas d'un bal à la préfecture de police. Le président du conseil profita de ces dispositions conciliantes pour essayer un compromis qui le dispenserait de mener jusqu'au bout l'accomplissement de cette ingrate besogne.

Il obtint que les chefs d'ordres religieux signeraient une déclaration. Ce devait être une soumission à la légalité républicaine, une promesse de ne pas troubler l'État, une supplique pour obtenir, à défaut de reconnaissance officielle, une tolérance conforme à l'esprit des constitutions républicaines, sinon au texte des vieilles lois invoquées ; muni de ce document M. de Freycinet attendrait le retour de la Chambre. Il comptait à bon droit sur ce coup de théâtre, pour arracher à la majorité un vote de confiance qui ajournât indéfiniment la suite des exécutions.

Un journal légitimiste de Bordeaux, à qui le coadjuteur du cardinal Donnet, Mgr de La Bouillerie, avait, dit-on, livré le projet, le publia avec des commentaires propres à le faire échouer! Les journaux républicains piqués au vif refusèrent de lâcher la proie qui leur était promise. M. de Freycinet avait fait luire des espérances à Rome. Plutôt que de paraître manquer à sa parole, il préféra donner sa démission! Il la donna très noblement.

Il comprenait que ces violences allaient causer à la République bien plus qu'à l'Église des dommages irréparables, creuser des fossés que le temps même, ce maître niveleur, aurait peine à combler. Lui qui, à Nantes, avait prêché la République ouverte, il déplorait ce ravivement des passions religieuses qui allait faire tant d'irréconciliables au régime légal : lui qui avait visité Solesmes, il savait bien qu'on ne conspirait pas dans les couvents. Il se lava les mains et partit. Ce n'était pas une chute mais une retraite.

Pendant ce court passage à la tête des affaires,

M. de Freycinet avait conquis l'amitié personnelle du Président de la République. M. Grévy, quoiqu'il ne partageât pas toutes les idées de M. de Freycinet et eût souvent mis obstacle à ses projets, avait admiré la dextérité de l'homme d'État, son souci de prévenir les affaires embarrassantes; ses qualités conciliantes l'avaient charmé, autant que son talent au jeu d'échecs, vrai talent de polytechnicien. Puis M. Grévy parvenu au souverain pouvoir se plaisait en la compagnie d'hommes distingués. Or M. de Freycinet, sa femme, sa fille, n'ont en rien adopté les usages démocratiques. Dans cet intérieur patriarcal on ne renie aucune saine tradition du passé, aucun culte ni religieux ni familial. Les ambassadeurs trouvaient au quai d'Orsay un homme du monde accompli, une hospitalité que Mme et Mlle de Freycinet savaient rendre digne d'une chancellerie impériale ou royale. M. Mollard, le maître des cérémonies du lieu, n'avait rien à apprendre au ministre. M. de Freycinet devint la grande ressource de M. Grévy en temps de crise.

Lorsque Gambetta s'effondra avec ce grand ministère qui fut si court, le président chargea M. de Freycinet de revenir à une politique plus tranquille, moins fertile en « affaires ».

Aussi bien M. de Freycinet est-il l'homme de ce que vous appelez aujourd'hui la « concentration républicaine ». Il fusionne par tempérament et par habitude d'esprit. La politique consiste pour ce savant à résoudre une série d'équations, à coordonner une infinité de courbes, dont les circonstances fournissent les éléments. Il les prend comme ils viennent et son calcul se prête à toutes les combinaisons. Mais parfois des secousses renversent la table du mathématicien. Archimède aussi eût résolu son problème si le soldat romain n'eût pas brouillé ses figures en le massacrant.

Dans la question égyptienne il risqua sa popularité pour épargner à la France une nouvelle aventure et une nouvelle occupation que les procédés de la politique anglaise eussent rendue plus qu'aléatoire. Un peu mystique, peut-être s'était-il dit que l'Égypte est une terre sacrée qui porte malheur à ses conquérants. L'âme des morts roulée dans les momies parcheminées serait-elle la gardienne du sol? Je ne crois pas que les armes noires de l'Angleterre puissent triompher des Égyptiens plus aisément que les armes blanches de Rome. En tout cas, l'influence de la France, qui eût été détruite en Égypte par le fait de l'occupation, n'a rien perdu au Caire, et se reprendra tout entière à mesure que la « colonisation britannique » prouvera mieux qu'elle est une ruine pour l'Égypte.

M. de Freycinet revint au gouvernement après le double désastre de Lang-Son et du 4 octobre 1885, chargé de liquider à la fois les témérités de M. Jules Ferry à Madagascar et au Tonkin, et les imprudences de M. Brisson.

Son dernier passage aux affaires fut signalé par le traité qui donnait à la France un protectorat partiel sur l'empire hova, par l'expulsion des princes et par le règlement des pays de protectorat. Il succomba sous l'effort combiné de la droite et de l'extrême gauche; mais il demeura intact, et quand une crise menace, c'est encore à M. de Freycinet que l'on songe. Il est toujours tombé debout et à l'heure où paraîtront ces lignes il sera ministre, ou il sera sur le point de le devenir, ou bien il aura de nouveau cessé de l'être... Il a encore sept ou huit présidences du conseil à son avoir.

Que M. de Freycinet quitte le pouvoir ou qu'il le reprenne, il habite toujours son hôtel de la rue de la Faisanderie, Mme et Mlle de Freycinet n'ayant pas le goût des appartements qui ressemblent quelque peu au pont d'Avignon de la ronde célèbre.

Très correctes, elles se rendent au quai d'Orsay pour les réceptions, mais elles quittent, leurs devoirs remplis, les murs qui suent la banalité officielle. Elles ne risquent pas ainsi de « perdre pied » comme beaucoup d'autres femmes pour qui la chute de leur mari ou de leur père devient un désastre intérieur et toujours un déménagement imprévu.

Lorsque M. de Freycinet cesse d'être président du conseil, il intervient souvent dans les discussions sénatoriales ; jusqu'en ces derniers temps il continuait à communiquer avec le Président de la République, dînant chez lui le dimanche ou rendant visite à Mont-sous-Vaudrey. Il attend patiemment que son tour revienne et son tour revient toujours. L'intégrité absolue de sa vie, l'exquise politesse et de ses manières et de son langage, les ressources incomparables de son talent, sa connaissance approfondie des hommes et des choses, en font un de ces gouvernants dont la République a le droit de se montrer fière. La fortune n'a pas favorisé toutes ses entreprises ; il a trébuché auprès de plus d'un obstacle qu'il voulait tourner, jamais briser.

Son caractère fournira le plus curieux sujet d'études à l'histoire : s'il n'a pas jusqu'aujourd'hui attaché son nom à de grandes œuvres, il l'a tenu écarté des très grands désastres et des fautes irréparables.

Il est à la fois une ressource républicaine et une ressource nationale. Extrêmement courageux, il cache sous son apparence calme et facile, une solide volonté, une politique suivie et raisonnée, une âme forte et sûre.

Il est en tout la contre-partie de M. Jules Ferry.

SEPTIÈME LETTRE

CONSULS ET CONSULAIRES

Comme en France vous vivez encore sur le fonds de l'antiquité romaine, que vous appelez vos empereurs des Césars, il me sera permis d'appeler vos ministres républicains des consuls, et vos anciens ministres des consulaires, d'autant mieux qu'à l'instar des Romains vos maîtres, vous faites une prodigieuse consommation de grands hommes. Vous n'avez pas de loi qui limite à une année les pouvoirs de vos consuls, mais l'usage a force de loi, et si vous enfreignez l'usage, c'est plus souvent pour dévorer dans votre année des fournées de consuls, que pour proroger leur dignité l'année suivante. Ajoutons à cela que les Romains partageaient entre deux consuls seulement la direction suprême des affaires, et vous, vous vivez dans le régime d'un décemvirat perpétuel.

Aussi combien est nombreux dans votre Parlement et au dehors la légion de vos consulaires ! Si au lieu d'être Romains, vous aviez suivi le conseil de Gambetta et institué la République athénienne, par Hercule! quel grand Prytanée il vous faudrait, et quel budget pour nourrir aux frais de l'État jusqu'à la fin de leurs jours tous ceux qui ont bien mérité de la République en y maniant les portefeuilles de maroquin rouge!

Vos ministères constituent des hôtelleries bien achalandées. Les voyageurs y affluent, et, s'ils n'y restent guère, la plupart ne manquent pas d'y revenir. Après tout, si décriée qu'elle soit, l'auberge est encore supportable, et on ne la quitte guère de son plein gré. Il est de mode, quand on est ministre, de maudire la profession.

Beaucoup de peine, de fatigue et jamais de sécurité. Des audiences interminables, un véritable siège à la porte du cabinet. Chez vous, tout citoyen qui se respecte et qui a quelque chose à faire avec l'État veut voir le ministre et rien que le ministre. N'êtes-vous pas tous souverains? Êtes-vous faits pour parler aux subalternes?

Sans doute il n'est pas toujours amusant de recevoir cinquante solliciteurs dans la matinée, autant dans l'après-midi, quand le Parlement est en vacances; mais c'est la vie des anciens patriciens.

Mane salutantum totis vomit ædibus undam.

Recevoir tant de monde, c'est être homme public. Passer sa vie à refuser des faveurs, c'est se sentir puissant. Écouter les prières des humains, mêmes importunes, c'est la fonction des dieux. Quand on a perdu ces tracas, on ne se console plus de leur perte, on n'aspire qu'à les reprendre.

Les séances du Parlement ne constituent pas non plus un véritable lit de roses, ou du moins il y a dans la jonchée plus d'épines que de fleurs; plus de plis que de feuilles. Vos ministres occupent, sous le nom de banc, une rangée de sellettes; mais il y a encore quelque plaisir d'orgueil à demeurer en butte à ces interpellations furibondes, à ces questions captieuses, à sentir qu'on est le pivot sur lequel tourne la meule à broyer. Il faut défendre la forteresse contre des assauts sans fin. Il faut affronter des calomnies, des attaques et des insinuations horribles; mais si la place subit tant d'efforts c'est qu'elle est bonne, et les plus désintéressés s'y cramponnent.

Laissez donc vos ministres se plaindre par modestie et soupirer après « leurs chères études », et ne les plaignez pas trop. Quand ils sont tombés, vous connaissez comme moi l'objet de « leurs plus chères études », c'est de renverser leurs successeurs.

Il faudrait plusieurs volumes pour écrire l'histoire de ceux qui ne sont plus ou de ceux qui n'ont fait que passer sans laisser de traces mémorables. La matière réduite aux ministres et aux ministrables actuels est encore bien considérable. Je ne distinguerai d'ailleurs pas les uns des autres. Il m'est impossible de savoir qui sera ministre à l'heure où vous recevrez ces lettres; qui, lorsque vous les lirez, et combien de générations ministérielles auront passé quand elles arriveront à la connaissance du public?

J'ai pour amis quelques huissiers de ministère. Une part de notre carrière, n'est-ce pas, mon jeune ami? s'écoule dans les antichambres. Dans les interminables loisirs de l'attente j'ai toujours aimé à feuilleter ces répertoires vivants, ces dossiers à chaîne, à visiter les musées de l'histoire contemporaine qu'on nomme huissiers de ministère. Je n'en ai pas encore vu un seul en France qui ne se soit brouillé dans la liste de ses maîtres; depuis dix ans ces chronologistes à favoris irréprochables et à tenue solennelle, se perdent dans les dates et dans l'ordre des ministères.

Je cause avec vous, je recueille des souvenirs, je ne consulte pas des recueils de biographie. M. Larousse est exclu de notre correspondance; vous me pardonnerez donc si je commets quelque interversion ou quelque inexactitude en revenant sur le passé. Je n'ai pas autant de mémoire qu'un huissier et j'ai droit à autant d'indulgence que lui.

Je trace quelques figures des ministres récents.

M. ROUVIER

M. Rouvier a été président du conseil des ministres pendant six mois, ministre des finances et député des Alpes-Maritimes par la grâce de son ami M. Bischoffsheim.

Il « occupa » dans le grand ministère, Gambetta lui ayant dévolu le commerce et l'agriculture.

M. Rouvier a fait allusion à ses modestes origines dans un discours de l'hôtel Continental. Il s'est vanté, avec bonne grâce et avec une pointe de vanité, d'être né, comme Gambetta, dans une boutique d'épicerie. Je crois que c'est à Aix en Provence que le futur Premier vit le jour. C'est un Marseillais d'adoption. Il porte avec simplicité, bonne humeur et sans morgue aucune, sa situation de parvenu. Le mérite n'est pas mince dans une démocratie comme la vôtre, où l'orgueil est le grand mobile. Les attitudes sont si difficiles à choisir, à prendre et à garder.

M. Maurice Rouvier ne pose pas, quoique démocrate, quoique parvenu. C'est, comme vous dites, un bon garçon, sans la moindre affectation de « bon garçonisme ». Voilà que je parle le jargon parisien.

C'est aussi un assez beau garçon, grand quoiqu'un peu voûté, avec une physionomie ouverte et spirituelle. Il a l'air très jeune, ses cheveux et sa barbe en pointe sont d'un noir d'ébène, qui ne doit rien à l'art, et, quand il grisonnera, il grisonnera franchement, carrément. Il porte un lorgnon; ce n'est pas pour dissimuler son regard vif et perçant, c'est pour mieux voir.

Rien de plus aimable et de plus amusant que la conversation intime de votre ex-Premier. Pendant son passage aux affaires il a fait économie de bons mots, de reparties spirituelles, d'anecdotes joviales, comme il a essayé d'économiser les deniers publics.

Député depuis l'Assemblée nationale avec la

spécialité financière, M. Maurice Rouvier ne possédait aucune fortune, au moins avant son ministère. Depuis, je ne sais plus. M. Rouvier a joué à la présidence du conseil un rôle suspect. Cependant il serait téméraire de l'accuser d'avoir profité des affaires qu'il favorisait. C'est un courtier venu du pays où abondent les Levantins. Il y avait autour de lui une cour de tripoteurs. Tous ceux de Marseille et de Nice affluaient dans ses antichambres. Il rendait des services, je ne crois pas qu'il s'en soit rendu à lui-même.

Si, comme tant de vos hommes publics, il a prêté l'autorité de son nom et de son expérience à des entreprises privées qui n'ont pas réussi, il ne s'y est, dit-on, guère enrichi. Quels que soient les griefs qu'on puisse, à bon droit, faire valoir contre l'homme politique, l'homme privé, malgré tout, mérite quelque sympathie, ne fût-ce que pour sa belle humeur.

On réédite contre M. Rouvier, dans la presse hargneuse, les souvenirs d'un immonde procès dont il a été victime.

J'étais dans la tribune diplomatique, à Versailles, le jour où M. Dufaure, de sa voix nasillarde, annonça aux députés qu'il avait reçu de M. le procureur général une demande de poursuites contre un de leurs collègues. Aussitôt M. Rouvier, qui n'était pas nommé, bondit à la tribune : « C'est de moi qu'il s'agit, s'écrie-t-il. Impliqué dans une affaire ignoble et stupide, je demande des juges, et le plus tôt possible! »

La sécurité de l'innocence éclatait dans sa parole, dans son geste, où ses ennemis — des ennemis de parti, il n'en a pas d'autres — voulurent voir l'aplomb du cynisme.

Le gouvernement d'alors, bien que républicain, lui était malveillant. Il sortit simplement absous par le tribunal, mais innocent pour les gens de bonne foi.

Depuis on affirme que tout le détail de cette méprise a été révélé. On connaîtrait le vrai coupable, un infâme policier. M. Rouvier n'avait même pas besoin de la réhabilitation très explicite que lui a octroyée M. Andrieux dans ses *Souvenirs*.

Un journaliste que j'essayais de faire rougir de la turpitude de semblables procédés de polémique, me répondit : « Que voulez-vous, nous savons bien la vérité; mais la politique, monsieur le comte, la politique? »

Quelle monstrueuse chose que la politique! Quoi encore? Le mariage, le fameux mariage qui souleva tant de vertueuses indignations. Voici l'histoire de Mme Rouvier, si connue sous le pseudonyme de Claude Vignon, telle que la racontent les amis de M. Rouvier et il en a de très dévoués, ce qui est à son honneur.

Mme Rouvier est fille d'un maître de pension, je crois, nommé Cadiot. Elle fut mariée à quinze ans à l'un des professeurs de l'institution aussi âgé que son père, une sorte d'illuminé, de prophète. Elle en eut trois enfants, morts à peine nés. A dix-neuf ans, elle se sépara d'un mari indigne, moine défroqué qui avait usurpé un état civil pour dissimuler le *défrocage*. On le sut depuis et le mariage fut annulé.

La jeune femme se retira dans un très humble appartement où elle vécut dans une gêne voisine de la misère. Elle était remarquablement, admirablement belle.

Elle songea à vivre de ses talents : la sculpture et les lettres. Comme, étant femme, elle n'avait plus de nom de fille, et comme aussi, après l'annulation du mariage, elle n'avait plus de nom de femme, elle emprunta à Balzac le pseudonyme masculin de Claude Vignon. Mais malgré son rare talent de statuaire, les commandes n'arrivaient guère ou on ne les voulait accorder qu'à un prix qui répugnait à Claude Vignon. Elle eut alors l'idée de s'adresser à l'Impératrice, l'*Impératrice*, vous avez bien lu. L'Impératrice s'intéressa à la jeune et belle artiste. Elle lui fit une pension et ordonna les commandes. Reprenant courage, grâce à cette illustre protection, Claude Vignon travailla et beaucoup, demandant à son ébauchoir et à sa plume un peu plus que le strict nécessaire assuré par la générosité de l'Impératrice. C'est ainsi qu'elle acquit ce petit hôtel de Passy qu'elle mit bien des années à payer.

D'ailleurs femme du monde accomplie, scrupuleuse dans ses relations mondaines.

La République vint. Elle n'eut plus d'autre ressource que le travail. C'est alors qu'elle collabora au *Moniteur universel*, à l'*Indépendance belge*. M. Rouvier l'épousa et jamais vie intérieure ne fut plus digne et plus modeste.

Claude Vignon, sans enfants, avait élevé et adopté le fils d'un frère, mort au Mexique, c'est le jeune Louis Vignon, son neveu et non son fils, qui a exercé auprès de son père d'adoption les fonctions de chef de cabinet.

Une jeunesse écoulée dans la pauvreté, puis une célébrité acquise à force de travail, tel est le roman de Claude Vignon.

Ses grands crimes ont été au nombre de quatre :

la pauvreté, la beauté et un double talent. A présent elle en a commis encore un cinquième, plus impardonnable que les autres : elle a été la femme d'un premier ministre.

Mais, passons. A l'Assemblée nationale, Maurice Rouvier, initié dès sa première jeunesse au maniement du détail des affaires commerciales, se fit une réputation dans les questions pratiques. Républicain ardent, il ne prenait qu'une part indirecte aux débats de la politique pure. Gambetta aimait à s'entourer de spécialistes ; M. Rouvier fit partie de la pléiade. Il traitait les chiffres, les tarifs avec une vivacité, une clarté, qui n'ont appartenu avant lui qu'à un autre Marseillais, M. Thiers. Son éloquence ne vise pas aux grands effets, elle les atteint parfois à force d'être pratique.

On devinait, chez ce brillant orateur d'affaires et derrière cette incomparable dextérité, une volonté tenace, une suite dans les desseins, qui sont de rares qualités chez l'homme pratique.

Député d'un grand port, et même, quand il ne l'est plus, toujours citoyen de Marseille, sa patrie politique, M. Rouvier n'a pas cessé de défendre les doctrines libre-échangistes, mais sans le moindre dogmatisme, sans pédantisme de professeur. Ce n'est pas un économiste à la façon de M. Frédéric

Passy, c'est un homme d'affaires qui traite des affaires. Il ne fit que passer au ministère du commerce pendant la courte durée du grand ministère; mais il fit invariablement partie de la commission du budget. M. de Freycinet l'envoya à Rome en qualité d'ambassadeur extraordinaire, pour négocier le renouvellement du traité de commerce avec l'Italie. Il n'y réussit pas, mais pouvait-il y réussir?

Président de la commission du budget sous le ministère Goblet, il contribua puissamment à la chute de ce cabinet. On sait à présent — M. Rouvier le savait-il alors? — quelle fut la portée politique de l'événement.

Je ne vous referai pas l'histoire de cette longue crise, une des plus redoutables que la République ait subies. Pendant un mois le pouvoir fut vacant, tant il était difficile, paraît-il, de se débarrasser du général Boulanger!

Les amis de M. Ferry étaient désignés pour inaugurer une politique qui devait mettre la République en péril et inaugurer une série de crises.

M. Rouvier, ministre des finances, était le pivot de toute combinaison possible; il n'avait personnellement mené aucune campagne, ni contre le clergé ni contre les princes. Il n'avait attaché son nom à aucune motion de combat. Il apparaissait dégagé de tout passé trop compromettant. Élu président de la commission du budget par la fraction opportuniste, il n'avait pas tardé, par son insistance, à réclamer les économies et les réformes, à se concilier la bienveillance des radicaux ameutés contre M. Goblet.

Il réussit à former un ministère avec l'adjonction crue nécessaire de deux membres de la gauche radicale, MM. Barbe et de Hérédia. Il gardait M. Flourens, mis en lumière par l'incident Schnaebelé, indépendant d'ailleurs, par sa position extra-parlementaire, de toute influence de groupe.

A peine constitué, le nouveau ministère fut en butte à de furieux assauts. Deux fois M. Rouvier soutint le choc. Dans sa réplique, il déploya une éloquence souple, familière... Il offrait sa poitrine aux coups, ayant l'air de se découvrir, mais sûr de sa parade.

On lui reprochait l'appui de la droite. « Je ne compterai pas les voix de la droite à mon bénéfice, dit-il, je veux pour moi la majorité des républicains. Il y a quatre cent vingt républicains dans cette Chambre. Soyez deux cents contre moi et je me retire. »

Jusqu'au jour où il eut besoin de tomber pour découvrir M. Grévy et préparer les voies à M. Jules Ferry, cette crânerie lui réussit.

On connaissait M. Rouvier financier, fécond en combinaisons économiques, comptable émérite. Il a montré un Rouvier politique. Sans avoir les ressources des grands hommes d'État, il s'est montré habile, souple. Ses qualités maîtresses sont la précision, la clarté, l'esprit politique. Il ne s'élève pas très haut, mais aussi il ne perd jamais pied. C'est le contraire d'un doctrinaire.

Il a étonné ses meilleurs amis ; le voilà passé homme de premier plan. Il a ajouté une nouvelle figure à la galerie des présidents du conseil. Il est tombé avec l'aplomb d'un Méridional, la grâce d'un artiste un peu sceptique. Le sol de la Provence ressemble à celui de la Grèce. M. Rouvier rappelle ces Athéniens habiles au commerce et aux luttes de l'agora. Athéniens charmants, agiles, sobres, toujours maîtres d'eux-mêmes, à l'esprit limpide comme l'atmosphère bleue du golfe de Salamine, au jugement droit et net comme le profil des montagnes attiques. Il y a chez lui moins de flamme que de lumière.

M. FALLIÈRES.

Un de ses collègues encore en exercice est un ancien président du conseil, M. Fallières, ministre de l'intérieur, qui, par discipline et par modestie, a accepté un portefeuille dans un cabinet dont il n'est pas le chef. Encore une physionomie assez sympathique. Paris le doit, lui aussi, au Midi; mais il vient de ce Midi qu'arrose la Garonne, ce Midi plantureux qui n'est plus la Grèce, qui appartient tout à la France, la Gascogne. M. Fallières est né en terre grasse, en pays de haute et fine chère, pas très loin de Cahors, patrie d'un autre gros homme quelque peu plus grand que lui.

Les débuts de M. Fallières furent modestes comme ceux de la plupart de ses collègues. Il brillait sous l'Empire dans les honneurs obscurs du barreau de Nérac. La République venue, il aspira à être l'un des lieutenants de M. Faye, l'aigle de Marmande, dans l'armée de la démocratie. M. Faye parvint à un sous-secrétariat d'État à l'ombre de M. de Marcère. Ni M. Fallières ni ses compatriotes ne prévoyaient que l'avocat de Nérac deviendrait l'un des généraux en chef, non plus de la démocratie de terroir, mais de la démocratie française.

En 1876 sa patrie l'envoya à la Chambre des députés. Il tarda un peu à y faire ses débuts, ces terribles débuts qui décident de toute la carrière. Sans fortune, M. Fallières habitait à Versailles un tout petit appartement où il se refit étudiant, apprenant la politique à trente-cinq ans, comme à vingt ans on apprend le droit. La bibliothèque de la Chambre n'eut pas d'hôte plus studieux. Elle lui eut bientôt dévoilé tous ses mystères. Aussi M. Fallières gagna-t-il rapidement l'estime et la sympathie universelles, d'autant plus qu'il ne violentait pas la Renommée, il l'attendait.

On lui confia le rapport de plusieurs projets de loi, notamment celui du budget des cultes en 1878.

Il prit une part très active à l'élaboration de la loi sur la presse qui vous régit encore, la loi de 1881, et il en devint le rapporteur. Il avait déjà rédigé la plus grande partie du rapport, œuvre très remarquable et qui restera dans les annales parlementaires, quand il fut appelé au sous-secrétariat-d'État au ministère de l'intérieur. Il passa le rapport presque achevé à M. Lisbonne, qui en eut la gloire, mais qui, par délicatesse, a maintes fois déclaré que tout le mérite en revenait à son prédécesseur.

Quand il fut appelé à ce sous-secrétariat, M. Fallières occupait déjà une haute situation dans la Chambre. Ses collègues appréciaient les qualités exquises de cet homme à l'intelligence lucide, ouverte à toutes les questions, à l'honnêteté solide, simple, et dont l'éloquence était faite de bonhomie, de conviction et de droiture.

Travailleur il l'était devenu par devoir, par conscience, par patriotisme, en dépit d'un naturel enclin au *far niente.* Aussi avait-il été élu vice-président de la Chambre.

Le Président de la République, par un décret sans précédent et qu'il n'a pas renouvelé, avait spécialement délégué M. Fallières, sous-secrétaire d'État, à l'administration des cultes. Il était donc virtuellement ministre des cultes sous M. Constans, ministre de l'intérieur. C'est à cette circonstance particulière qu'il dut de participer tout spécialement à l'exécution des décrets. Ce sera évidemment l'un de ses titres les plus contestés dans l'histoire, mais il a de la chance, bien qu'il ait tout réglé, de n'en pas avoir la responsabilité principale.

Il remplit là un devoir pénible. Rendons-lui cette justice qu'il le remplit avec un remarquable talent. Quelle que fût la douleur des expulsés, leur indignation même, ils n'ont pu retenir ce cri : « Ouvrage détestable, mais très bien fait! »

Ces malheureux décrets furent exécutés à la fois sur tous les points du territoire, en quelques heures, sauf le siège de Frigolet qui tourna en longueur. La circulaire qui ordonna ces exécutions demeura secrète, chose inouïe?

M. Fallières n'avait d'ailleurs aucune responsabilité dans la conception de l'entreprise. Il se chargea d'une mission très délicate, très difficile, mais il s'en tira avec une sûreté, avec un succès extraordinaires. Il ne porte pas en lui l'âme d'un sectaire ni d'un haineux.

Je glisse sur ces souvenirs d'un autre temps et d'une autre République. La consigne fut exécutée partout avec une respectueuse tristesse. Les religieux ont béni les agents irresponsables qui les empoignaient. Le pardon et l'oubli sont des vertus chrétiennes.

Sous la présidence de M. Duclerc, M. Fallières obtint le portefeuille de l'intérieur et des cultes. Il l'occupa avec éclat dans des circonstances très difficiles.

C'était le temps où la dynamite faisait explosion à Monceau-les-Mines, à Lyon, le temps des bandes noires. Les anarchistes menaçaient la France de la plus épouvantable des révolutions sociales. Le ministre de l'intérieur portait une grosse et lourde responsabilité. Toujours en éveil, toujours sous le coup de nouvelles terribles, il devait tenir en échec cette poignée d'insurgés, qui disposait, grâce aux engins modernes, d'une puissance effrayante.

M. Fallières, alors, mérita bien de la France. Il prévint une explosion auprès de laquelle la Commune eût semblé un jeu d'enfant.

A la retraite de M. Duclerc, M. Grévy appela M. Fallières à lui succéder. Il fallut beaucoup de patriotisme et d'abnégation à M. Fallières pour accepter une situation si périlleuse. Cet excellent homme, ce pacifique, a toujours été chargé des besognes qui réclamaient une indomptable énergie.

Vous vous rappelez dans quelles circonstances il prenait le pouvoir. Le général Billot cédait la place au général Thibaudin, ne voulant pas toucher à une loi de garantie militaire en privant de leur emploi dans l'armée les princes officiers. Vous savez quelle profonde division une telle mesure avait jetée dans les rangs des républicains, quelle passion elle avait excitée dans le camp monarchique. Encore une fois M. Fallières devait répondre de l'ordre compromis. Il n'était bruit que de complots, et l'armée, pour la première fois depuis 1871, s'occupait de politique. Gambetta n'était plus. La République traversait une crise.

M. Fallières déploya alors la plus rare énergie et une activité telle que ses forces trahirent sa volonté. Il violentait à l'excès un tempérament délicat sous une apparence exubérante. Un jour, à la tribune, son âme ne fut plus maîtresse de son corps. Il fut condamné au repos, succombant, non à un vote de la Chambre, non à une erreur politique, mais à une défaillance de santé, à un surmenage.

Son repos ne fut pas de longue durée. Il prit le ministère de l'instruction publique sous M. Jules Ferry et il attacha son nom à des lois importantes. Il fit voter la loi qui réforma les programmes de l'instruction primaire, il obtint contre le gré de beaucoup de républicains et par raison d'État, ce que je n'approuve pas pour ma part, étant chez vous libéral, décentralisateur et anti-politicien officiel, que les préfets continuassent à nommer les instituteurs, admirables instruments électoraux. M. Fallières, logique avec la politique opportuniste, ne voulut pas affranchir de la tutelle administrative ces fonctionnaires si actifs et appelés humbles par antiphrase. Allant au-devant des vœux contemporains de l'Académie de médecine, M. Fallières avait soumis au Conseil supérieur de l'instruction publique un projet allégeant les programmes scolaires. Enfin c'est lui qui prépara et fit voter la loi actuelle qui régit les subventions aux maisons d'école. Cette loi, très ingénieusement combinée, introduit une économie rationnelle dans les finances de l'État. Elle a substitué à l'arbitraire de la répartition une répartition équitable, presque mathématique, fondée sur la relation entre les besoins et les ressources des communes.

Vous le voyez, ce ministre modeste, qui fuit le tapage de la renommée, qui n'aime du pouvoir que les charges, les périls et les responsabilités fièrement acceptées, a laissé une trace profonde dans l'histoire de ce temps et dans la législation. C'est un homme de labeur et non de plaisir. Les tracas des grands emplois répugneraient plutôt à son indolence native, il les subit, non par ambition mais par devoir,

Lorsque M. Brisson quitta la présidence de la Chambre pour occuper le ministère dont il ne s'est pas relevé, alors que tous les amis de M. Jules Ferry semblaient compromis dans sa chute, il ne tint qu'à M. Fallières de rester aux honneurs. Les républicains du gouvernement lui offrirent la présidence de la Chambre, en concurrence avec M. Floquet, porté par la gauche extrême. La lutte fut ardente. On ne connaissait pas encore les grandes qualités de tact, d'impartialité, d'urbanité, que M. Floquet révéla par la suite. Il était alors le candidat d'un parti, d'une fraction.

Les voix s'étaient partagées, l'élection était à recommencer. Si alors M. Fallières eût cédé aux désirs de ses amis, s'il eût consenti à suivre l'aimable ambassadeur qu'on lui dépêcha, s'il se fût seulement montré dans les couloirs, s'il eût présenté son honnête et franc visage, et se fût prêté à un peu de brigue, il l'eût emporté sans trop d'efforts. Il préféra se dérober. Il redouta d'accepter une présidence trop disputée.

Cette honnêteté lui a concilié l'affection de son parti, l'estime de ses adversaires quoiqu'il ait participé à des mesures violentes, regrettées de beaucoup ; même parmi les républicains il n'a pas d'ennemis.

Au ministère de l'intérieur son retour a été salué avec satisfaction par les chefs de service. La rondeur de son abord, la décision de ses ordres, la simplicité de sa parole, sa hardiesse à accepter les responsabilités, rendent les fonctions de ses subordonnés plus agréables et plus faciles. On l'aime encore à la chancellerie de la place Vendôme.

C'est l'un des républicains que le pouvoir n'a pas enrichis. Il a traversé la vie publique indemne de toute compromission. Il est un des rares que la calomnie la plus effrontée n'ait pas osé effleurer même d'un soupçon. Celui-là n'a besoin ni de réhabilitation ni d'apologie. La vérité sur son compte n'a pas de contradicteurs.

Votre République est calomniée, elle se calomnie elle-même, et votre démocratie, féconde en talents, l'est aussi en nobles caractères plus qu'elle ne le croit elle-même.

M. FLOURENS

Singulière aventure que celle de M. Émile Flourens.

Le ministère Goblet se trouvait constitué tant bien que mal après le départ de M. de Freycinet. On avait trouvé un ministre des finances. Il est vrai qu'on l'avait pris aux postes et télégraphes; un ministre de l'instruction publique, il est vrai qu'on l'avait recruté dans la carrière, phénomène encore plus rare et peut-être encore plus anormal! Impossible de trouver un ministre des affaires étrangères.

M. Goblet télégraphia par toute l'Europe, à Rome, à Vienne, à Pétersbourg, à Berlin. Toutes les capitales retentissaient de ses instances. Refus partout. Aucun ambassadeur ne se souciait de quitter son ambassade pour une dignité envisagée alors comme provisoire, précaire, éphémère, pour un porte-feuille d'intérimat.

Dans le Parlement il ne fallait pas songer à dénicher ce phénix, ni le Sénat ni la Chambre n'abondent en diplomates. Aucun des candidats à votre *Foreign Office* n'appartenait à la nuance républicaine représentée par M. Goblet.

Comment faire? On se passa de ministre des affaires étrangères pendant quelques jours; on se constitua avec cette lacune. Enfin M. Goblet se frappa le front. Il venait de songer à M. Flourens. Pourquoi pas? C'était, après tout, le meilleur des pis-aller.

Un universitaire de mes amis m'a raconté que le grand prix d'honneur d'humanités avait été obtenu un jour par ce que les écoliers appellent un bouche-trou. Même aventure est arrivée à M. Flourens. Il a remporté le grand prix d'honneur.

Le hasard est un maître. Il avait bien servi M. Goblet, et aussi M. Émile Flourens. Est-ce tout à fait le hasard? M. Flourens n'était-il pas prédestiné à la diplomatie?

Fils du célèbre professeur au Collège de France, Émile Flourens entendit traiter dès son enfance des questions graves. Il fut nourri d'études et de discussions hautes.

M. Flourens père, m'a-t-on dit, était un grand savant et un grand original. Il possédait à la fois toutes les sciences, et, par-dessus le marché, l'art de parvenir, la méthode qui donne aux travaux le maximum de relief; il portait en ses recherches un esprit novateur, presque téméraire, en sa carrière une habileté consommée. Un des premiers il cumula la double palme de l'Académie des sciences et de l'Académie française.

Ses deux fils se partagèrent la double nature de l'illustre académicien. Gustave prit à son père les qualités ardentes, la prime-sauterie si vous me tolérez ce barbarisme. Appliquant à la politique cette fougue indomptable que ne tempérait aucune prudence, il s'emporta jusqu'aux dernières folies. Jamais on ne l'accusa de manquer de conviction ou de générosité, sa mort fut celle d'un héros, et d'un héros découragé, dégoûté, qui la préfère à la vie.

Plus nous nous avançons dans la connaissance des hommes, mon cher ami, plus nous nous élevons à une sereine indulgence. Le dernier terme de l'indulgence, c'est le mépris des choses et le respect des personnes; parvenus à une certaine hauteur de contemplation, les nuances des opinions, les diversités des causes s'estompent à nos yeux.

Les évènements humains nous apparaissent comme la vaine agitation d'une fourmilière. Savons-nous, quand les fourmis combattent en bataille rangée, quel parti a raison, de quel côté est le droit? Mais nous admirons la vaillance des chefs, l'acharnement des soldats et nous saluons les morts, de quelque côté qu'ils se trouvent.

Les choses, les causes, sont viles, les âmes ont un prix infini. Un égaré, soit, ainsi faut-il nommer Gustave Flourens; mais dans cette révolution qu'il suivit jusqu'à la mort, dans cette révolution que nous jugeons, à bon droit, criminelle, lui avait placé tout ce que son âme avait d'excellent; il l'identifiait à ses plus nobles aspirations. Il était le plus turbulent et le plus enragé des insurgés, parce qu'il en était le plus convaincu. Puis sans doute — il n'en a pas fait la confidence — ses yeux se dessillèrent; il s'aperçut que sa générosité servait une cause indigne, il n'attendit pas les crimes de la fin, les convulsions de l'agonie communale. Il voulut mourir en soldat, et, dans une sortie téméraire, il présenta son front au sabre des gendarmes.

Son frère Émile avait au contraire hérité la sagesse et la diplomatie paternelles. Tandis que Gustave, vers la fin de l'Empire, pérorait dans les clubs, il s'adonnait aux plus hautes études de droit.

L'un rêvait la gloire des grands révolutionnaires, l'autre la carrière d'un fonctionnaire utile.

Émile Flourens, conseiller d'État, reçut la direction des cultes qu'il garda longtemps. Bonne école pour un jurisconsulte et pour un futur diplomate. En contact perpétuel avec le haut clergé il apprit l'art des nuances. Une teinte de théologie supérieure ajoute à son esprit ce je ne sais quoi de grave, d'achevé qu'on remarque chez les grands politiques de l'Église. Pourtant il demeurait sceptique et, dans les questions mixtes entre l'Église et l'État qu'il était appelé à trancher, il inclinait, suivant ses fonctions, à prendre le parti de l'État ; mais il observa toujours toutes les formes et il comprit toutes les difficultés qu'il avait à résoudre. Pas une de ses décisions ne fut entachée de sectarisme.

Plus tard chef de section au Conseil d'État, il se perfectionna au maniement des grandes affaires, au jugement des grands intérêts. L'école du Conseil d'État ne vaut-elle pas cent fois mieux pour former des diplomates que celle du Parlement?

Marié à une fille de l'économiste Michel Chevalier, sénateur de l'Empire, M. Émile Flourens ne quitta jamais le grand monde politique et administratif. Il n'eut jamais rien de commun avec les grands hommes de province transplantés à Paris et qui durent faire un apprentissage préalable de la haute société. Il vécut toujours sur les sommets et il s'y meut à l'aise, avec grâce et naturel. S'il n'avait pas fait une étude spéciale de la diplomatie, il apportait du moins au quai d'Orsay plus d'une qualité requise pour s'y acclimater vite.

Enfin, jusqu'à ces derniers temps, il ne faisait pas partie du Parlement, et, suprême avantage, il n'était pas distrait par les « qu'en diront mes électeurs? » On ne pouvait, jusqu'en février dernier, dire à quelle fraction républicaine il appartenait. Quelle malencontreuse idée M. Flourens a eue de sacrifier, pour un siège de député dans les Hautes-Alpes, une situation aussi favorable. Sortant du Conseil d'État où il n'y a ni gauche, ni centre, ni droite, il demeurait en dehors de cette cuisine parlementaire dont les ingrédients choisis dans les groupes, dosés par ces praticiens, composent un plat ministériel.

Pourtant ses avantages et ses qualités ne furent pas remarqués tout d'abord. Il débuta même par quelques accidents. Ce n'est pas un orateur, c'est un discuteur. Il s'exprime avec clarté et précision, mais il s'abstient de prendre son essor vers les hautes régions de l'art. La nature lui a donné une grande taille maigre, un visage long avec un nez et des yeux d'oiseau, une barbe rare et broussailleuse. Elle ne le destinait pas à captiver les foules et les assemblées, comme Montalembert, Berryer, Gambetta ou le comte Albert de Mun, mais il regarde de haut et sa vue est perçante.

Sa manière de recevoir est tout avenante, cordiale, avec une petite affectation de timidité et de réserve. Il faut reconnaître qu'il a appris son métier de ministre. Prévoyait-il qu'il garderait longtemps le portefeuille ? A-t-il pris son temps pour s'installer, sachant que l'installation aurait sa durée? Dès les premiers jours il ne laissait pas deviner le ministre qu'il deviendrait. Il s'abandonnait volontiers à l'interlocuteur; sans doute il ne disait que ce qu'il voulait dire, mais il voulait un peu trop dire.

Puis Mme Flourens, femme d'un esprit distingué, s'occupait trop des affaires de son mari. Vous savez l'anecdote de la lettre du général Boulanger, le commérage de l'ambassade d'Autriche, et les sourires satisfaits du comte de Munster. L'indiscrétion était-elle si maladroite? N'était-elle pas de la diplomatie supérieure?

Cette légère imprudence faillit faire trébucher le nouveau chancelier français. Mais bientôt il reprit toute son assiette. M. Flourens, dans ses audiences, écoute plus qu'il ne parle. Il excelle à dire le mot topique. Sa conversation brille de traits charmants qu'il décoche en souriant.

Je n'ai pas déploré le départ de son collègue, le général Boulanger. A la vérité c'était un collègue bien gênant pour un ministre des affaires étrangères, d'autant mieux qu'il avait sa politique à lui, qu'il expédiait lui-même ses dépêches privées aux gouvernements étrangers.

M. Émile Flourens a réussi dans un certain nombre de négociations, et l'année 1887 a été fertile en protocoles. Dès les premiers jours du ministère Goblet a surgi l'affaire du septennat militaire prussien, et la guerre de presse qui en est issue. Vint ensuite l'incident Schnaebelé, dont votre ministre s'est tiré juridiquement à son honneur. Dès lors il fut classé dans la haute diplomatie. On rendit hommage à ses qualités de jurisconsulte; si ce ne sont pas les qualités maîtresses de la diplomatie, elles ont, par la nature des événements qui ont surgi, servi M. Flourens à merveille, et il y a tant de diplomates qui ne sont même pas jurisconsultes!

Autre succès à Constantinople, remporté cette fois contre M. Drumond Wolff, soutenu par M. de Radowitz et le baron Blanc. Je ne parle pas de la négociation en elle-même, engagée dans une voie quelque peu imprévoyante; je parle de l'intimité dès lors marquée entre la diplomatie russe et la française.

M. Flourens sait bien qu'une alliance formelle n'est guère possible entre votre République et l'autocratie de mon pays; mais il s'est attaché, en toutes circonstances, à rendre concordante l'action des deux pays. Il a créé ainsi à la République, à défaut d'alliance, une amitié cordiale et solide.

Il n'a pas cherché, comme jadis M. Jules Ferry, à s'entendre directement avec l'Allemagne; cependant il se fait écouter à Berlin et même à Rome. Il l'a prouvé encore dans l'affaire de Vexaincourt et dans celle de Florence. L'intimité russe lui a prêté, dans ces diverses négociations, une autorité et un poids que votre diplomatie n'avait pas pu, depuis bien des années, acquérir.

Il a cependant bien mal manœuvré avec l'Angleterre. M. Flourens devait savoir qu'il ne faut pas être le serviteur de votre terrible voisine. Rien ne coûte cher comme les complaisances avec le *Foreign Office*. Il a commis à ce sujet une faute grave, celle de scinder la question de Suez et celle des Hébrides, que M. de Freycinet avait associées avec une si grande habileté. Donnant, donnant: telle est la vraie façon de traiter avec la plus marchande des nations. En lâchant les Nouvelles-Hébrides, même avant d'être assuré du succès de ses négociations avec la Porte, il a fait acte de légèreté. Le succès définitif lui-même de la neutralisation de Suez était plus que discutable. Neutraliser un territoire enclavé dans un territoire non neutralisé occupé par l'adversaire des intérêts français, par l'Angleterre armée, n'était pas une inspiration heureuse.

Avec le saint-siège, M. Flourens a su rétablir le crédit de la République. Sa façon de négocier plaît infiniment à Léon XIII et à son habile représentant Mgr Rotelli. Son long passage à la direction des cultes a donné à M. Flourens la dextérité nécessaire à la diplomatie avec Rome; grâce à lui, la France reprend peu à peu auprès du saint-siège la place qu'elle n'aurait jamais dû se laisser disputer. Quelques grands cordons, un peu immérités peut-être, un vase de Sèvres, un magnifique encrier, n'ont pas nui au rétablissement des relations cordiales avec une puissance auprès de laquelle les témoignages de respect ont une telle importance. En somme, on peut dire que M. Flourens, selon l'expression de M. Spuller dans ses brillants articles de la *République française*, n'aura pas été l'un de ceux qui font « tache ou trou dans le gouvernement de la République ».

M. Flourens enterrera-t-il encore quelques ministères? Sa condition nouvelle de député lui créera certainement des difficultés et le placera sur le chemin des trombes parlementaires. Il est vrai que cette situation l'assure en même temps contre une retraite peut-être définitive.

M. SPULLER

J'ai nommé M. Spuller. Il est tout frais émoulu du ministère de l'instruction publique, des cultes et des beaux-arts, après avoir passé aux affaires comme sous-secrétaire d'État de Gambetta dans le grand ministère. C'est le plus connu des anciens collaborateurs de M. Rouvier. Bien que d'origine étrangère il a pris rang parmi les figures parisiennes, j'entends du Paris littéraire, comprenant la Bohème, qui s'étend des hauteurs de Montmartre au boulevard des Italiens et qui se complaît dans certains rendez-vous de bonne compagnie qu'on nomme la Cave, le café de Madrid et le grand *U*. C'est là du moins qu'il a commencé sa carrière, qu'il l'a continuée, en célibataire endurci qu'il est et veut rester. Entre la grosse et bonne figure de blond grisonnant qui distingue M. Spuller et une chope de bière mousseuse il y a harmonie préétablie, ou comme disait Gœthe, son compatriote, affinité élective. L'ex-grand maître de l'Université en dépit de tous ses titres de gloire, a gardé quelque chose des allures d'un étudiant studieux et respectable.

Alors qu'il n'était guère connu qu'au café de Madrid et dans de petits journaux, vers la fin de l'Empire, M. Spuller était déjà considéré. Dans les discussions autour de la table de marbre, en face des rondelles de feutre accumulées, il brillait par sa sagesse, par sa modération, par son solide équilibre. Son bel œil bleu limpide semble toujours fixer quelque entité métaphysique, et regarder l'absolu par échappées.

Gambetta, parvenu à la dictature, ne conserva, quoi qu'on ait dit, auprès de lui que deux de ses compagnons de brasserie, Spuller et Pipe-en-Bois. M. de Freycinet, ingénieur en chef des mines, officier de la Légion d'honneur, quand éclata la révolution de Septembre, n'avait rien de commun avec le quartier Latin depuis de longues années. Quant à Clément Laurier, avocat célèbre, il avait eu Gambetta pour secrétaire avant de devenir le sien, à Tours et à Bordeaux.

Spuller eut l'honneur d'escorter le dictateur dans son héroïque équipée, lorsqu'il s'envola en ballon au-dessus des lignes prussiennes, pour retomber maître souverain de la France. Après la guerre, lorsque Gambetta voulut dépouiller le « fou furieux », et travailla à devenir homme d'État, son premier souci fut de fonder un journal grave, plus ennuyeux que les *Débats* légendaires, car ils sont devenus fort amusants. Il créa la *République Française*. Spuller, investi du titre de rédacteur en chef, prit tout d'abord le ton qui convenait. On laissait à Gambetta, tribun, la foudre et les éclats. On était sage et froid à l'hôtel de la Chaussée-d'Antin. On y faisait tardivement l'apprentissage de la députation et des ministères les plus variés. A Spuller échut d'abord la spécialité de ministre des affaires étrangères.

Mais élu député par l'un des arrondissements de Paris, M. Spuller se laissa entraîner par des aspirations métaphysiques et il s'adonna à la théologie ; il rapporta la plupart des grandes lois d'enseignement, c'est-à-dire des lois anti-cléricales, et c'est lui qui apporta à la tribune la fameuse formule de l'opportunisme « lentement et sûrement ». A ce labeur il gagna la dignité d'évêque, comme il le dit lui-même plaisamment, « évêque du diocèse de la libre pensée ». En cette qualité, dès qu'il eut pour collègue à la Chambre Mgr Freppel, il se lia aussitôt d'intimité avec ce prélat.

Tout rapprochait ces deux Monseigneurs, leur origine — entre Colmar et Bade, il n'y a que le Rhin — leurs études religieuses, leurs goûts pour les denrées solides et liquides des pays qu'arrose le fleuve bleu. Seulement l'évêque de la libre pensée a un peu plus d'onction sacerdotale que celui d'Angers.

Ils se défendent bien l'un et l'autre de cette inclination naturelle qui les entraîne. Leurs cathédrales sont si éloignées. Aussi, pendant longtemps, leurs relations se bornèrent à quelques regards échangés au cours des séances, à quelques signes, sinon d'adhésion, du moins d'intelligence, suivis de rencontres fortuites dans les couloirs ou à la buvette, et d'entretiens presque clandestins. Mais plus tard, entre ces législateurs, toute contrainte disparut, et c'est plaisir de voir les deux prélats se promener bras dessus bras dessous, en se tapotant les mains, en dissertant à l'infini sans essayer de se convertir.

Parvenu au ministère de l'instruction publique, M. Spuller, assez silencieux à la Chambre, donna carrière à son éloquence contenue. Les occasions ne manquent pas à celui qui dirige à la fois les professeurs, les évêques et le monde infini des artistes, depuis les graves membres de l'Institut des beaux-arts jusqu'aux rats de l'Opéra. A l'époque solennelle des distributions de prix, M. Spuller se multiplia; il consommait au moins un discours par jour, et Paris, si fertile en fêtes oratoires de ce genre, ne lui suffit pas. Depuis le 31 mai il ne s'est pas inauguré une statue dans toute la France, et Dieu sait quelle population de marbre et de bronze s'élève chaque jour sur votre territoire! sans que M. Spuller soit venu, par train express, la saluer, la haranguer, lui raconter son histoire. Il faut une rare souplesse d'esprit pour passer sans transition d'Henri Martin à Voltaire; ce sont les deux pôles de l'esprit humain. M. Spuller a réalisé ce tour de force. Il a même abordé le Mont-Blanc et égalé son éloquence au géant des montagnes dont M. de Saussure et Jacques Balmat ont violé la majesté chenue. C'est que M. Spuller, arrivé au faîte des honneurs, député, ministre, célèbre, a été possédé d'une ambition. Il rêva l'immortalité, celle qu'encadrent les palmes vertes. Les lauriers de M. Édouard Hervé l'empêchent de dormir, M. Gréard a dû à son haut grade au sein de l'*alma mater* l'un des quarante fauteuils. L'Académie eût-elle refusé au grand maître ce qu'elle accorda si bénévolement au vice-recteur de Paris?

Mais il faut des titres, et le bagage littéraire de M. Spuller, fort considérable en son ensemble, se compose d'une infinité de petits colis, c'est-à-dire d'articles des journaux éparpillés, jetés à tous les vents, même sous forme anonyme, et qui supporteraient médiocrement la reliure en maroquin.

Ces titres, M. Spuller les a demandés à l'éloquence. Il a profité de son passage aux affaires pour composer un *Conciones rhetoricæ* à lui tout seul. Il s'est dépêché de grossir le volume, ignorant quel temps lui était accordé pour le mener à un nombre suffisant de pages.

Le temps n'a pas été très long, mais M. Spuller l'a employé à enfanter une bibliothèque. Son ami M. Joseph Reinach est tout prêt à lui rendre le service qu'il a déjà rendu à Gambetta, et l'éloquence de M. Spuller pourra se distribuer aux Quarante lorsqu'ils ne seront plus que trente-neuf.

Le ministre de l'instruction publique parle d'ailleurs fort bien; il vise à la littérature et il l'atteint quelquefois. Son éloquence honnête tourne les sujets scabreux, et il a pu louer Voltaire sans trop se brouiller avec les cléricaux. L'infortuné

Calas ne choque personne, à la condition qu'on le sépare du jeune de La Barre.

Quand il n'est pas ministre, M. Spuller a coutume d'être vice-président de la Chambre; mais c'est un vice-président invariablement ballotté. Il doit son ballottage et son élection finale à une double qualité. Il est opportuniste des pieds à la tête et du corps à l'âme; il a conservé, mieux qu'homme du monde, les traditions de Gambetta. Il a assisté à l'agonie du grand homme, il a recueilli son dernier souffle; il l'a pleuré comme un frère, comme un père; il est l'héritier du cœur. Les autres amis, Challemel-Lacour, Waldeck-Rousseau, Raynal, Paul Bert lui-même ne laissaient pas, comme Spuller, leur personnalité tout entière s'absorber en celle du maître. L'amitié du grand homme leur était chère et précieuse, elle ne leur suffisait pas, elle n'était pas leur tout. Spuller était le Benjamin, le disciple préféré. L'union républicaine, celle du grand U, présente donc invariablement M. Spuller pour la vice-présidence dévolue à ce groupe. C'est pourquoi M. Spuller est ballotté. L'opportunisme se heurte partout aux coalitions, mais M. Spuller est finalement élu, parce que c'est le plus sympathique des opportunistes, celui qui compte le moins d'inimitiés personnelles, celui qu'on préfère à tous les autres. Le ballottage s'adresse à son parti, l'élection à sa personne.

Si vous le voulez bien, mon jeune ami, nous passerons rapidement sur d'autres ministres d'hier. MM. Barbe, de Hérédia, Mazeau, ont occupé de très hautes places; mais ils n'ont pas encore acquis droit de cité dans le très grand monde politique dont je vous entretiens. On ne pensait guère à eux avant qu'ils fussent ministres, on les a quelque peu oubliés depuis qu'ils ne le sont plus. Ils ont dû leur élévation aux nécessités des groupes autant qu'à leur mérite personnel; quand j'aurai dit que M. Barbe est l'un de nos plus grands industriels, qu'il possède une fabrique considérable de dynamite, que nul n'a la compréhension plus prompte des grandes affaires industrielles; que M. de Hérédia, d'origine coloniale, est un travailleur sérieux, un esprit large, préoccupé de réformes; que M. Mazeau est connu par un projet de loi favorable aux huissiers, j'aurai dit à peu près tout ce qu'on peut dire aujourd'hui de ces trois honorables parlementaires, leur laissant toutefois le bénéfice du jugement qu'ils peuvent chacun imposer à la postérité dans l'avenir.

M. Barbey, ancien ministre de la marine, — un ministre civil, puisqu'il n'a figuré dans les cadres de l'armée de mer qu'en sa jeunesse et à titre d'élève commissaire, — occupe au Sénat une place assez importante. Il a pris part à de grandes discussions, et l'amendement Barbey, sans avoir la célébrité de l'amendement Grévy, revient dans la plupart des discours où il est question des princes. M. Barbey, républicain de l'avant-veille très accentué, est intervenu, au Sénat, en faveur de ces cauchemars de la République. Il a proposé un amendement qui, écartant l'expulsion immédiate, la tenait suspendue par un fil au-dessus de ces têtes porte-couronnes. Les radicaux lui ont gardé rancune de cet amendement, qui pourtant, à mon avis, constituait une aggravation singulière à la rigueur du projet primitif. Damoclès, sous son épée, préférait de beaucoup la condition d'un simple citoyen. Les princes, sous la surveillance de la haute police, eussent déploré l'accident de leur naissance, au lieu que l'exil leur offre la sécurité, la liberté, et même la consolation des pèlerinages. Si l'amendement Barbey, voté une première fois, eût été maintenu, jamais M. le comte de Paris n'eût écrit son manifeste. Eût-ce été un bien ou un mal pour le parti monarchique, je vous laisse à le décider.

Je ne causerai pas au général Ferron ni au général Logerot, ni à d'autres plus célèbres qu'eux encore, l'ennui de trouver place dans un volume sur le monde politique. Un vrai ministre de la guerre n'en fait pas partie. Cependant cet ennui, s'il l'eût considéré tel, je n'eusse pu l'épargner à leur prédécesseur, et il ne me sera pas possible de taire ce nom retentissant, ce nom vulgaire et populaire, quand je vous décrirai la physionomie de ses amis, de ses partisans.

M. JULES SIMON

Parmi les consulaires de première marque figure M. Jules Simon. C'est un des plus beaux esprits qui soient au monde. Il excelle en tout ce qu'il fait, philosophe, orateur, journaliste, causeur, académicien exquis. C'est un parfait modèle de rhéteur grec; que d'Athéniens dans votre République, bien qu'elle ne mérite pas encore tout à fait l'épithète que réclamait pour elle Gambetta aux funérailles de M. d'Althon-Shée! J'en ai déjà cité plusieurs : M. de Freycinet, M. Rouvier, M. Jules Simon; M. Jules Ferry est Romain comme M. Grévy; mais le plus attique de vos Athéniens est sans contredit M. Jules Simon. Je l'appelais rhéteur, ce n'est pas une injure. S'il croit à la métempsycose, comme son ami et compatriote Renan, il sait bien comme il s'appelait au siècle de Périclès : il s'appelait Gorgias.

En dépit de Platon, Gorgias n'était pas tant méprisable. Il avait, sinon inventé, du moins perfectionné une méthode. Cette méthode lui servait à parler de ce qu'il ne savait pas mieux que ceux qui savaient, à avoir toujours raison par le charme de l'éloquence et l'argutie de la dialectique. Cette méthode lui fournissait l'éloquence pratique, destinée à gagner les procès et à plaider indifféremment le pour et le contre. Cette méthode lui suggérait à lui-même la conviction qu'il faisait passer dans l'âme de ses auditeurs et de ses disciples. Socrate et Platon, malgré leurs dédains, devaient beaucoup à Gorgias. Nous ne possédons ni un discours ni un écrit de ce maître rhéteur, nous ne le connaissons que par ses détracteurs ; mais je suis sûr qu'il parlait comme Lysias, qu'il écrivait comme Isocrate, et qu'il philosophait au point de rendre Platon jaloux.

Eh bien ! M. Jules Simon, s'il n'est pas la seconde incarnation de Gorgias, sort de l'école de Gorgias. Ce n'est pas, comme Socrate, un accoucheur d'âmes, mais c'est un grand charmeur, un puissant séducteur et un subtil philosophe qui trouve le moyen d'avoir raison contre tous et surtout contre lui-même, car il emploie sa vieillesse à d'éloquentes réfutations de son éloquente maturité. Il ne se contredit pas. Un bon rhéteur ne se contredit jamais; il dit autrement, voilà tout. Il n'affecte pas, comme M. Jules Ferry en son brutal langage, des opinions successives, allons donc! C'est toujours la même opinion qu'il présente sous ses aspects divers, même contradictoires.

Dans cette vie déjà longue, dans cette carrière si remplie d'occupations variées, il y a une unité. Une volonté très suivie, très ferme a dirigé l'esprit souple et les évolutions nombreuses de M. Jules Simon, la volonté, non de diriger ses contemporains, mais de les éblouir et de les captiver.

A ne regarder que les apparences, rien ne ressemble moins à un Breton que M. Jules Simon, si ce n'est un autre Breton, M. Ernest Renan. Ces esprits fluides ne semblent pas issus du granit armoricain; mais si ce n'est l'esprit c'est encore le caractère qui vient de la rude Bretagne. L'un et l'autre ont apporté une invincible opiniâtreté dans la conduite de leur carrière, une incroyable ténacité à parvenir. Ils ont rapporté à leurs personnes un lot de croyances qui passent pour le patrimoine de leur race; et ils ont en eux-mêmes la foi robuste du centurion, du charbonnier ou du Breton.

Sortis, l'un du séminaire, l'autre de l'École normale, ils sont parvenus à peu près à la même religion qui se réduit en fin de compte au culte du *moi;* et ce *moi* ils l'ont orné de toutes les grâces, de tous les talents, de tous les respects.

Un financier me donnait un jour ce conseil :

— Voulez-vous ajouter à votre fortune?

— Pourquoi pas?

— Lisez l'*Imitation de Jésus-Christ*.

— Alors je placerai mes valeurs dans l'autre monde?

— Non, dans celui-ci, à une condition.

— Laquelle?

— Chaque fois que vous trouverez dans le livre le mot de Jésus, substituez-y le mot argent. Suivez étroitement la règle prescrite. En vérité, je vous le dis, l'argent doit être aimé pour lui-même.

Je soupçonne M. Jules Simon à l'École normale, M. Renan au séminaire, d'avoir feuilleté souvent le livre, mais ce n'est pas l'argent qu'ils substituaient au Jésus. C'était le *Ego*.

C'est la philosophie qui conduisit Jules Simon au faîte des grandeurs. Elle le prit par la main dans cette étude qu'il dirigeait dans un modeste collège, et le dressa à la patience. De là elle le mena à l'École normale ; de là, au dur secrétariat de M. Cousin. Elle le défendit contre les tentations, contre les jouissances, elle lui fit trouver une saveur à l'eau claire et au pain sec. Elle lui ouvrit les grands horizons de gloire. Car ce *moi* dont M. Jules Simon se fit l'adorateur ce n'est pas le grossier *moi* des Épicuriens, le *moi* qui mange et boit bien ; c'est le *moi* moral, le seul qui vaille la peine d'être suivi, le *moi* glorieux qui apporte avec lui le reste par surcroît.

En ce temps-là, la philosophie régnait en souveraine. Depuis elle a été détrônée par l'économie politique, qui elle-même céda la place à l'avocasserie, supplantée à son tour par les sous-vétérinaires.

Je n'ai pas entendu les cours fameux de Jules Simon au temps où il suppléa Victor Cousin. On m'a dit qu'il était extraordinaire ; mais je me le figure, l'ayant souvent entendu au Sénat. Il récitait ses leçons debout, dédaignant la chaire professorale, et traitant déjà la chaire comme une tribune.

En sa jeunesse il devait être très beau, quoique sa vieillesse demeure magnifique ; mais sa beauté résidait dans la douceur onctueuse de ses traits et non dans leur virilité. Il eût fait un splendide cardinal. Il arrivait à son cours pâle, défait, l'air exténué par des veilles studieuses. Sa lèvre se soulevait mollement, tandis que l'auditoire se recueillait. Puis ses lèvres s'entr'ouvraient sans qu'il sortît aucun son appréciable. On imposait silence aux mouches qui volaient trop bruyamment. Enfin un petit son aigu, limpide, câlin, commençait à se laisser percevoir. Le philosophe demandait grâce pour sa fatigue (toute sa vie M. Jules Simon a été fatigué), pour sa faiblesse (toute sa vie, et jusqu'à un âge où les plus robustes sont couchés au tombeau, il aura été faible), puis peu à peu la voix s'enflait, le visage se colorait, l'éloquence montait, elle se répandait, elle débordait; à la fin l'orateur tonnait, éclatait en apostrophes et en prosopopées; c'était le *crescendo* le plus magnifique, la symphonie en *ut* mineur. Oui, une symphonie en mineur, car Jules Simon n'a jamais pratiqué le mode majeur que dans les péroraisons. Il procède par détours, par insinuations, par délicatesses, et la passion, la colère sont toujours chez lui tempérées de suavité.

Tel il était en Sorbonne, tel on le retrouve à la tribune du Sénat; un roseau, le plus faible de la nature, mais un roseau pensant, comme dit Pascal; non pas un roseau peint en fer comme on l'a dit de tant de fanfarons d'énergie, mais un fer peint en roseau. Car c'est un fanfaron de débilité et de sentimentalisme. Ses faiblesses, ses défaillances comme ses emportements ne sont qu'un effet de l'art. Au fond il est toujours semblable à lui-même. C'est un rhéteur incomparable qui se possède, qui a lu et pratiqué à fond le *Paradoxe du comédien* de Diderot. Il sait comment on prend les hommes et les assemblées, et il dispose souverainement de tous ses moyens comme un virtuose accompli. Il pleure son adagio, il enlève son allegro. C'était un assidu des concerts du Conservatoire. Il y a appris la musique oratoire.

Il démissionna de sa chaire de philosophie quand vint l'Empire. Cette chaire l'avait illustré, elle ne pouvait plus que le gêner. L'opposition lui ouvrait une autre carrière. Alors il s'intéressa au sort des pauvres. Il aurait volontiers intitulé son livre : « La mission des pauvres par l'un d'eux, » car il aima toujours à parler de sa mansarde et de ses hauts escaliers.

Cette mansarde à laquelle il demeura fidèle est située au quatrième étage d'une vieille et respectable maison de la place de la Madeleine. Pour un bel appartement c'est un appartement médiocre. Pour un appartement médiocre c'est un bel appartement. On suit de longs étages de tapis pour y parvenir, mais il y a dans le vestibule un grand buste en bronze de la République. On est aujourd'hui un peu surpris de l'y rencontrer. Quelques œuvres, d'art banales, offrandes tirées de chez Barbedienne et rappelant quelques événements de la vie du maître, quelques louanges ou remerciements. Puis des livres et encore des livres. Cette mansarde est une série de bibliothèques. Cet appartement de la place de la Madeleine a vu bien des hôtes divers, bien des fortunes contraires. Au début, quand Jules Simon occupait une situation supérieure à sa fortune, avait besoin de paraître, il devait passer pour un peu trop somptueux en comparaison des ressources. Depuis, M. Jules Simon en étala la modestie. C'est bien la demeure du philosophe. Le maître de céans reçoit toujours en robe de chambre, costume philosophique.

C'est là que les électeurs de Paris vinrent le chercher en 1861. Il passait alors pour un radical farouche. Il écrivait des livres sur le programme radical. Il demandait la liberté de l'outrage à la religion.

Quand il parlait au Corps législatif, il balançait le succès de M. Thiers.

Au 4 septembre il prit le portefeuille de l'instruction publique et devint le philosophe de la Défense nationale. Il faisait la guerre à l'enseignement congréganiste tandis que les congréganistes se faisaient brancardiers sur le champ de bataille. Mais depuis il a largement réparé son erreur. Enfin il fut chargé d'une mission énergique, celle de calmer à Bordeaux, quand l'armistice fut conclu, l'agitation fébrile de Gambetta. Ce n'était pas chose commode, ni rassurante. Il s'en tira avec diplomatie. Je crois que Gambetta se serait apaisé tout seul, mais le lénitif de M. Jules Simon ne nuisit pas à la cure.

Il garda son portefeuille. M. Thiers le conserva ainsi que M. Jules Favre. Ces deux ministres quelque peu larmoyants convenaient à la situation. On pleurait alors beaucoup dans le gouvernement et M. Thiers donnait l'exemple des larmes. La France entière se repentait, elle faisait amende honorable. Cette Assemblée nationale était fort riche en bons sentiments.

A l'instruction publique M. Jules Simon joignait les cultes. Il nageait dans son élément. C'est alors qu'on prêta à Mgr Dupanloup ce mot qu'il n'a jamais dit, mais qui jaillit de la nature des hommes et des choses, comme tous les mots historiques : « Ce diable d'homme sera cardinal avant moi ! »

L'Église française ne connut jamais ministre

des cultes plus complaisant. On en parle encore à Rome et on le regrette.

Un jour, un des marquis de l'Assemblée nationale fut chargé par son département de solliciter pour un jeune abbé une mitre archiépiscopale vacante. Il alla trouver M. Jules Simon. Quand la requête fut exposée, le ministre fronça le sourcil et, de sa voix la plus sacerdotale, il dit :

— Mais, monsieur le marquis, je crois savoir que votre candidat est légèrement entaché de gallicanisme.

Le marquis sourit.

— De quoi riez-vous, monsieur le marquis?

— Mais de ce que vous me dites cela sans rire.

— Ne savez-vous pas combien je serais désolé de contrarier en rien le saint-père? Et puis je suis sûr que ce sont les dames de votre diocèse qui vous envoient vers moi.

— Oh ! monsieur le ministre, mon candidat est professeur de morale au grand séminaire !

— Et moi aussi j'ai été professeur de morale ! Voudriez-vous de moi pour votre archevêque?

C'était le temps béni où le nonce apostolique se reposait sur le ministre des cultes pour le choix des évêques ; où les évêques, les curés, les simples vicaires obtenaient subvention sur subvention, qui pour une cathédrale, qui pour une église en ruines, qui pour une œuvre pieuse. M. Jules Simon voulait la République aimable, elle devait lui ressembler.

Il tomba avec M. Thiers le 24 mai 1873. Il se releva, en 1875, sénateur inamovible, académicien. Les deux dignités lui vinrent le même jour, ce fut son apogée.

En 1877 le maréchal de Mac-Mahon lui confia le ministère de l'intérieur avec la présidence du conseil; son ministère commença par une antithèse: « Je suis résolument républicain, résolument conservateur. » On sait comment il finit.

On raconte que, dans la matinée du 16 mai, après avoir reçu le fatal billet, M. Jules Simon se rendit à l'Élysée auprès du Président: « J'ai reçu votre billet, lui dit-il, ne parlons plus de cela, je ferai ce que vous voudrez. — Trop tard, répondit le Président, d'Harcourt a fait publier la lettre. »

Les républicains ne pardonnèrent jamais cette chute lamentable à M. Jules Simon. Il ne leur pardonna pas non plus de ne l'avoir pas relevé au jour de la revanche.

Dès lors il constitua au Sénat le petit groupe des constitutionnels indépendants. Il fit toujours campagne avec la droite. Il manœuvra avec son vainqueur du 16 mai, M. le duc de Broglie, et ces deux illustres et grands débris se consolèrent entre eux.

Il se fit l'avocat éloquent, infatigable de toutes les causes qu'il avait combattues. Il devint, sans cesser d'être républicain, le premier ministre désigné de son ami M. le comte de Paris. Il dépensa, dans ce nouveau rôle, autant de talent que dans le précédent et cent fois plus d'activité.

Il se fit journaliste et journaliste extraordinaire. Il mena pendant quelques mois, à la tête du *Gaulois*, une guerre terrible contre M. Gambetta. Ses articles sont de purs chefs-d'œuvre que goûtèrent quelques délicats, et qui resteront comme des modèles à côté des *Mémoires* de Beaumarchais et des pamphlets de Paul-Louis Courier. Aujourd'hui encore ses articles hebdomadaires du *Matin*, dirigés pour la plupart contre le conseil municipal de Paris, en qui il anathématise une nouvelle Commune, en qui il aperçoit le germe d'une nouvelle Terreur, font les délices de la droite.

Il se console des grandeurs passées en troublant le repos des grands du jour.

M. Jules Simon a retrouvé dans l'opposition, au Sénat et dans le journalisme, une gloire toute neuve. Il a reconquis une place éminente dans le monde politique.

Il prétend bien qu'il n'a pas changé, qu'il défend toujours la liberté, et qu'il est demeuré fidèle aux vaincus : soit, et peu m'importe après tout, en quel camp il combat. Je juge la politique en *dilettante*. C'est un charme d'entendre et de lire ce philosophe.

Ses détracteurs affirment qu'il ne restera rien de lui, qu'il n'a attaché son nom à aucune œuvre, à aucune entreprise. Eh! reste-t-il quelque chose de Talma, de Rachel, des grands virtuoses de la diction?

M. Jules Simon nous aura émerveillés, charmés, amusés, éblouis. C'est un résultat. Ayant défendu des causes diverses il les a toujours servies utilement. Élevons-nous au-dessus des petites querelles de la politique courante. Honneur à celui qui a mêlé intimement l'art à la philosophie, la musique à la politique, l'Académie au journalisme.

M. de Freycinet a appliqué à la haute politique les mathématiques abstraites et transcendantes, M. Jules Ferry la procédure, M. Jules Simon la virtuosité. Ce sont trois maîtres en des genres différents.

J'ai longuement traité en un autre volume, celui du grand monde, de M. le duc de Broglie, autre académicien, autre virtuose. Je n'y reviendrai pas, bien qu'il appartienne à tous les mondes, et que son absence momentanée des assemblées lui laisse encore une grande place dans la direction de son parti.

M. LÉON SAY

Je terminerai la revue des présidents du conseil par quelques mots sur M. Léon Say.

Celui-là est né économiste comme M. Jules Simon philosophe. Il a chevauché sur la statistique comme l'autre sur la morale. Il a occupé la préfecture de la Seine, la présidence du Sénat, la présidence du conseil, alors qu'on avait besoin, comme aujourd'hui, d'un financier à la tête des affaires. Il a été élevé à deux grandes et illustres écoles, celle de sa famille, celle du *Journal des Débats*. Il procède de la dynastie des Jean-Baptiste Say et des Bertin.

Voyez ce gros homme luisant, soigné, au teint fleuri, à la démarche opulente; sous cette enveloppe bourgeoise se cache l'esprit le plus délié, le plus net, le plus fin.

De tempérament et de tradition orléaniste il s'est rallié l'un des premiers à la République naissante, et, bien qu'il ait souvent l'air de revenir à ses origines, une restauration ne trouverait pas d'adversaire plus déterminé. C'est l'homme pratique par excellence, l'homme d'affaires, des grandes affaires, en son expression la plus accomplie.

Il parle comme un livre de son grand-père. Il agit, il gouverne sa carrière avec une précision mathématique. Est-il l'élève ou le maître de ses amis les Rothschild? Il y a entre eux échange de conseils et de services. Il représente au gouvernement et dans les assemblées la haute banque, les grandes compagnies, les intérêts collectifs les plus imposants. La République n'est ni aristocratique ni démocratique, mais ploutocratique. Il vise, dit-on, à la présidence. Alors ce serait la République des affaires.

Il demeure une ressource suprême si le crédit de la France vient à péricliter. Tout ministère où il se trouve a l'appui des rois de l'argent, et la Bourse monte, monte et monte encore; qu'il s'en aille et la haute banque boude.

M. Léon Say était le ministre des finances désigné pour le « grand ministère » de Gambetta. M. Grévy joua au dictateur le mauvais tour de lui refuser Léon Say, comme il lui avait refusé Freycinet; il ne voulait pas de triumvirat. Gambetta dut se rabattre sur M. Tirard ou sur M. Allain-Targé, ce qui n'était pas la même chose.

Tout comme M. Ferry ou M. de Freycinet, M. Léon Say fut chargé d'exécuter des décrets. Ceux-là n'étaient pas signés Grévy ni Freycinet. Ils étaient signés Rothschild, et l'*Officiel* ne les publia pas. Il s'agissait de débarrasser la place de Paris d'une congrégation fort envahissante et qui gênait la haute banque, qui retirait aux vieilles maisons de crédit l'argent de l'épargne. Il fallait nettoyer la place où opéraient les établissements d'émission dont le plus illustre était l'Union générale.

Cette Union générale, les Rothschild la rencontraient sur leur chemin, non seulement à Paris, mais à Vienne.

M. Léon Say procéda avec une hâte extrême. En deux jours l'Union fut ruinée, la faillite déclarée, les directeurs en fuite. Il se montra alors capable d'une énergie sauvage.

L'Union entraîna dans sa perte tous les établissements similaires, et de là date la langueur du marché parisien.

Je ne sais si ce coup d'État financier a grandement profité à ses auteurs, ni s'il était bien conforme aux lois de l'économie politique d'arrêter brusquement cette circulation, même fiévreuse, de l'argent. Ce ne sont pas mes affaires, quoique, comme plus d'un diplomate, j'aie été quelque peu écorné par la débâcle de l'Union, qui était une valeur de portefeuille élégant.

Le coup porté par M. Léon Say fut rude. Il exécuta les décrets des Rothschild contre la banque catholique avec une prestesse extraordinaire. Lui aussi est un homme, lui non plus n'a pas dit son dernier mot.

Il représente une force énorme, la force maîtresse de notre société. Il est le bouvier de ce veau d'or dont je vous ai parlé dans mon volume précédent, de ce veau d'or autour duquel danse votre société parisienne. Absent des affaires, il les dirige encore, étant l'exécuteur des arrêts qui décident la hausse ou la baisse des valeurs.

Saluez-le, votre démocratie doit compter avec la ploutocratie; saluez-le. Il est le grand prêtre du dieu Argent, le premier ministre des rois de la finance internationale, et, quoique protestant, l'un des 33 ∴ de la franc-maçonnerie hébraïque et banquière.

On veut secouer ce joug doré; mais cette haute banque c'est celle qui fait marcher les chemins de fer, qui construit les canaux, qui tient toute votre société dans son réseau. C'est elle qui emmagasine les forces du capital, qui les divise à son gré en ressources innombrables, dont les filets arrivent jusqu'à votre poche, jusqu'à la mienne. Supprimez-la, vous êtes acculé, comme le veut l'école socialiste; à tous les monopoles d'État. Au nom de la haute banque, M. Léon Say en est l'adversaire acharné.

Il est l'un des champions du duel qui s'est engagé entre la ploutocratie et la démocratie. A ce titre c'est l'un des hommes les plus considérables de notre temps, une puissance supérieure à celle de la politique, à celle de l'art, à celle de l'esprit, une puissance qui prendra encore bien des revanches avant d'être détruite.

M. HENRI BRISSON

Tout le monde connaît à Venise cette grande salle du palais des Doges où figure, le long de la corniche, la galerie des portraits ducaux. L'œil se fixe immédiatement sur un trou noir. L'image de Marino Faliero, le traître, le doge exécuté, est recouverte d'une couche de peinture noire qui figure un voile. On le regarde d'autant plus qu'il est caché.

Je ne sais trop pourquoi la rancune de certains républicains voudrait infliger, de son vivant, même traitement à la figure de M. Henri Brisson. C'est un disparu, ce n'est pas un oublié. On couvre son nom d'un voile noir, on n'en parle plus. On fait tous ses efforts pour n'y plus penser. Il s'est achevé à votre dernier congrès en ne se résignant pas à l'oubli.

Pourtant il n'a commis aucun crime, il n'a ourdi aucun complot. Il n'a pas démérité son renom d'austérité. Il ne s'est pas exposé à encourir un jugement de haute trahison, ni à être précipité des marches d'un palais pour avoir la tête tranchée.

Il s'est rendu seulement coupable en quelques mois d'une série de maladresses.

Avant ses maladresses, il était le sage Brisson, le grave Brisson, Brisson l'honoré, c'était Grévy II.

Quand il montait à la tribune pour débiter l'une de ses harangues solennelles, académiques et froidement violentes, tous les partis de gauche rivalisaient d'applaudissements ; la droite murmurait : « C'est Saint-Just le fort, Saint-Just le terrible ! » Il faisait peur à tout le monde. On croyait que, derrière cette rigidité de vie, d'éloquence et de principes, se cachait un caractère fortement trempé, et au milieu de la médiocrité bourdonnante et agitée du parlementarisme, cet homme calme apparaissait comme un phénomène étrange et redoutable. . . . .

Aussi, quand Gambetta eut la faiblesse d'échanger la présidence de la Chambre pour celle du conseil, Henri Brisson fut élevé d'emblée sur le pavois. Il fut porté à ce fauteuil préparatoire de l'autre fauteuil plus élevé : il fut introduit avec respect dans ce petit palais Morny, antichambre du grand palais élyséen.

On fut un peu surpris de ne plus trouver dans M. Brisson, président de la Chambre, ces dessous mystérieux qui constituaient une partie de son importance. Derrière cette gravité solennelle, on découvrit un fonds assez ordinaire de bonté, derrière cette absence d'esprit on aperçut une faiblesse de caractère. M. Brisson présida bien, voilà tout, c'est-à-dire médiocrement.

Les pouvoirs de M. Grévy allaient expirer. M. Henri Brisson semblait en place pour lui succéder. Il devenait urgent d'user cet Aristide qu'on était las d'entendre appeler le Saint-Just. M. Jules Ferry venait de succomber. Il lui fallait un successeur de beau renon, M. Henri Brisson eut la maladresse de se croire le ministre nécessaire.

On l'a accusé de toutes sortes de calculs. Les opportunistes, qui se croient trahis toutes les fois qu'ils ne se partagent pas tous les agréments du pouvoir, virent, dans M. Brisson, un ennemi acharné à leur perte. La vérité est que M. Brisson ne prépara en aucune façon ses élections d'octobre 85.

Avec le scrutin de liste, Gambetta et M. Jules Ferry avaient préparé un instrument de règne. Le hasard des événements remit ce scrutin aux mains d'un républicain; il ne s'en servit ni pour lui ni pour les autres. Il laissa sa liberté au suffrage universel. Il ne combina pas des listes savantes. Il laissa les républicains éparpiller leurs forces, se diviser et se combattre à leur guise. On aboutit au résultat que vous savez.

On croyait deviner en M. Brisson un des descendants des grands ancêtres de 92 ou de 93, un triumvir au petit pied. On ne trouva qu'un républicain très honnête, très intègre, très malhabile. Cette attitude ne cachait rien. Il était ce qu'il paraissait être : un académique, rien de plus.

Le congrès pour le renouvellement des pouvoirs présidentiels, en 85, acheva le ministre, comme le congrès de 87 acheva plus tard l'homme. M. Brisson était déjà trop mûr en 85 pour le souverain pouvoir. Sa candidature était détachée de l'arbre. Une volonté puissante et occulte, ou tout simplement le hasard des événements avait paralysé toutes les espérances des candidats alors possibles.

M. Jules Ferry était accablé sous le fardeau d'une énorme impopularité. M. Brisson avait laissé compromettre la République dans une aventure électorale mal conduite ou plutôt pas conduite du tout. M. de Freycinet, le seul qui se fût réservé, n'eût à aucun prix voulu entrer en concurrence avec son vieil ami.

M. Brisson n'a jamais eu de parti. Il a contre lui les autoritaires et les libéraux parce qu'il manque de fermeté, les radicaux sans doute parce qu'il manque d'élégance et de gaîté.

Ce n'est pas un Athénien ; il ne monte pas à cheval, il ne fréquente pas les coulisses de l'Opéra ni les grands ou petits 16. On ne le voit dans aucun boudoir ; il ne recherche pas les amis des princes. Les radicaux préfèrent les *clubmen*. La rigidité des mœurs les effarouche. M. Brisson vivait et restait seul. Il tomba sans que d'autres fussent entraînés dans sa chute.

Placide à son banc, muet aux séances, il figure la statue de l'isolement. Sa grande barbe et ses yeux vagues, son visage impassible, respirent la morne tristesse.

Voilà pourquoi sa place est vide dans la galerie des hommes d'État de la République. Elle marque une grande désillusion du parti.

M. Jules Simon commande encore à quelques vieux pères conscrits, que la Parque fauche impitoyablement un à un. Il préside un petit groupe de Gérontes qui meurent sur leurs chaises curules. Il a pour ses articles du *Matin* une clientèle de sages libéraux. L'*Univers* le reproduit, M. de Broglie le félicite, et, dans les grands jours, il paraissait aux soirées de M. le comte de Paris à côté de M. Vacherot.

M. Brisson est loin d'avoir aujourd'hui l'importance de M. Jules Simon. Auprès de quelques rares républicains son souvenir est attaché à celui d'un succès d'estime. Je m'étonnerais fort que l'une de ses candidatures passionnât votre Parlement.

M. GOBLET

Oh ! combien vivant, vivace et alerte est M. René Goblet ; Lui aussi a fait une chute. Qui n'en fait pas dans la politique ? Mais il est déjà relevé, demain peut-être il sera tout à fait en selle.

Le pouvoir a diminué d'autres présidents ; lui, il l'a grandi. Depuis qu'il a gouverné des ministres, il ne paraît plus si petit ; à force de marcher sur les tapis ministériels ses talons se sont haussés.

En parlant de M. Goblet il est impossible de ne pas songer à sa petite taille. Il la porte allégrement, dignement, ce qui est rare. Un jour M. Paul de Cassagnac, une espèce de géant, lui disait : « Vous n'avez de M. Thiers que la taille. » Je suis insensible, riposta le ministre, aux plaisanteries des hommes de grande dimension. » Un autre jour, à une facétie du même géant, il répondait : « Quand je représente l'État, je ne suis pas si petit. »

Il y a beaucoup d'esprit, d'ardeur, de bonne volonté, dans ce corps menu.

On a raillé aussi M. Goblet parce qu'il vient d'Amiens. Tout le monde n'a pas la chance d'être né à Toulouse, et je ne sais pourquoi Amiens serait plus ridicule que Cahors ou Nérac. Au temps de Racine on en venait pour être suisse; dans votre République pourquoi n'en pourrait-on venir pour être ministre? Colbert sortait bien de la boutique du *Long-Vêtu* à Reims. Votre République est très provinciale et ce n'est pas le moindre de ses mérites.

Elle a décentralisé le pouvoir, et les grands hommes de province n'ont plus besoin, comme dans Balzac, de se faire naturaliser Parisiens. Puis il n'y a aucune honte à venir de Picardie, c'est un pays où les canards ont la chair ferme, et les hommes l'esprit délié. On y assaisonne congrûment les pâtés et les discours. On y fait de bonne cuisine et de bonne politique. Le barreau d'Amiens a été fécond en avocats remarquables.

M. Goblet est jeune encore. L'âge de M. de Freycinet à huit jours près, et M. de Freycinet a l'air beaucoup plus âgé que lui. Il frise la soixantaine. C'est l'été des hommes politiques. Il a longtemps porté des portefeuilles. Sous-secrétaire d'État à la justice, ministre de l'intérieur en 1882, puis ministre de l'instruction publique sous divers cabinets, enfin ministre de l'intérieur et président du conseil. Il aime le pouvoir, le quitte sans amertume et y revient volontiers, mais sans qu'on puisse dire qu'il ait jamais rien fait pour s'y pousser ou sacrifié aucune de ses convictions pour s'y maintenir. Il aime surtout l'action, c'est un infatigable travailleur. Son esprit toujours éveillé s'ennuie loin du tracas des affaires, sa grande force est de n'appartenir à aucun groupe et d'être un vrai et sincère libéral. C'est le contraire d'un jacobin.

Lors de son passage à l'intérieur, il a attaché son nom à la loi qui restitue aux communes le droit d'élire leurs maires. Les opportunistes qui affectent les apparences de l'autorité, gens dictatoriaux, lui en ont gardé rancune. Il s'en est vengé en flétrissant la loi opportuniste qui suspendait l'inamovibilité de la magistrature et peuplait les tribunaux de créatures politiques, et souvent quelles créatures !

Une autre force de M. Goblet c'est encore son intrépide honnêteté. Voilà bien des gens honnêtes dans votre République tant décriée. M. Goblet n'a trempé dans aucun tripotage public et privé, et il n'avait pas contre la tentation la cuirasse d'une grande fortune. Au barreau d'Amiens on gagne plus facilement un siège électif que des millions. C'est un homme tout franc, tout droit, tout sincère. Sa parole vaut de l'or. La politique lui en a coûté beaucoup plus qu'elle ne lui en a rapporté.

Oh ! sans doute on lui a reproché un mauvais caractère ; comme les coqs de petite race il monte aisément sur ses ergots. Il se défend avec une certaine âpreté quand on l'attaque, et, comme il a beaucoup d'esprit, ses ripostes entament la chair vive, mais ce n'est pas un chercheur de querelles. Il n'a jamais commencé ou presque jamais ; ses rancunes ne sont ni longues ni tenaces. Il a occupé longtemps le ministère des cultes et ses rapports avec l'épiscopat n'avaient pas toujours été excellents, quand il défendait et faisait voter la fameuse loi scolaire que les cléricaux qualifient de « scélérate ». On a gardé le souvenir d'une certaine lettre au cardinal Guibert qui n'était pas fort tendre. Un jour aussi il s'est oublié à parler au Sénat un langage quelque peu irrévérencieux pour des superstitions aussi chères à certains catholiques qu'étrangères au catholicisme.

Mais aussi on l'avait provoqué. Le matin de ce discours il avait reçu quatre lettres d'évêques plus acerbes les unes que les autres, et les évêques ont l'habitude de livrer aux journaux le texte des semonces plus ou moins chrétiennes qu'ils adressent à leurs ministres. En vain le nonce apostolique s'interposait; les évêques se plaisaient à vexer M. Goblet l'irascible.

Pourtant le ministre des cultes n'était pas foncièrement irréligieux; ses écarts de plume et de parole, sa sensibilité aux provocations épiscopales attestaient peut-être plus de respect latent, moins de scepticisme, que les complaisances indifférentes ou les génuflexions onctueuses de tel ou tel ministre. M. Goblet ne parle jamais sans s'émouvoir des pieux souvenirs de son enfance. J'ai entendu un prélat italien prononcer avec attendrissement un éloge quasi public de M. Goblet. « Ze l'aime, disait-il, parce qu'il est *giouste.* »

A peine devenu président du conseil, l'esprit

généreux de M. Goblet comprit qu'il fallait en finir avec cette guerre sans issue que la République avait entreprise contre la foi de la majorité des Français. Il entreprit de se réconcilier avec les farouches pasteurs qui le traitaient en loup. L'hôtel de la place Beauvau fut visité par de nombreux évêques qui pénétraient en tremblant auprès de l'auteur de la loi « scélérate » et qui s'en retournaient presque édifiés.

Alors les relations de M. Goblet avec Rome devinrent presque aussi cordiales que l'avaient été jadis celles de M. Jules Ferry. Les nominations épiscopales se sont presque toutes traitées à l'amiable, et quand on indiquait au ministre quelque tare sacerdotale en un de ses candidats, fût-il le plus recommandé, M. Goblet cédait tout de suite et de bonne grâce.

Il y a une page superbe dans l'histoire de la présidence de M. Goblet : le dénouement de l'incident Schnaebelé. Depuis le mois de janvier, les provocations de l'Allemagne à la France ne cessaient plus. La guerre s'organisait presque ouvertement. On accusait le général Boulanger de fournir des prétextes. Enfin un commissaire de police français, attiré dans un guet-apens, fut saisi et arrêté sur le territoire français.

La France obtint de justes réparations et M. Schnaebelé fut rendu.

Au lieu de se résigner à une plaidoirie larmoyante comme eussent fait d'autres ministres, il tint haut et ferme le drapeau national.

Il paraît que de votre côté on n'affichait pas une lâche terreur de la guerre et qu'on ne se résignait pas à la honte de « la paix à tout prix ». On peut dire qu'il conjura la menace imminente de la guerre en n'en ayant pas peur. Le sentiment public appuyait cette fière attitude de vos ministres. On se résignait aux derniers sacrifices. La sécurité et l'honneur national furent sauvegardés du même coup. Il n'est pas vrai qu'il y eut alors dissidence entre les ministres. Il y eut accord parfait; même prudence, même fermeté, ardeur égale de patriotisme. Jamais conseil des ministres ne fut plus unanime que celui qui régla ce pénible incident diplomatique.

M. Goblet avait un certain mérite à ne pas céder aux menaces de l'Allemagne qui réclamait ouvertement la retraite du ministre de la guerre. Il faut bien avouer que M. le général Boulanger était parfois un collègue encombrant. Il commettait des imprudences difficiles à réparer. Au ministère de la rue Saint-Dominique, tout un gouvernement militaire s'était constitué et installé qui ne relevait que du général populaire et n'avait aucun souci du gouvernement civil. M. le général Boulanger entretenait des relations ouvertes avec les ennemis du cabinet, ceux de droite comme ceux d'extrême gauche. Il semblait agir pour son propre compte. Il avait sa cour. Sa popularité était exploitée par une bande de faiseurs qui le montaient comme une affaire en commandite.

M. Goblet, tant que dura le péril extérieur, refusa de « lâcher » le général. Assisté de M. Flourens, il avait plus de peine à remplir sa tâche, mais il eût considéré comme une faiblesse de paraître céder aux injonctions de l'ennemi.

Le pays comprenait vaguement les immenses services que lui rendait le premier ministre. Sous le ministère Goblet, les élections ne furent pas même contestées aux républicains par les monarchistes.

Ce ministère provisoire, nommé pour quelques semaines, vécut, non sans gloire, pendant plus de six mois. Le chef grandit dans l'opinion et prit son rang parmi les hommes d'État.

On a reproché à M. Goblet sa fidélité à ses amis et la reconnaissance des services rendus; défaut bien rare chez les hommes politiques, et dont il n'a pas toujours, je vous l'affirme, été aussi coupable qu'on le prétend! Je pourrais citer un trait personnel qui conclut en sens contraire du reproche de gratitude exagérée.

On a attribué à une erreur d'amitié le choix qu'il fit de M. Dauphin pour le portefeuille des finances. M. Goblet croyait très sincèrement à la capacité financière de son compatriote. M. Dauphin n'avait-il pas été plusieurs fois rapporteur de la commission des finances au Sénat et président de cette commission? N'était-il pas désigné par la Chambre haute pour occuper ce poste? Enfin, n'a-t-on pas été bien sévère pour le budget de M. Dauphin, et ses initiatives ne valaient-elles pas la peine d'être discutées?

La commission du budget immola M. Dauphin comme elle avait immolé M. Sadi Carnot. Mais M. Dauphin et le général Boulanger servirent de prétexte à d'autres desseins, et la chute du cabinet était résolue par des politiques impatients. Là encore éclata la rigide honnêteté de M. Goblet. Il lui était facile de réaliser, dans les services publics, des simulacres d'économie, de jongler avec les chiffres, de faire des tours de passe-passe avec des écritures.

Il ne le voulut pas. Il entreprit les réformes

qu'il croyait réalisables par voie budgétaire, les économies qu'il croyait possibles sans désorganiser les services. « Pour aller plus loin, dit-il, il faut des lois spéciales; au delà, nous touchons à la décentralisation. Je la veux bien, j'en suis partisan; mais la décentralisation qui contient toutes les réformes doit être étudiée et réalisée sous forme de lois et non pas impliquée dans un budget. »

Une coalition, de la droite, de l'extrême gauche, d'une partie des opportunistes, renversa M. Goblet. La crise qui survint fut longue, elle n'est pas encore fermée à l'heure où j'écris ces lignes, car autant le pouvoir avait accru l'autorité de M. Goblet, autant la politique de ses successeurs fit regretter ce ministre.

Beaucoup d'esprit, de la générosité dans le caractère, une éloquence claire, vivante, érudite, une indéniable probité politique et privée, un sens libéral qui n'exclut pas les qualités de gouvernement, voilà des dons qui se trouvent rarement réunis et qui assurent à celui qui les possède de fréquents retours aux affaires.

L'autorité de M. Goblet s'accroît sans cesse avec le temps, parce qu'il représente dans la République un esprit nouveau : l'esprit à la fois libéral et ouvert aux réformes. M. Goblet, je le répète, n'appartient à aucun groupe, c'est un indépendant qui a cherché à s'appuyer sur les indépendants.

La génération qui grandit dans la République répugne à se laisser couler dans les moules qui ont servi aux générations antérieures. Les anciens groupes et les coteries d'antan ne répondent plus du tout aux aspirations et aux besoins des jeunes gens.

Toutes les appellations de centre droit ou gauche, d'opportunisme, de radicalisme, sont devenues surannées.

Les libéraux d'hier n'entendent rien au libéralisme d'aujourd'hui et réciproquement.

Le centre gauche de M. Thiers, les chevau-légers d'Orléans, réduisaient le libéralisme à un petit nombre de licences politiques qu'ils croyaient nécessaires : liberté de la presse, liberté de réunion, etc. On se rappelle le fameux discours sur « les libertés nécessaires ». L'art de gouverner consistait pour eux à faire mine d'accorder ces libertés et à les escamoter une à une.

Les générations nouvelles, accoutumées à ces libertés qu'on ne conteste plus, au moins dans la forme, n'y attachent plus un très grand prix ; elles se sont aperçues qu'elles n'ajoutaient rien au bonheur des individus, ni à leur moralité, ni à leur bien-être, qu'elles profitaient à une petite élite de politiciens. Elles aspirent à d'autres libertés plus essentielles, à d'autres réformes plus fécondes, dont le radicalisme s'essaie à trouver une forme acceptable sans y être encore parvenu. Il y a un dosage à déterminer entre les droits de la collectivité, c'est-à-dire l'État, et ceux de l'individu.

Les radicaux demeurent suspects parce qu'ils procèdent par solutions *a priori*. Ils dégagent bien certaines données du problème, mais ils ne se soucient pas assez de les concilier toutes entre elles, surtout les lois supérieures de la justice et de l'équité.

Les anciens partis monarchistes ou républicains s'enferment dans des formules traditionnelles, ils ne cherchent pas à répondre aux besoins nouveaux ; de là leur impuissance.

Les indépendants, au contraire, travaillent encore ; ils étudient, ils tâtonnent, mais ces essais répondent bien aux incertitudes de votre jeunesse française. Ils sont nombreux dans votre Chambre, et M. Goblet avait essayé de les associer à son gouvernement.

Voilà pourquoi ce ministre a gardé une solide popularité en dehors de la Chambre, pourquoi il s'est concilié, dans le Parlement, tant d'estime, de respect et de confiance. Voilà pourquoi M. Goblet est un ministre de l'avenir, de demain, d'aujourd'hui peut-être quand vous recevrez cette lettre.

A une récente séance, M. Goblet a résolument opposé la République libérale à la République césarienne. Il est passé chef de file.

M. BARTHÉLEMY SAINT-HILAIRE

Par contraste je dirai un mot d'un ministre du passé, d'un survivant de M. Thiers, d'un débris intéressant des générations antérieures, de M. Barthélemy Saint-Hilaire.

L'ancien secrétaire général de la première présidence de la troisième République est dans sa quatre-vingt-troisième année. Sa vieillesse robuste porte allégrement le poids des ans. Il a le visage d'un vieil aède, la sérénité de Platon ou d'Aristote. Il passa les trois quarts de sa longue existence dans le commerce de l'antiquité grecque. Encore un Athénien. Il vécut avec Aristote, avec Homère, dont il semble presque un contemporain à vos jeunes gens. Son esprit, son éloquence, sa politique se sont modelés sur ces maîtres immortels, ses meilleurs amis après M. Thiers. Pour lui, la politique est une philosophie, les affaires courantes sont de l'histoire.

D'autres hommes ont de vastes horizons sur l'avenir. M. Barthélemy Saint-Hilaire a de vastes horizons sur l'antiquité. Quand, au nom de M. Thiers, il rédigeait ces innombrables et courts billets qui contribuèrent plus à sa célébrité que sa traduction d'Aristote et sa version politique de l'*Iliade*, il songeait à la correspondance de Pline avec Trajan. Il dirigea vos affaires étrangères suivant la forme classique, rédigeant de longues circulaires en style de Thucydide, et il régla la conquête de la Tunisie sur le modèle de la campagne d'Alexandre aux Indes.

Car c'est à ce philosophe, à ce membre de l'Institut (section des sciences morales et politiques), c'est à ce pacifique qu'échut la conduite de l'expédition tunisienne. Mais Athènes ne s'appelait-elle pas aussi Pallas, et la déesse qui porte l'olivier n'a-t-elle pas le flanc ceint d'un glaive et le chef orné d'un casque?

M. Barthélemy Saint-Hilaire ne cherche le contrôle de ses jugements et la comparaison de ses actes qu'à vingt siècles en arrière, aussi juge-t-il faux la plupart du temps, et agit-il en dehors de toute méthode actuelle. Plus il est isolé, plus il s'entête, croyant faire preuve de mâle vertu antique.

Aujourd'hui, M. Barthélemy Saint-Hilaire a renoncé aux armes et aux combats. Il s'est retiré, lui aussi, mais sincèrement dans ses « chères études ». Les lettres grecques n'ont pas été pour lui comme pour M. Gladstone un passe-temps, un loisir, une distraction des luttes politiques. Elles ont été toute la vie de M. Barthélemy Saint-Hilaire, et c'est la politique qui a été son loisir, son repos de l'aride contemplation des vieux textes.

Son existence intime et privée ressemble plus à celle d'un professeur qu'à celle d'un homme d'État; célibataire acharné, le sénateur habite une chambrette ou plutôt une bibliothèque.

A présent, il joue les Mentors, mais c'est un Mentor silencieux. Il aborde très rarement la tribune, et il ne s'y répand pas en longs discours; sa sagesse éclate seulement dans ses attitudes, en ses expressions de physionomie. Il n'est pas content du train dont marche la République; il s'en ouvre à M. Bardoux ou à M. de Marcère, deux pères conscrits encore jeunes, deux sénateurs Télémaque à qui il aime à donner ses leçons et qui, très fins tous deux, très lettrés, très curieux, très respectueux des vieillards, l'écoutent avec complaisance. M. Barthélemy Saint-Hilaire donne son nom à une quantité d'associations libérales et humanitaires, dont les résultats sont maigres, mais qui réjouissent les braves gens et entretiennent leurs espérances optimistes pour une République meilleure.

S'il a des ennemis, qu'il a cherchés et cruellement blessés et trahis, comme M. de Lesseps et M. Duclerc, il est, en revanche, aimé de beaucoup d'éphèbes, comme un vieux maître l'est de ses élèves grandis et affranchis de la férule.

M. DUCLERC

Ce que les lettres grecques ont été pour M. Barthélemy Saint-Hilaire, c'est-à-dire une étude constante, un guide au pouvoir, les finances l'ont été pour l'un de ses contemporains, plus jeune que lui seulement de dix à quinze ans, M. Duclerc.

M. Duclerc est l'un de ces esprits libres, mais pratiques, qui comme les sociétés elles-mêmes, assimilent ce qu'elles trouvent de bon à prendre dans les systèmes soi-disant utopiques. Ayant côtoyé le saint-simonisme, il fut de cette génération qui éleva les questions de crédit, d'échange, d'affaires même à la hauteur des questions d'idéalisme politique. Homme de bon conseil, désintéressé, républicain sage, patriote ardent et sans cesse en éveil sur les périls publics et nationaux, fidèle plus qu'aucun autre à ses amis, dévoué à tout ce qui l'émeut et l'apitoie, cœur large, esprit élevé, n'ayant aucun des préjugés étroits de son parti, M. Duclerc accepte d'aider au bien de son pays, avec ceux qui croient y travailler ou y travaillent eux-mêmes. Il fréquente les salons les plus divers et y est également aimé et respecté.

M. Duclerc est l'homme des crises ; celui qu'on appelle ou qui vient pour formuler des vérités que d'autres n'eussent point osé dire. Pas une crise où son nom n'ait été prononcé, pas une où il n'ait été une ou plusieurs fois mandé à l'Élysée. Que de fois il a été ministre et président du conseil !

Il le fut réellement une, et de son court passage au quai d'Orsay date le complet réveil de la fierté française vis-à-vis de l'Allemagne et de l'Angleterre. C'est lui qui donna le ton dans la question de Madagascar, ton que M. de Freycinet et M. Le Myre de Vilers ont si hautement gardé depuis.

M. Duclerc a le génie des transactions. A ce titre, M. Grévy l'avait en grande estime et en vraie affection ; et c'est toujours à M. Duclerc qu'il en appelait quand il ne savait plus à qui déléguer sa confiance. Jusqu'au bout il attendit le salut de

M. Duclerc; mais M. Duclerc, s'il ne refusa jamais son aide au Président de la République, à son vieil ami Grévy, la refusa toujours au beau-père de M. Wilson.

Autrefois, à peine le nom de M. Duclerc était-il prononcé par les journaux, à peine son entrevue avait-elle eu lieu avec le Président, que les choses s'arrangeaient. Il n'épargnait point sa peine, ne s'inquiétant jamais de soi, et s'éclipsant dès qu'il lui paraissait qu'on pouvait se passer de lui. M. Duclerc est l'un de ces hommes qui s'effacent dans la vie courante, que le train-train banal des choses n'intéresse pas; qui se recueillent et que les incidents, les difficultés trouvent pleins de ressources et de bienfaisance, parce qu'ils prennent le loisir de calculer le présent et de faire le bilan de l'avenir.

M. DEVÈS

Si M. Duclerc s'écarte souvent du courant des choses, M. Devès est un disparu. Il brilla au Parlement tant qu'il ne fut pas ministre. Il avait adopté une spécialité: le sauvetage des cabinets. Il avait toujours une collection variée d'ordres du jour de confiance mitigée, qu'il sortait dans les cas désespérés, et dont les ministres acceptaient la perche. Un président du conseil sentait-il le terrain se dérober sous ses pas, avait-il le flair de quelque conspiration sourde qui le minait? Vite il mandait M. Devès: « J'éprouve le besoin, mon cher ami, de faire la lumière; j'ai envie de frapper un grand coup, nos affaires vont mal. Il y a une gêne dans mes relations avec mes meilleurs amis. Je veux me retremper dans la confiance de la Chambre. Interpellez-moi, attaquez-moi, sauvez-moi! » Et M. Devès prenait sa grosse voix, son éloquence de première qualité. Il interpellait, se déclarait satisfait des explications du ministre, et la farce était jouée. S'il eût obtenu une médaille avec un ruban tricolore chaque fois qu'il a rempli le rôle de sauveteur, sa poitrine en serait couverte. A force de sauver les ministres, il le devint lui-même, car, dans votre système parlementaire, le meilleur moyen de devenir ministre, c'est un ministérialisme opiniâtre; mais celui qui avait tant sauvé les autres ne sut pas se sauver lui-même, et il perdit, en outre, son siège de député. Il s'est retiré, je crois, au Sénat, M. Devès avait de brillantes qualités, bonne parole, fougue méridionale, opinions sages et libérales. Il lui a manqué la personnalité. Il fut toujours un reflet, un lieutenant, un officieux. Il vaut mieux que les rôles qu'il a joués.

HUITIÈME LETTRE

M. CLÉMENCEAU ET SON ÉCOLE

J'interromps ici, mon jeune ami, cette revue de vos généraux en activité ou hors cadre. Il y en a trop, je suis débordé. Combien d'hommes remar quables a consommés votre République, et vous en avez de rechange! Vous vous plaignez de manquer d'hommes; votre démocratie souffre, au contraire, comme l'armée espagnole, d'une pléthore de chefs.

Encore la République n'a-t-elle mis à jour et dévoré qu'une seule catégorie de ses enfants. Tous ceux dont je vous ai jusqu'ici entretenu appartiennent à peu près au même parti : le parti des républicains bourgeois, des révolutionnaires tempérés. Entre M. Jules Simon, l'extrémité droite de la gauche, et M. Goblet, l'un des plus avancés parmi les républicains de gouvernement, il n'y a que des nuances à peine perceptibles à distance. Les tempéraments diffèrent plus que les opinions. On classe vos hommes d'État, moins d'après leurs doctrines que d'après leurs amitiés. C'est M. Jules Ferry qui sert à classer les partis. Il est le dieu terme d'après lequel on règle les limites. On est conservateur et réactionnaire à sa droite, radical à sa gauche, autour de lui on est opportuniste.

Je veux tenter avec vous une petite excursion en dehors des sphères officielles et gouvernementales, une promenade d'agrément au pays radical, chez ceux qui n'ont pas encore été ministres; nous retrouverons un peu plus tard, et toujours à temps, notre kyrielle de personnages consulaires, car nous n'avons défilé encore que les gros grains du chapelet.

Montons, s'il vous plaît, à Montmartre, non pas pour faire pèlerinage au Sacré-Cœur, tout au contraire. Arrêtons-nous à la clinique du docteur Clémenceau. Bien modeste, cette clinique, bien démocratique. Le docteur y donne des consultations gratuites à tous les pauvres, et il n'admet aucune clientèle payante. Il fait largement la charité de son savoir médical. Je ne sais si les clients sortent souvent guéris, ils sortent toujours confessés. Ils ont confessé et professé leurs opinions politiques; on les a enrôlés dans la milice radicale. C'est ainsi que le jeune docteur — il a quarante-six ans et il en paraît trente-huit — avait entretenu à Montmartre une légion d'électeurs fidèles. Le scrutin de liste a conservé à M. Clémenceau la députation de Paris, mais ce n'était plus celle de Montmartre; il a préféré la députation du Var. La clinique est restée; mais si vous voulez rendre visite au docteur, n'allez pas jusqu'à Montmartre.

Le voilà tout pimpant sur un joli cheval, sortant de sa riche maison de la rue Montaigne. Il a donné à la démocratie les soins convenables, vive la vie élégante! Pour être radical on n'en est pas moins l'homme du *high life*. Pour être docteur on n'en est pas moins l'hôte des allées à la mode, au Bois, le matin, à l'heure où les *clubmen* soignent leurs corps et leurs bêtes.

Après la clinique, le Bois; dans la journée, la Chambre et la politique; le soir l'Opéra ou quelque cénacle galant; la nuit, le journal *la Justice*: tel est à peu près l'emploi des jours et des nuits du célèbre docteur Clémenceau, le plus fringant des radicaux, le plus impitoyable des logiciens, la terreur des ministres, l'idole du foyer de l'Opéra.

Oh ! qu'elles sont antiques ces vieilles barbes à la Madier de Montjau ; qu'elles sont vénérables, mais ridicules, ces chevelures longues et blanches des incorruptibles d'autrefois ! revenants de 48, ombres de la Montagne, retirez-vous. Place aux jeunes ! Place au radicalisme copurchic, bécarre, gardénia, — il n'y a pas de jargon assez moderne, il faut découvrir le mot de demain pour définir les démagogues à la mode. La République s'est décrassée. Elle monte à cheval, elle fait des armes, elle tire au pistolet. Elle coudoie les altesses dans les antichambres parfumées ; elle s'amuse, elle rit du beau rire qui est le propre des Français, elle jouit de la grande vie.

Mais voilà l'heure de la séance ; soyons graves, le peuple compte sur nous. Un ministre, une victime vient de monter à la tribune. Il jette sur l'extrême gauche un regard furtif et craintif. Il est gêné, inquiet. Vous voyez ce député, pas très imposant, pas gros du tout, avec une petite tête ronde et pâle, des cheveux ras et plats, une mèche à la Girardin ou à la Bonaparte partageant son grand front. Son nez retroussé flaire la bataille ; la moustache noire cache un plissement ironique de la lèvre, et les yeux noirs, — quels yeux flamboyants, malins, moqueurs, des yeux d'oiseau, de moineau, mais de moineau féroce, guettant la proie. Ce visage spirituel a toujours l'air étonné de la bêtise d'autrui.

M. Clémenceau ne prend pas de notes. Il fixe l'orateur. Il s'appuie nonchalamment sur ses deux coudes, on dirait un félin en arrêt qui va jouer avec la souris ou l'homme. Pas un geste, pas un mouvement, pas une parole. Il écoute. Si parfois il interrompt, ce qui est rare, l'interruption tombe comme un couperet. Cette voix claire est aiguë comme une lame; elle siffle et elle tranche.

Le ministre a fini. La tribune est vide. Quelque importun s'y dirige. Silence, arrière! M. Clémenceau s'est levé. Il arrive là, en veston, l'air dégagé, svelte, sa boutonnière garde la marque de la fleur qu'il a retirée par convenance avant d'entrer dans la salle. Il s'adosse à l'estrade du président, il ne se presse pas, il attend le complet silence. Il se promène, allant et venant comme dans une cage. Enfin il commence. La voix mince et perçante s'enfle et s'élève à peine, c'est une causerie. Les mots ne tombe pas vite; ce sont des épigrammes qu'on distille, des épigrammes de logicien qui ne fait pas grâce. La forme du discours n'a rien d'académique ni de composé, mais c'est très amusant et très distingué. Pas une vulgarité dans ce tissu un peu lâche d'arguments. Ce fer qu'on promène lentement sur toutes les plaies ministérielles est d'acier fin, brillant, bien repassé. Il ne fait grâce d'aucune douleur. Le docteur ne jette aucun baume sur la blessure saignante et, s'il la cautérise, ce n'est pas pour panser; c'est pour aviver la brûlure. Quel vivisecteur! qu'il en a dépecé de ministres vivants, pantelants, hurlants. Il les dissèque, il les scie, il les met en morceaux. L'opération est faite par un praticien très cruel mais très habile. Quand M. Clémenceau a parlé, il faut dire avec cet interne au chirurgien Maisonneuve : « Quel morceau de ministre faut-il rapporter? » Les patients se tortillent sur leur banc de douleur. Les assistants crient, interrompent, demandent grâce. Rien n'y fait. Le vivisecteur continue la charcuterie très propre.

Il n'y a pas l'ombre de doctrine en ce discours. C'est de la logique agressive et dure, rien que de la logique, le contraire peut-être de la politique; c'est de la critique, mais supérieurement menée. La force de M. Clémenceau consiste précisément à n'avoir jamais lâché à ses adversaires un pan de son programme, de programme où ils puissent se prendre, mais où on puisse lui retourner sa critique. Il parlera bien des réformes qu'on ne fait pas, mais ne lui demandez pas celles qu'il faut faire. Il vous répondra qu'il faut essayer quelque chose. Mais quoi encore? Alors il sortira des théories vagues : « L'impôt progressif, l'impôt sur le revenu. — Mais comment? Sous quelle forme? — Oh! cela, c'est votre affaire! pas la mienne; vous êtes gouvernement, je ne le suis pas. Apportez-moi des projets, je les critiquerai, mais ne m'en demandez pas, je n'en tiens pas. »

La séparation de l'Église et de l'État? Certes oui; mais laquelle, celle qui compromet l'État ou celle qui opprime l'Église? M. Clémenceau n'en sait rien, il verra quand vous lui en parlerez. Faites-le seulement ministre, et alors il vous dira peut-être ce qu'il veut.

En attendant, cherchez, devinez.

On a reproché à M. Clémenceau d'avoir choisi la fonction la plus aisée dans la République, celle de dénigrer et de censurer, sans s'exposer jamais à aucune responsabilité. M. Clémenceau répond qu'il ne déclinerait pas le pouvoir si on le lui offrait, mais qu'on ne le lui a jamais offert. Cela est vrai. Jamais M. Grévy, sauf *in extremis*, n'a mandé M. Clémenceau à l'Élysée, pas même pour le consulter. Le groupe que représente ce député a été tenu par le Président de la République en dehors des hypothèses gouvernementales autorisées sous son règne. On l'a souvent regretté, car une expérience Clémenceau n'entraînerait peut-être pas tous les périls qu'on redoute et, suivant les probabilités, elle durerait peu de temps. Ce serait une affaire liquidée. On aurait vu ce que le « vivisecteur a dans le ventre », comme on dit à la Chambre. M. Grévy peut-être était trop âgé pour risquer l'aventure, M. Carnot la tentera probablement. Aussi longtemps que M. Clémenceau posera son énigme, ce sphinx dévastera les environs d'Athènes, il fera carnage de ministres, il empêchera toute combinaison sérieuse et durable.

Un gouvernement quelconque ne dure que si on lui tolère une certaine somme d'erreurs, de bévues, de maladresses, de timidités, qu'on passe au chapitre *profits et pertes*. Il ne peut donc vivre si, par une convention tacite, ses voisins, ses amis, ses alliés naturels ne lui font remise d'un grand nombre d'étourderies. M. Clémenceau n'a ménagé encore aucun ministère fût-il peuplé de ses meilleurs amis. Sans le savoir il fait œuvre de nihiliste. Il empêche tout, il use, il détruit tout, et ne remplace rien.

D'ailleurs lui-même est à peu près invulnérable. Il possède une fortune honnête qui le dispense des tripotages, des compromissions ; il tire l'épée très convenablement et le pistolet comme un maître. Il est un des témoins nés dans les affaires d'honneur parlementaires que l'arbitrage de M. Anatole de La Forge n'a pu arranger ainsi que M. Paul de Cassagnac et un autre spécialiste de la gauche, M. Georges Perin. En vertu de l'adage que les duellistes ne se battent pas entre eux, on a remarqué plus d'une fois l'adresse de précautions oratoires usitées par le député du Gers quand il doit faire allusion à l'ex-député de Montmartre, ce qui prouve que M. de Cassagnac est aussi maître de sa langue et de sa plume que de son épée. Cependant je crois qu'autrefois il y eut duel d'injures entre ces deux prévôts d'armes, mais il n'aboutit pas ; M. Clémenceau n'était alors que conseiller municipal de Paris. Il n'avait pas conquis sa haute et terrible situation parlementaire.

Il n'avait pas encore très clairement expliqué sa conduite au 18 mars 1871, alors que, maire de Montmartre, il n'intervint pas dans la fusillade des généraux Lecomte et Clément Thomas. Cette tragique abstention demeure, malgré tout, un des côtés vulnérables de M. Clémenceau. Il était bien jeune alors dans la carrière révolutionnaire, mais ce souvenir pèse sur toute sa vie, car on se demande si, ministre et responsable de l'ordre public, il ne montrerait pas une indifférence égale à celle du maire de Montmartre, jusqu'ici M. Clémenceau n'ayant fait ses preuves d'énergie que dans la discussion.

Devenu chef de groupe, *leader* de l'extrême gauche, M. Clémenceau a voulu avoir son journal. Il fonda la *Justice*, organe revêche. C'est pour réaliser sans doute le proverbe : « Raide comme la *Justice* », car M. Clémenceau, très aimable, très bon enfant dans la conversation, se raidit, se dessèche aussitôt qu'il touche à la politique. C'est un médecin impitoyable, le scalpel à la main, et il applique à la politique, comme la plupart des médecins parlementaires, des procédés chirurgicaux. Je ne crois pourtant pas qu'il irait jusqu'aux hardiesses opératoires de Marat.

Ce journal lui tient lieu d'école en même temps que de clinique. Il s'est entouré d'élèves qu'il a disciplinés comme des internes, et quand ils sont bien formés au service il les introduit dans quelque collège électoral et il en fait ses lieutenants à la Chambre. Il s'entoure d'hommes jeunes, dévoués qui lui préparent les voies à la tribune, dans les discussions importantes, et qui, dans sa conduite, jouent à peu près le rôle des Cinq dans le premier Corps législatif de l'Empire. Ainsi sont arrivés aux honneurs parlementaires M. Camille Pelletan, rédacteur en chef de la *Justice*, MM. Millerand et Pichon.

Comme M. Gambetta, M. Clémenceau a voulu avoir son journal et son entourage. Il sait que les isolés n'arrivent à rien et que, d'autre part, on ne s'associe que les hommes qu'on a façonnés. Si M. Clémenceau prend jamais possession du pouvoir, son ministère est tout constitué avec les préparateurs de son laboratoire radical.

M. CAMILLE PELLETAN

Vous avez sans doute rencontré M. Camille Pelletan, sa figure est de celles qu'on n'oublie pas. Autant M. Clémenceau est élégant et coquet, autant il serait difficile de trouver le moindre rapport entre sa personne et ses opinions, autant, en revanche, M. Camille Pelletan tient au physique de son emploi. On ne se le figure pas frayant avec des princes ou des ducs; si jamais le costume de cour redevient de mise, jamais M. Pelletan n'aura, comme M. Darimon, la tentation de la culotte. Ce n'est assurément pas la faute de son peigne si sa chevelure reste hirsute ; elle est réfractaire à tout arrangement, c'est une intransigeante. Tout est intransigeant chez M. Pelletan, même les poils de sa barbe. Sa personne est en révolte contre l'ordre naturel. Son dos a des ondulations indépendantes, son cou refuse de suivre la ligne marquée par son épine dorsale, et sa tête ne veut pas se laisser porter par son cou ; ses deux bras auraient honte d'avoir entre eux la même harmonie. Il en est un qu'un accident ou une infirmité de naissance a déformé, ses jambes aussi répugnent absolument à marcher d'accord ; dans toute sa personne apparaît un manque d'équilibre qui se traduit même dans le costume. Tantôt c'est le chapeau, mal campé sur ses cheveux rebelles, qui est trop luisant pour la redingote fripée, tantôt au contraire c'est la redingote qui est trop neuve tandis que les poils du chapeau se dressent comme la chevelure de son propriétaire.

M. Camille Pelletan est le premier à rire de ses imperfections physiques, car dans ce corps mal construit, dans cette tête étrange, il y a un esprit parfaitement sain, une intelligence très lumineuse, très cultivée, une remarquable aptitude au travail et à tous les ordres de la connaissance.

Brillant élève au lycée Louis-le-Grand, Camille

Pelletan a laissé à l'École des chartes le souvenir d'un rude piocheur; il sortait d'ailleurs d'une famille austère, celle d'Eugène Pelletan, républicain un peu prophète. Son frère André Pelletan fait honneur à l'École polytechnique, et il est chargé aujourd'hui d'un important service à la Compagnie de Lyon. C'était une sorte de couvent que cette modeste et laborieuse maison Pelletan. Avant d'entrer à l'école Clémenceau, Camille s'était préparé par de fortes études. Il avait brillé au *Rappel* dans la confection des comptes rendus parlementaires. Il avait longtemps fréquenté la Chambre avant d'en faire partie. C'est un très remarquable rédacteur de rapports et, à la commission du budget, il se charge des besognes ardues. Le fin lettré débrouille parfaitement les chiffres et il leur prête une allure oratoire. A la tribune il a prononcé quelques discours plus remarquables par le fond que par la forme. C'est un médiocre improvisateur et il improvise toujours; de plus il zézaye, et son cerveau surmené ne trouve pas toujours assez rapidement, ni le mot juste, ni la suite des idées.

D'ailleurs sous son apparence broussailleuse et rébarbative, Camille Pelletan cache de solides qualités de cœur et de droiture. C'est un révolutionnaire de l'ordre contemplatif. Il n'écorche ses adversaires qu'avec sa plume ou sa langue. Il suit M. Clémenceau à la juste distance qui sépare les deux talents. M. Clémenceau a surtout sur son fidèle Achate la supériorité du sceptique sur le convaincu ; de l'homme du monde et de plaisir sur le consciencieux bénédictin ; car si le maître est une façon de Brummel radical, Pelletan est l'anachorète de la Montagne ; à lui est dévolu le département des chiffres et des questions difficiles.

MM. MILLERAND ET PICHON

Les deux plus jeunes disciples de M. Clémenceau, MM. Millerand et Pichon, promettent plus de ressemblance avec le maître. L'un sort du conseil municipal de Paris, l'autre du journalisme. M. Millerand est un de ces jeunes avocats, froids, incisifs, un peu compassés, qui ont de la tenue dès l'extrême jeunesse. Né d'une famille de robe, il eût fait une rapide carrière dans les parquets. Il plaide comme un procureur général ; il écrit comme il parle, sans grand éclat, mais avec une rare vigueur ; à la tribune il s'exerce surtout à bien poser les questions et à bien dire : comme les politiciens jeunes, il débute avec une éloquence classique. Le lait de ses études lui remonte aux lèvres. Il a dû beaucoup lire Royer-Collard, mais déjà son autorité se dessine, et dans cette Chambre où la culture oratoire laisse tant à désirer, où les traditions parlementaires sont tant dédaignées, c'est plaisir d'entendre la parole élégante et soignée, encore qu'un peu froide, de M. Millerand; le disciple fait honneur à l'inspirateur, et s'il parvient à se dégager de l'école, s'il s'élève un jour au-dessus de la politique critique pour aborder la politique pratique, ce sera quelqu'un, peut-être même une puissance. M. Millerand, dès la répartition des offices assignés aux lieutenants de M. Clémenceau, a reçu le lot de la politique générale. Dans le ministère idéal de la *Justice* il aurait le portefeuille de l'intérieur. M. Millerand est un homme bien élevé, ayant belle et correcte tenue, lettré curieux, très au fait de toutes les questions sociales, les étudiant non en utopiste, mais en homme désireux d'aider à la réalisation, je ne dirai pas de réformes, mais de perfectionnements nécessaires. Sa conversation est simple et nourrie. Curieux du mouvement de la pensée de son interlocuteur, respectueux de l'indépendance de l'opinion des autres il intéresse immédiatement; la sympathie qu'il provoque à première vue, il la fixe ensuite.

M. Pichon, encore plus jeune que M. Millerand,

s'exerce aux questions scolaires et religieuses. Il s'est signalé par un discours très étendu sur la séparation de l'Église et de l'État. Il parle bien, mais comme M. Millerand, encore à la manière d'un livre ou d'un prédicateur. Il divise son discours, il apporte des textes. Il procède à coups d'arguments logiques. La scolastique n'a pas été bannie de l'école Clémenceau, et ces fiers ennemis du cléricalisme, et même de toute religion positive, procèdent inconsciemment de saint Thomas. Ce sont les diables de l'école.

M. Clémenceau élève d'autres orateurs, d'autres députés, d'autres futurs lieutenants, mais ceux dont j'ai parlé ont déjà emporté et ont déjà conquis leurs grades.

M. Clémenceau est très soucieux, très soigneux de son personnel, et l'on peut lui rendre cette justice qu'il ne s'attache pas aux médiocres.

Que manque-t-il à M. Clémenceau pour occuper dans la République une place prépondérante? Il lui manque d'apporter du nouveau. Il lui manque une doctrine nette, une situation claire. M. Clémenceau et son école appartiennent au genre amphibie. Ce sont encore des bourgeois, leurs doctrines n'appartiennent plus aux doctrines de gouvernement; eux-mêmes n'ont pas encore gagné, dans l'exercice du pouvoir, ce sens pratique, cet instinct du possible sans lequel il n'y a pas d'hommes d'État.

Je ne connais guère qu'un homme à l'extrême gauche qui puisse donner un démenti aux quelques lignes qui précèdent, c'est M. Paul Ménard-Dorian; on sait d'ailleurs que l'exception confirme la règle. Sont-ce les circonstances de sa vie, est-ce sa nature, est-ce l'enchevêtrement logique des deux conditions, M. Ménard-Dorian est un homme d'État. Organisateur, administrateur de premier ordre, il possède deux qualités qui s'excluent d'ordinaire. Il est improvisateur et fondateur dans tout ce à quoi il s'adonne. Pendant le siège, premier lieutenant de son beau-père, Dorian, il a fait avec lui sortir du pavé de Paris, canons, munitions, armements de toutes sortes qui eussent dû sauver la grande et noble ville.

A la mort de Dorian, sans préparation aucune, il a repris ces grandes usines d'Unieux que Dorian avait créées et agrandies ; il les a dirigées du jour au lendemain, en ingénieur consommé, en démocrate loyal, appliquant jour par jour dans ses contacts avec les ouvriers ses idées républicaines et sociales sans jamais contredire à aucune. Esprit droit et sain, avec une faculté de travail extraordinaire, âme noble et dévouée, Paul Ménard-Dorian n'a ni ambition ni vanité. S'il agit en même temps avec application et avec résolution, jamais une pensée égoïste n'a effleuré sa pensée. Il travaille pour honorer le double nom qu'il porte; pour ajouter à la richesse de la France, pour alimenter le labeur des ouvriers. Sa fortune personnelle pouvait lui suffire. Patriote ardent, il ne cherche comme récompense à ses heures dévorées par l'incessant labeur qu'à servir son pays dans les luttes de la paix comme il l'a servi dans la résistance. Près de lui une belle-mère, une femme, une fille, héritières de ce nom de Dorian, le plus noble entre tous ceux du parti républicain, font de sa maison la plus attirante par son élégance, son hospitalité, et la plus bénie par sa charité.

Je vous signale encore, à l'extrême gauche, un homme qui n'a pas donné sa mesure, M. Wickersheimer. A-t-il vraiment choisi son groupe en choisissant celui qui a pour chef M. Clémenceau? Je ne le crois pas. Il est fort libre d'esprit et je lui ai souvent entendu dire que si les groupes sont une force, ils nuisent singulièrement à l'indépendance de l'individu. Il est d'ailleurs de ceux qui sont convaincus que beaucoup de stériles querelles parlementaires sont des querelles anciennes entre des chefs de groupe, qu'elles se transmettent d'une législature à l'autre et ne reposent souvent que sur des ambitions depuis longtemps satisfaites ou écroulées.

Ce que M. Wickersheimer recherche surtout, ce sont les améliorations sociales dont on ne s'occupe pas assez, que nul ne précise, et qui, par là, échappent aux discussions.

Au point de vue administratif, le député de l'Aude veut une décentralisation efficace, qui n'affaiblisse pas le gouvernement et justifie le principe : donner à chaque fonction une sphère d'action et de responsabilité propre. Il y a des esprits conciliants et cependant radicaux comme M. Wickersheimer, qui, s'ils réclament la séparation de l'Église et de l'État, la veulent présentée sans aucune idée de persécution, mais au contraire comme loi d'affranchissement pour tout le monde; s'ils poursuivent en finances l'amortissement de la dette, l'impôt sur le revenu, c'est en des projets étudiés, réalisés peu à peu, essayés en des lois qui, pour vivre, ont besoin d'acclimatation.

M. Clémenceau et ses amis jouent dans la République un rôle nécessaire. Leurs critiques procédant de la logique absolue et des principes rigoureux, font antithèse aux expédients de l'opportunisme. Enfin une démocratie que ne tourmenterait pas ce levain du radicalisme, qui n'aspirerait pas sans cesse à la réforme et au progrès se figerait bien vite dans l'immobilité et l'impuissance comme la démocratie chinoise. Elle se cristalliserait dans un utilitarisme désolant et stérile.

Ce danger n'est pas à craindre en France où vous ne manquerez jamais de radicaux, car vous êtes, malgré vous, des idéalistes incorrigibles et des logiciens impénitents. Prenez garde seulement de tout brouiller et de renverser les rôles. Le radicalisme est excellent à la condition qu'il demeure dans l'opposition. C'est le fouet qui excite l'attelage gouvernemental; mais ce fouet ne saurait tenir l'emploi des chevaux ni celui du cocher. Qui dit radical dit le contraire d'un homme d'État et *vice versa*.

NEUVIÈME LETTRE

LA CHAMBRE DES DÉPUTÉS

M. FLOQUET

Il est deux heures précises. Depuis cinq minutes, des soldats font la haie dans la salle des Pas-Perdus. Tout à coup le tambour bat aux champs; la voix des officiers commande le port d'armes. Du fond des galeries qui réunissent le petit Palais-Bourbon au grand, s'avance un solennel cortège, et, en tête, un petit homme aux épaules trapues, surmontées d'une tête volumineuse. Le visage est pâle, les traits forts, la bouche puissante, souriante et sardonique; les yeux bleus ont un regard franc et observateur; le tout est encadré dans une chevelure grise arrangée en toupet et des favoris courts. La tenue est élégante et irréprochable, toute affectation en est bannie avec soin. Chapeau bas ! c'est M. Charles Floquet, le président de la Chambre des députés.

Quand il passe devant les officiers qui le saluent de l'épée, au lieu de s'incliner, il lève vers eux un regard fixe, hautain et aimable à la fois, car M. Floquet salue la tête haute, c'est sa manière.

Il prend place au fauteuil que les secrétaires et les amis entourent immédiatement. Demi-penché, nonchalamment accoudé, il écoute les petites histoires, les cancans parlementaires, il se met au courant des complots de couloir, des bavardages de bureau. Il se prépare ainsi à l'intelligence de la séance qui va s'ouvrir. On ne peut improviser la présidence d'une séance qui sera un peu chaude. C'est ce qui fait que les vice-présidents, prévenus d'ordinaire au dernier moment, privés des éléments d'information qui ne manquent jamais à un président aimable, ont l'habitude de présider si mal.

Les députés ont pris place. M. Floquet touche avec une négligence impérieuse la fameuse sonnette, une grosse cloche. Tout le caractère d'un président se révèle à son coup de sonnette. « Dis-moi comme tu sonnes, je te dirai comment tu présides. » M. Grévy sonnait majestueusement, en gros bourdon ; M. Gambetta violemment, en tocsin ; M. Brisson tristement, en glas funèbre ; M. Floquet spirituellement, en carillon.

Il se lève, il va prononcer une oraison funèbre. On pourrait publier les compliments funéraires de M. Floquet. Le volume serait moins gros que celui des oraisons funèbres de Bossuet, mais on y trouverait des modèles achevés. En quelques phrases nettes, rapides, claires, souvent émues, toujours tenues dans la note juste et proportionnée exactement à l'importance du défunt, M. Floquet a mesuré la part d'éloges qui revient au collègue. Il s'est élevé au pathétique le plus sobre, presque sublime, dans le petit discours qu'il prononça pour annoncer la mort foudroyante de M. Raoul Duval.

Des applaudissements unanimes accueillent toujours ces morceaux exquis. M. Floquet a fait mentir le proverbe : « Menteur comme une épitaphe ou une oraison funèbre. »

Puis la séance commence. Le président a la voix claire plutôt que forte, mais il possède le don de l'autorité. Il dirige vraiment les débats et souvent avec une habileté qui confine au génie ; nul mieux que lui n'a jamais su trouver le mot comique ou grave qui détourne un orage, qui dénoue une difficulté de règlement, qui apaise les colères, ramène l'orateur à la question, évite l'application des pénalités sévères et maintient la Chambre en sagesse. Depuis M. Grévy qui brillait par d'autres qualités, vous n'avez pas eu de président aussi accompli. Gambetta lui-même présidait mal. Il s'emportait, il sévissait à tour de bras; il conduisait la Chambre comme une classe d'écoliers indisciplinés. Il faisait naître les questions difficiles et les résolvait à coups de châtiments. M. Floquet ressemble à ces bons professeurs courtois et spirituels à qui suffit leur autorité personnelle et qui n'ont jamais besoin de punir.

Quand pour la première fois le nom de M. Floquet sortit d'un scrutin sur la constitution du bureau, après l'avènement de M. Brisson à la présidence du conseil, personne ne soupçonnait que ce président contesté, élu à une petite majorité, prendrait si bien possession de la place, s'identifierait tellement à la fonction qu'elle lui deviendrait comme perpétuelle et qu'on craindrait même de la lui échanger contre une plus active, de peur qu'il ne s'y installât avec moins d'aisance. Le hasard d'une élection a mis dans votre République un homme au poste qui devait le grandir. Le phénomène est rare et digne de remarque.

M. Floquet président n'est plus du reste le Floquet que l'on connaissait auparavant. Un homme nouveau est né en lui avec la fonction. M. Floquet d'autrefois portait des gilets à la Robespierre, des chapeaux à larges bords qui n'appartenaient qu'à lui. Il devait dresser des tailleurs et des chapeliers à son usage personnel, son costume retardait jusqu'à la Convention.

Qu'il est déjà éloigné ce Floquet à qui l'on attribuait le cri proféré sur le passage de notre Tzar : « Vive la Pologne, Monsieur ! » Il est vrai que le Monsieur n'appartenait pas à M. Floquet ; mais, comme tous les mots historiques, s'il n'était pas vrai il était vraisemblable. C'est ce qui en fit la célébrité.

De ce moment date la fortune politique de M. Floquet. M. Floquet voudrait ne l'avoir jamais crié. Dès qu'il n'y a pas ajouté le mot « Monsieur », qui était une offense, je ne vois pas qu'il ait à s'en désoler. Plus d'un homme d'État russe a crié « Vive la Pologne ! » et ce n'était pas, en tous cas, M. de Morenheim, qui devait s'en scandaliser, lui qui est catholique et Polonais, c'est-à-dire deux fois catholique et deux fois Polonais.

M. Floquet, dès qu'il l'a pu, a réparé cette légèreté de jeunesse. Alors qu'il était président du conseil municipal de Paris, sachant que la France devait à l'empereur Alexandre II d'avoir échappé à la guerre en 1875, il écrivit au *Rappel* une lettre dans laquelle il déclarait qu'aucun Français, quelles que fussent ses opinions politiques, ne marchandait ses sympathies au souverain ami de la France. M. Floquet a envoyé sa couronne à la tombe de notre grand Kattkoff. La Russie lui a pardonné.

M. Floquet est venu de loin au seuil de la direction suprême des affaires, où il touche.

Pendant la Commune de Paris, il prit part à la manifestation conciliante des maires devant l'Assemblée nationale, cherchant une médiation entre la loi et l'émeute. Il entra au conseil municipal pour réclamer la mairie centrale, ce dont je ne le blâme pas comme mes amis conservateurs le font, car j'ai vu fonctionner partout, au grand profit des capitales, des bourgmestres, des lords-maires, etc. Il fut aussi préfet de la Seine.

Son mariage avec Mlle Kestner, sœur de Mme Charras, de Mme Scheurer-Kestner, l'avait élevé à la fortune et en même temps à la grande aristocratie républicaine. L'idée de gouvernement croissait en lui, mais lentement, il faut en convenir.

Pour entrer à la Chambre il se signala par des programmes d'un pur radicalisme ; une fois député il prononça de longs et solennels discours, où l'on n'eût pu deviner le président aimable et attique dont je trace le portrait. M. Floquet, à la tribune, avait autrefois tout l'extérieur d'un grand orateur conventionnel, la voix tonnante, le geste ample, les mouvements de bras ; mais il ne fallait pas écouter ses phrases. Son improvisation dépassait la mesure de l'incorrection permise.

M. Floquet président a renoncé aux gilets, aux chapeaux, aux discours solennels et excentriques. Il paraît au fauteuil l'homme du monde accompli qu'il a su devenir.

L'élégant hôtel qui vit les fastes de M. de Morny, gardera la mémoire aussi des fêtes de M. Floquet. L'hospitalité de Mme Floquet est celle d'une grande dame, l'urbanité en est exquise. L'appartement officiel a conquis par elle les grâces d'un salon. Ses réceptions du Palais-Bourbon sont vraiment charmantes, artistiques autant qu'il le faut, littéraires sans aucun pédantisme, et, au milieu de tous les gens d'esprit qui s'y donnent rendez-vous, le maître et la maîtresse de la maison se distinguent par ce talent suprême qui consiste à mettre en relief l'esprit des autres.

M. Floquet se fait voir d'ailleurs à tous les rendez-vous de noble compagnie, au foyer de la Comédie-Française et à celui de l'Opéra, aux ouvertures d'expositions artistiques. Il aime toutes les choses de l'art et les personnes appartenant au monde des arts.

Les grands seigneurs de vos anciens régimes n'ont pas emporté toutes les bonnes traditions d'autrefois, votre démocratie a aussi des Mécènes.

Les grandes qualités d'urbanité, la belle tenue de sa maison, désignaient M. Floquet parmi les candidats à la Présidence de la République. N'est-il pas curieux que ce soit précisément le parti radical qui chez vous fournisse le plus de *maîtres des élégances?*

Je ne crois pas que M. Floquet ait rêvé, au cours de la dernière crise gouvernementale, la succession de M. Grévy. Il savait que M. Clémenceau, l'un des grands électeurs du Congrès, ne l'avait choisi que pour abuser M. de Freycinet, et faire le jeu de M. Sadi Carnot, passé grand favori au dernier tournant.

Une dernière épreuve est réservée à M. Floquet, celle du ministère. A voir la façon dont il subit l'avant-dernière, ses amis peuvent prétendre pour lui à des succès plus grands encore.

Jusqu'ici les présidents paisibles, sauf M. de Freycinet, qui reprend chaque fois le pouvoir de plus haut, avaient perdu toute chance dans une présidence du conseil.

M. Floquet sortira-t-il vainqueur de ce tournoi? Il ne pourra du moins y échapper. Votre Chambre actuelle ne sera pas mûre pour la dissolution avant l'essai d'un ministère Floquet.

Lui-même, malgré une répugnance légitime à changer une situation de repos contre le fardeau d'une lourde responsabilité, sait bien qu'il devra risquer l'aventure. On commence, à l'heure où j'écris, à colporter les listes de cet autre « grand ministère ». M. Floquet comprend qu'il devra se dévouer et entrer dans la fournaise. Une difficulté l'arrête. Il se méfie de sa répugnance au tracas des petites affaires ministérielles. Il lui faudra un portefeuille qui n'exige ni trop de signatures ni une somme de travail excessif; celui de la justice, par exemple. Son esprit ne manque certes pas d'activité, mais il ne se croit pas assez laborieux pour cumuler le souci de la direction générale des affaires avec les innombrables détails du gouvernement d'un ministère encombré de services et de solliciteurs.

Aucun obstacle ne viendra d'ailleurs de l'étranger, et depuis longtemps M. Floquet a signé sa paix avec la Russie.

La République a dans ce président aimable, courtois, de haute impartialité, aimé et respecté de tous les partis, même de ceux qui le redoutent, une très précieuse réserve. La Chambre, très décriée, a encore un atout magnifique dans son jeu : l'*as*, son président, M. Floquet.

DIXIÈME LETTRE

CHAMBRE DES DÉPUTÉS

LES GROUPES

A quoi servent les groupes? — A diviser la Chambre. — Et puis encore? — A rendre plus difficile la confection des ministères. — Et après? — A les rendre plus fragiles. — Et enfin? — A créer une quantité de petits bureaux, indépendants du grand bureau, à multiplier les présidents, les vice-présidents, les secrétaires et les questeurs.

Y a-t-il beaucoup d'institutions humaines et parlementaires qui soient mieux justifiées?

Si la Chambre n'était pas ainsi divisée, la politique serait trop simple, les ministères trop durables, la vie parlementaire trop monotone. Et alors que deviendraient les ambitions? N'est-il pas admis que la politique est une carrière d'ambitions, que le parlementarisme a été imaginé, dans le grand phalanstère social, pour donner le plus de satisfaction possible au plus grand nombre de gens férus de cette passion que Fourier n'a pas cataloguée, je crois, et qui consiste à être comblé d'avanies dans l'exercice d'une puissance illusoire et éphémère?

Il ne peut pas y avoir plus de huit ou dix membres à la fois dans un ministère. C'est bien peu pour un Parlement qui comprend plus d'un millier de membres, Sénat et Chambre réunis. On a bien inventé les sous-secrétariats d'État, afin de calmer à moitié les impatiences trop ardentes, mais cela ne suffit pas. Aussi est-on obligé de renverser les ministres, afin que le tour de faveur revienne plus souvent.

Il y a aussi les places de présidents, vice-présidents, secrétaires et questeurs; mais, outre que presque toutes sont gratuites, ces charges sont annuelles et réservées à un très petit nombre de privilégiés.

Cela ne suffisait donc pas encore. En attendant leur tour de ministres, leur semaine de pouvoir, les députés ont imaginé de créer, au sein du Parlement, le plus grand nombre possible de petits parlements intimes, où ils se distribuent des honneurs et des candidatures aux prochains portefeuilles, que les groupes s'entendront entre eux pour rendre vacants le plus tôt possible.

Telle est l'origine et l'utilité des groupes. Il s'ensuit que la confection d'un ministère constitué par le président de la République est une opération semblable à celle d'un cuisinier chargé de préparer un mets très compliqué, une timbale Bontoux ou une salade japonaise, par exemple. Le travail d'un pharmacien, quand il exécute une ordonnance très savante, rédigée par un docteur fort sur le *Codex*, représente aussi fidèlement la mission d'un chef d'État parlementaire en temps de crise. La politique, la cuisine transcendante et la pharmacie sont trois arts jumeaux par les procédés et les résultats : beaucoup de peine pour aboutir à une drogue.

De même qu'un cuisinier a devant lui ses casseroles où mijotent des sauces variées, de même qu'un pharmacien a étiqueté ses remèdes, le président de la République doit posséder la nomenclature exacte de ses groupes. De peur que sa mémoire ne le trahisse au moment de l'opération grave, il consulte les présidents de la Chambre et du Sénat, comme le cuisinier consulte son livre et le pharmacien son *Codex*. Alors il combine les éléments du grand œuvre. A ce groupe, il prend un filet de vinaigre, à cet autre une cuillerée de sauce écarlate, à celui-là des moules ou quelques huîtres pour orner l'assaisonnement, ici de l'opium, là du quinquina ou de la cantharide. Agi-ez, mêlez, faites bouillir et servez chaud. Heureux si la drogue n'est pas vénéneuse ou le mets indigeste!

Voici à peu près les noms des groupes des députés de la Chambre française, en commençant par la droite : groupe royaliste, groupe de l'appel au peuple; deux groupes pour la droite, c'était bien peu. On a donc formé un troisième groupe avec les éléments les plus incolores des deux autres et constitué l'union des droites; il y a enfin un embryon de quatrième groupe, au centre, qui comprenait autrefois toute la France, selon l'expression de M. Prud'homme, et qui se réduit, dans cette Chambre, à peu près à M. Ribot; lui seul et c'est assez; puis le gros groupe de l'union des gauches, asile amoindri, mais encore considérable, de l'opportunisme. A gauche, la gauche radicale et l'extrême gauche, enfin le groupe socialiste, de création nouvelle. Cela fait donc un, deux, trois, quatre, cinq, six, sept, huit et neuf groupes fort bien constitués, sans parler des sous-groupes. N'admettons pas les indépendants, appelés du sobriquet de *sauvages,* qui prétendent n'appartenir à aucun groupe, ce qui ne les empêche pas, dans les grandes circonstances, de délibérer en commun, de nommer des délégués, pour s'entendre avec les autres chefs de groupe. Les indépendants se recrutent parmi les plus sages et même les plus malins, et là est la vraie pépinière des ministres, au moins pour l'instant, car dans ces groupes se jalousant, se neutralisant, se combattant, refusant de se combiner ou de se concentrer, force est bien de chercher des ministres parmi les *sauvages.*

J'essaierai de vous tracer les physionomies les plus caractéristiques de ces groupes.

A tout seigneur, tout honneur. Le plus marquant des membres de la droite est un évêque, Mgr Freppel, qui partage inégalement son temps entre son diocèse d'Angers et la Chambre. Le diocèse n'a pas, dit-on, l'avantage de la distribution du temps de Sa Grandeur.

Mgr Freppel représente un département, le Finistère. Il est donc retenu dans le parti des princes par son mandat, bien qu'il les aime peu et qu'il soit fort redouté d'eux à cause de ses opinions absolues en politique et en théologie, à cause aussi de l'indépendance de son caractère.

L'évêque d'Angers se trouve naturellement l'orateur désigné de la droite en toute question relative à la religion ou à l'éducation ; mais il prend la parole avec science et avec éclat dans une infinité d'autres questions spéciales. Très vite il a laissé de côté le genre sacerdotal et ce sont des discours, de vrais discours politiques, qu'il apporte à la tribune, et non des sermons. Travailleur acharné, à qui sa dignité interdit les plaisirs mondains, Mgr Freppel prépare, étudie avec un soin extrême toute question qu'il veut traiter. Il possède à fond la matière religieuse ou profane, aussi est-ce un des orateurs les plus écoutés de la Chambre. Sa diction est belle et vive, les arguments, les faits se pressent dans sa bouche éloquente et passionnée. Les mouvements oratoires résultent du mouvement même d'une pensée très alerte, toujours maîtresse d'elle-même.

Il prend grand soin de parler à son auditoire le langage qu'il est le mieux à même de comprendre ; il s'adresse à la raison, non à la foi. Sa parole est celle d'un député, non d'un prédicateur, et la gauche, même la plus avancée, lui accorde souvent plus de déférence même que la droite, dont il ne craint pas de heurter parfois les préjugés et les passions de parti. C'est ainsi qu'il a soutenu avec ardeur la politique coloniale de M. Jules Ferry et a mêlé plus d'une fois ses votes à ceux de M. Paul Bert.

Esprit très élevé et très pratique, Mgr Freppel jouit d'une autorité incontestée dans le Parlement.

Il pousse le zèle pour ses fonctions parlementaires jusqu'à montrer un médiocre souci de sa dignité épiscopale; il écoute avec passion les débats, il interrompt, il dialogue, il quitte sa place, il interpelle familièrement ses voisins ou ses adversaires. Il se promène dans les couloirs ou discute à la buvette comme ferait le moins qualifié des députés. Mais cette vivacité d'allures, cette simplicité d'attitude n'enlèvent rien à son autorité ni à sa gravité, elles ajoutent à la sympathie qu'il inspire et ont réconcilié bien des farouches intransigeants avec l'épiscopat français.

Mgr Dupanloup, qui siégea longtemps à l'Assemblée ou au Sénat, avait une tenue plus réservée; il intervenait plus rarement dans les débats et se gardait pour les questions religieuses; mais il avait moins d'éloquence, de facilité, moins d'action sur ses adversaires, c'était un député moins utile.

L'évêque d'Angers, originaire de Colmar, possède encore un moyen infaillible d'arracher des applaudissements unanimes à la Chambre. Il y représente, par sa naissance, nos provinces perdues. Son patriotisme, très ardent, a trouvé des accents admirables et il a pris une part très active aux débats sur les lois militaires.

S'il ne représentait pas un département royaliste qui le lie à un groupe d'opposition, s'il ne portait pas son costume, nul doute que M. le député Freppel, comme disait M. Gambetta, n'ait été, ne soit, ou ne soit prêt à devenir ministre. La République a fait de moins bons choix, et beaucoup.

A droite siège un autre évêque, beaucoup plus évêque, bien qu'il porte une redingote qui ressemble à une cuirasse : j'ai nommé M. le comte Albert de Mun.

Il a la tenue grave et sacerdotale et il ne s'oublie jamais aux familiarités si aimables de l'évêque d'Angers. Il se tient sur la réserve avec tous ses collègues ; il n'interrompt jamais ou rarement. Sans sa petite moustache militaire, il aurait la plus charmante figure et la plus angélique d'abbé ou d'évêque mondain. Son front est découvert à la manière de celui des grands prédicateurs. La tribune est pour lui une chaire ; il prononce d'une voix admirable de grands sermons, des modèles du genre. M. de Mun gouverne aussi un diocèse, plus étendu que celui de l'évêque d'Angers, celui des cercles catholiques d'ouvriers.

Quand il doit prendre la parole, une fois ou deux par année, pas davantage, les tribunes sont garnies de prêtres et de dames. On va à la Chambre comme à Notre-Dame, et le prédicateur est plus édifiant que tel dominicain renommé. Sa phrase simple et limpide se développe en un choix de mots harmonieux, c'est une musique d'église, un grand orgue, tenu par un maître. La rhétorique ecclésiastique n'a jamais eu de meilleur élève, et ce n'est pas une rhétorique froide ni compassée, mais une ardeur religieuse, une verve sacrée. Il arrive parfois que le comte Albert de Mun transporte d'admiration les plus mécréants de ses auditeurs. Seulement il n'a aucune action sur la Chambre ; on va l'écouter comme on écoute, en semaine sainte, un concert spirituel.

Et pourtant ces larges et saintes mélodies renferment un sens — tout aussi bien que ces *Harmonies* de Lamartine dont le charme s'arrête aux oreilles et qui mériteraient d'être étudiées pour la pensée magnifique qui enveloppe, comme un manteau d'azur et d'or, une divine musique. M. de Mun est l'un des plus fervents adeptes du socialisme chrétien.

Au lendemain des convulsions nationales de 1871, un petit groupe de jeunes gens, officiers pour la plupart, et parmi lesquels le capitaine Albert de Mun et le commandant de La Tour du Pin, cherchèrent ensemble l'origine et le remède des crises sociales qui venaient de déchirer la France. Ils crurent reconnaître que la Révolution française, déjà commencée par Turgot en abolissant les anciennes corporations, avait rompu le lien qui unissait les classes dirigeantes aux classes dirigées, le capital au travail, avait substitué l'antagonisme à la charité, la concurrence à la solidarité. Ils créèrent des lieux de réunion où les ouvriers se rencontraient avec les patrons, les riches avec les pauvres, non pas sur un pied d'égalité, mais chacun dans sa fonction, suivant sa hiérarchie sociale. Ils estimèrent que le seul moyen d'adoucir, de supprimer les inconvénients de ce contact d'inégalités déclarées, reconnues, avouées, c'était l'esprit de charité réciproque sous les auspices de la religion. Le Christ devenait ainsi le médiateur entre les classes rivales, le pacificateur des haines sociales.

Accueilli d'abord, comme toute innovation, avec

quelque méfiance par le haut clergé, le socialisme chrétien couvrit bientôt toute la France, et beaucoup d'œuvres religieuses en prirent naissance, notamment celle du patronat chrétien.

Sur les principes dont M. de Mun était l'éloquent vulgarisateur, des usines se construisirent, vrais phalanstères mystiques, comme celle de M. Léon Harmel au Val-des-Bois.

La constitution des cercles n'était qu'un acheminement au rétablissement, sous une forme moderne, de la corporation.

En contemplant l'œuvre de ces jeunes apôtres, il est impossible de ne pas songer à la réunion fondatrice de la Compagnie de Jésus, tenue à Montmartre, il y a trois siècles, sous la présidence d'un autre mondain, Ignace de Loyola. Eux aussi, pour combattre l'hérésie de la Réforme, le grand danger de leur temps, fondèrent une immense association, ou plutôt une milice sacrée qui couvrit la terre, milice sacerdotale mais séculière, dont l'œuvre est connue. Les temps ont marché. La milice du nouvel Ignace est laïque ; c'est un tiers ordre ; comme l'autre elle inquiète les évêques, et elle s'est placée sous le patronage de sa devancière, car les Jésuites sont les maîtres de M. de Mun et les protecteurs de ses entreprises.

Or, M. de Mun descend d'Helvétius !

Quand il n'est plus à la tribune, quand il oublie sa haute mission, le comte Albert de Mun est le plus charmant, le plus gai des causeurs, j'allais dire des convives, car les adhérents des cercles ont leurs agapes modestes et fraternelles, dans un humble restaurant du noble faubourg.

M. le comte de Chambord avait chargé jadis le brillant orateur d'organiser des conférences royalistes et catholiques, M. le comte de Paris ne lui a pas renouvelé le mandat. Néanmoins M. de Mun lui reste fidèle, quoique la politique soit officiellement l'ennemie de l'œuvre des cercles.

Mgr Freppel et M. de Mun représentent à la Chambre le catholicisme militant, le catholicisme avant tout ; mais, je vous l'ai dit, le plus catholique des deux c'est le plus laïc. Tous deux font honneur à la tribune et à l'éloquence française.

Le président du groupe royaliste c'est M. le duc de Larochefoucauld-Doudeauville, duc de Bisaccia avant la mort de son frère aîné. Je vous ai tracé dans le *Grand Monde* le portrait de ce jeune et sympathique seigneur. Il ne prend la parole que pour prononcer des déclarations solennelles, au nom du parti, ou pour lancer des interruptions dont l'esprit est emprunté aux journaux bien pensants. Sa haute courtoisie, sa belle prestance, la générosité de son caractère, l'usage princier qu'il fait d'une immense fortune, lui ont valu le respect et la sympathie de tous. Des applaudissements unanimes ont salué une de ses interruptions lorsqu'il déclara adopter les enfants d'un insurgé de Decazeville détenu sous les verrous. Représentée par un si noble personnage, la politique royaliste fait grande figure à la Chambre, M. le comte de Paris accorde au duc de Doudeauville plus de confiance que ne faisait M. le comte de Chambord.

Les impérialistes sont présidés par M. Jolibois, ancien procureur général, ancien préfet, ancien conseiller d'État sous l'Empire. Orateur puissant, habile au réquisitoire, rompu aux roueries de la procédure parlementaire, c'est un très solide chef de parti. Sa bouche largement fendue, son visage à l'expression presque cruelle, prêtent à ses discours incisifs une force terrible. On le redoute plus qu'on ne l'aime. Esprit convaincu, ardent au prosélytisme, il est césarien jusqu'aux moelles. Suffrage universel, parlementarisme, questions de toutes sortes, il ne les admet, ne les comprend, ne leur donne droit d'asile en son appréciation et en son jugement que dans la forme qui se rapporte à son opinion unique : le césarisme.

Le grand directeur des droites est M. le baron de Mackau, ancien chambellan de l'Empire, riche propriétaire de l'Orne, bel homme à la figure douce, aux manières élégantes et polies. Il concilie, aujourd'hui, l'orléanisme, l'impérialisme et le catholicisme également mitigés, c'est un conciliateur. Il ne parle guère que dans son groupe, mais sa politique insinuante exerce une grande action sur les droites. Il prit sous son patronage le ministère Rouvier, et aujourd'hui il se concerte avec M. Jules Ferry. Il a fait descendre son parti des hauteurs de la politique de principes pour le faire entrer dans la lice. Il a donné à la droite, par ses alliances ou ses coalitions, une grosse part d'influence dans la République. Il a contribué à la défaite de tous les ministères, à la confection d'un seul, dont la courte existence fut plus fatale à la République que la ruine de tous les autres. En entrant à l'Élysée au moment de l'intrigue Ferry-Rouvier, il y apporta l'annonce de la prochaine déchéance. J'ai parlé du légendaire petit homme rouge des Tuileries, il a joué le rôle de grand homme gris de l'Élysée. Le jour où il reviendra, les jours du Président de la République, quel qu'il soit, seront comptés.

Il a un lieutenant, un faux enfant terrible, un faux excentrique, un faux fantaisiste, M. Paul Granier de Cassagnac. Sa figure est populaire. Il a trouvé la célébrité dans un choix d'invectives, dont le vocabulaire est restreint, mais dont il se sert fort habilement, soit à la tribune, soit dans son journal *l'Autorité*. Au rebours de son docte père, il est dépourvu de doctrine, il n'a jamais qu'improvisé. Par la cruauté de ses mots, il a rassemblé autour de son nom toute la tribu des violents.

Après avoir attaché au nom du prince Napoléon, comme une suprême injure, le sobriquet de Jérôme-Égalité, il est devenu l'ami des petits-fils de Philippe-Égalité. Que n'a-t-il pas dit contre le comte de Paris ou contre la famille d'Orléans? Quelques entrevues lui ont fait oublier tous ses griefs. M. Paul de Cassagnac se laisse séduire par les vrais princes, à la condition qu'ils prennent la peine de le faire. Si le prince Napoléon avait pris cette peine, si le prince Victor lui eût obéi, il les eût servis loyalement. Les d'Orléans obtiennent de lui aujourd'hui tout ce qu'ils veulent, même un brevet d'impérialisme.

M. Jules Ferry est en train de supplanter les autres princes dans l'affection de M. Paul de Cassagnac, et il le mérite bien! M. Paul de Cassagnac l'a appelé « le dernier des lâches », mais l'un et l'autre l'ont oublié.

M. Jules Ferry serait un César très sortable pour M. Paul de Cassagnac.

M. de Cassagnac a d'ailleurs une théorie fort commode pour expliquer et colorer ses diverses évolutions, et, puisqu'il se croit sincère, il l'est. Interrogez-le, il vous dira qu'il n'a jamais changé, qu'il est né, qu'il a vécu, qu'il mourra impérialiste, et qu'il est inébranlablement fidèle aux Napoléons. Vous connaissez l'histoire du moine Gorenflot qui, en face d'un filet de bœuf, un jour de vendredi, prononça le mémorable : *Te baptiso carpam.* M. de Cassagnac, quand il lui plaît de souper à la table d'un prétendant quelconque, prononce le *Te baptiso Napoleonem.* L'impérialiste député du Gers avait baptisé Napoléon M. le comte de Chambord, auquel il offrit de prendre pour quelques mois le ministère de l'intérieur avec mission spéciale de le débarrasser de tous les républicains gênants : « Nous les déporterons en première classe, disait-il, dans un bon pays, pourvu qu'il soit lointain, avec de bonnes dotations! Puis je rentrerai chez moi vous ayant rendu un petit service, mais n'ayant jamais renoncé à mes convictions bonapartistes! » M. le comte de Chambord, informé de la proposition, n'y répondit pas. Avec M. Jules Ferry l'entente serait plus facile, et M. de Cassagnac pourra lui fournir un jour ou l'autre un utile auxiliaire.

M. Paul de Cassagnac a soulevé beaucoup d'enthousiasmes populaires. Il a eu des partisans fanatiques, l'un deux a légué un héritage à son fils, et depuis lors il habite un élégant petit hôtel au boulevard Malesherbes. Il a épousé une très jolie jeune fille qui exerce sur son illustre mari une influence bien légitime, car elle est aussi intelligente, aussi sensée, que charmante. On a connu Mme Paul de Cassagnac, à Rome, quand elle portait encore des robes courtes, dans la famille du comte Ackar. La comtesse était fort protégée du cardinal Antonelli, elle faisait presque partie de la cour pontificale, parmi cette société cosmopolite qui encore aujourd'hui se donne rendez-vous dans la ville éternelle pour y faire de la grande politique internationale. Mme Paul de Cassagnac a donc été élevée dans un milieu clérical et diplomatique. Elle a tempéré les fougues de son mari et l'a encouragé dans un superbe scepticisme qu'il a nommé le *solutionnisme*. Elle est parvenue, non sans peine, à le faire renoncer à l'habitude des duels; elle a cherché à le dépouiller de ses goûts fantaisistes et elle a réussi.

La réputation d'orateur acquise par M. Paul de Cassagnac se soutient surtout à la lecture de ses discours très étudiés. Ses improvisations sont lourdes; mais il les sauve par des interruptions qu'il excelle à provoquer; ses ripostes s'adaptent parfois à l'interrupteur comme des bottines d'inquisiteur. En constatant leur cruauté voulue on peut reprocher à ces ripostes une certaine lenteur. Elles sont à coup sûr moins promptes que ne le sont celles de son épée. Est-ce pour que la menace demeure plus longtemps suspendue sur la victime? Peut-être, mais elles ont plus de force et d'imprévu à l'*Officiel*, où les pauses ne sont pas marquées.

Tel qu'il est, avec ses défauts, M. de Cassagnac inspire à ses collègues de la droite une sorte de terreur qui ressemble singulièrement à de l'autorité. C'est un chef d'orchestre dont les grands bras commandent ou apaisent le tumulte, qu'en style parlementaire, on appelle « les chahuts » ! Il gourmande les tièdes, réprime les imprudents, bafoue les indisciplinés. On le craint, sa grande taille massive, ses moustaches en croc, ses cheveux retroussés, son teint olivâtre, sa voix bruyante en imposent. Il est l'épouvantail des jeunes recrues de la droite, mais après deux ou trois ans de législature, les timides s'enhardissent et chaque session de la législature apporte des résistances à sa domination.

Il a perdu auprès des cochers de fiacre une part

de sa popularité depuis qu'ils le croient moins impérialiste ; ils ne le saluent plus guère. En revanche les princes d'Orléans le traitent de puissance à puissance.

La droite compte maintes figures originales. Qui ne connaît, qui n'aime M. Baudry d'Asson, l'idole de la Vendée, l'honneur et la loyauté mêmes ? Il n'a pas visé à la célébrité par l'éclat du talent. Il parle pour ses électeurs plutôt que pour ses collègues. Son talent d'écuyer, la réputation de ses meutes, ses exploits de chasse où il a perdu sa mâchoire supérieure, le luxe de sa grande hospitalité de Fonteclose, surtout l'aventure qui fit de lui un autre Manuel et le mena au petit local, tout a contribué à rendre M. Baudry d'Asson légendaire. Mais avec le comte de Chambord la poésie du parti royaliste s'en est allée, et l'importance politique de M. Baudry d'Asson a diminué. Plus de drapeau blanc teint du sang des héros. La Vendée est obligée de faire campagne pour les geôliers de la duchesse de Berry. L'âme de la Vendée est ensevelie au froid tombeau de Castagnavizza, à Goritz. Elle palpite encore en M. Baudry d'Asson.

A côté de lui, à l'extrême droite, remarquez cette belle et noble figure, grave, aimable et d'une douceur martiale, et saluez M. Cazenove de Pradines.

Il a perdu un bras à Patay, mais son cœur est resté à Goritz, auprès de son roi bien-aimé. Ancien gentilhomme du comte de Chambord, il continue à servir la royauté, mais sa fidélité bat dans le vide.

Tous ces noms amènent celui de M. le général baron de Charette. Il ne fait pas partie de la Chambre, mais il a gardé une situation prépondérante dans la société royaliste de Paris. On accuse le général des zouaves pontificaux d'avoir pris trop aisément son parti du changement de dynastie, et d'avoir manifesté une intimité un peu plus cordiale qu'il ne convenait avec les anciens ennemis de la duchesse de Berry. Les chouans se sont pris à douter de leur héros et ceux d'Ancenis écoutent avec moins de recueillement ce qu'il leur dit dans la chanson.

En somme, il a pris sa retraite, et il ne passe plus de revues que dans les châteaux, où il est traité en prince. Sous des dehors de soldat, M. de Charette dissimule un esprit très politique et très fin.

Mais à quoi bon? Les zouaves lui ont fait récemment cadeau, par souscription, d'un domaine en Normandie. Ce sont ses invalides.

Les plus originaux des droitiers, ce sont encore les jeunes, les nouveaux, ceux qui travaillent, dégagés de beaucoup de préjugés, tout prêts à se rallier à un régime respectant leurs convictions religieuses, qu'ils placent au-dessus de tout. MM. de La Martinière, d'Allières, Piou, Georges Roches et bien d'autres étudient les questions d'affaires, les traitent avec éloquence. Encore une législature ou deux, ce seront les chefs d'une droite constitutionnelle, et ils sont destinés à jouer un rôle dans la future République.

Parmi les impérialistes, un seul a gardé la fougue d'antan, M. Cunéo d'Ornano, brave, loyale et cordiale nature, malgré ses emportements. Il se refuse énergiquement à tout compromis avec les cadets d'Orléans. C'est un césarien démocrate, qui refuse toutes les avances opportunistes. Ses doctrines se rapprocheraient plutôt des radicaux. Il parle bien, et il a renoncé aux juvéniles excentricités de sa première manière. Il ne parle plus de « pâtée » ni de « chiens », quand il s'adresse aux républicains. Il s'est montré une fois ou deux capable de discours solides et brillants.

M. Dugué de La Fauconnerie ne me pardonnerait pas de l'avoir omis. Ce qu'il déteste le plus, c'est l'oubli. Il fait tout ce qu'il peut pour y échapper. Il est toujours en scène, à la tribune, dans la presse. Il écrit, il parle, il se fait interviewer, et sans cesse le sujet des discours, des lettres, des conversations, c'est M. Dugué de La Fauconnerie.

Quoique jeune encore, il figure parmi les doyens du Parlement. A la fin de l'Empire, il siégeait au Corps législatif, à la tête de l'escadron de ce qu'on nommait les dragons de l'Impératrice. Il fit une opposition aussi brillante qu'acharnée à l'Empire libéral, personnifié par M. Émile Ollivier. Il peut dire aussi comme sa souveraine « ma guerre », en parlant de la guerre de 1870. Lorsque M. Gambetta prit des allures presque césariennes, M. Dugué se rallia à sa fortune. Ce ralliement lui coûta son siège de l'Orne. Il ne pardonna pas cet échec à la République. Aujourd'hui, il a reconquis la confiance de ses « gris pommelés », c'est ainsi qu'il nomme ses bons électeurs percherons. Son éloquence est toute rurale ; il prononce des églogues ; il veut qu'on parle de lui « sous le chaume ». Il aime à dire : « Moi, l'homme des champs. » C'est le paysan du Perche, un paysan très parisien, très boulevardier, un ami de l'homme du monde par excellence, M. Arthur Meyer.

Au demeurant, gai compagnon, esprit indépendant, dont le seul défaut est d'affirmer la finesse rustique à tout propos et hors de propos. Son unique ambition est de représenter à perpétuité ses fidèles « gris pommelés », et il ne néglige rien pour leur plaire indéfiniment. Il est sans cesse occupé à consulter sa girouette pour savoir de quel côté le vent souffle dans le Perche. Son opinion, la voilà.

En somme, la droite contient beaucoup de talents et de mérites. Si elle était dirigée par des prétendants dignes de sa valeur, elle donnerait bien du fil à retordre à la République. Malheureusement les inconstitutionnels ne peuvent rien, et ceux qui pourraient quelque chose, ceux qui s'étaient associés à la déclaration de Raoul Duval, MM. Lepoutre, Deberly, Antonin Lefèvre-Pontalis, etc., se sont laissé endoctriner par M. Jules Ferry. Entrés dans la République par une grande porte ouverte, ils s'y sont laissés cantonner dans une Bastille.

Curieuse et amusante figure que celle de l'opulent M. Antonin Lefèvre-Pontalis ! un revenant du temps des Assemblées de Louis-Philippe ! Il parle avec la solennité d'un centre gauche de 1835 ; il croit encore à la grande éloquence parlementaire, comme il se ferait hacher en morceaux pour les fictions constitutionnelles. Un doctrinaire de l'école de M. Guizot, égaré dans une démocratie. Son talent reçoit de cet anachronisme une teinte d'archaïsme.

Il joua un rôle à l'Assemblée nationale. Excellent homme, un peu gonflé dans sa richesse et dans son importance. Si vous êtes curieux de voir un revenant des anciens temps parlementaires, dépêchez-vous d'aller l'entendre; je crains bien qu'à la prochaine législature, le département du Nord le rende à ses loisirs, dont il tire profit pour des études historiques intéressantes, mais vieillottes, littérature destinée aux prix, non aux fauteuils académiques.

Nous touchons à M. Ribot, le survivant de M. Dufaure.

Son entrée à la Chambre en 1886 fit événement. Élu sans concurrent de droite ni de gauche dans le Pas-de-Calais, son élection inaugura la série des revanches retentissantes prises par les républicains dans les départements reconquis par la droite au 4 octobre 85. Quand son grand corps ondoyant, quand sa régulière et douce figure apparut, la séance fut interrompue. M. de Freycinet, alors président du conseil, se leva pour l'embrasser. Grand triomphe, justice éclatante à un beau talent longtemps méconnu. M. Ribot manquait au Parlement. La gauche avait besoin de ses avertissements et de ses conseils; la droite, du secours qu'il apporte à ses critiques. C'est le régulateur des débats parlementaires. C'est le dieu terme élevé aux confins de la droite et de la gauche, et qui en marque la séparation.

M. Ribot, ancien secrétaire général de la police quand M. Dufaure était garde des sceaux, appartenait à l'école conservatrice et libérale qui, en se séparant de l'orléanisme, apporta à la République ses premiers chefs et ses vrais fondateurs.

Homme d'une probité antique, d'une culture accomplie, il traite avec une indéfectible compétence tous les sujets d'affaires. C'est un financier très éclairé, et de plus il prononce des discours remarquables sur la haute politique. Il est universel avec des spécialités ; la question sucrière n'a pour lui plus de mystères. On pourrait lui confier n'importe quel portefeuille, celui du commerce ou celui des affaires étrangères. Il est homme d'État, c'est-à-dire qu'il connaît à fond tout le domaine de la politique en son ensemble et en ses détails. Pourtant il n'a jamais fait partie d'un cabinet, les combinaisons où l'on songeait à lui ont fatalement échoué, et sans doute il ne sera jamais ministre. Il lui manque la faculté de conclusion, la vertu active, c'est un critique. Il est mitoyen entre les conservateurs et les républicains, comme il a chance de demeurer longtemps « entre deux âges ». Toute sa vie s'écoulera dans une transition.

C'est pourquoi tous les partis républicains attendent quelque chose de M. Ribot : la flagellation des partis concurrents. A la Chambre, ce savant et honnête député joue les oncles raisonneurs et sages de l'ancien répertoire. Il s'y fait applaudir.

Il n'y a déjà plus beaucoup de distance entre l'état-major de M. Jules Ferry et M. Ribot. Je crois même que certains débris du « grand ministère », M. Martin-Feuillée ou M. Waldeck-Rousseau, sont un peu plus voisins de la droite.

L'un et l'autre ont voté contre l'exil des princes, ce dont je ne leur fais pas un crime.

Ce sont les deux bras droits de M. Ferry, qui ne manque pas non plus de bras gauches, parce que le chef de l'union des gauches est un Briarée à cent cinquante bras.

M. Martin-Feuillée et M. Waldeck-Rousseau, deux personnes pour quatre noms, ont associé leur fortune politique ; avocats tous deux, tous deux députés d'Ille-et-Vilaine, ils ont fait partie des mêmes cabinets. Ce sont les jumeaux siamois de l'opportunisme. Mais ils ne se ressemblent pas. Doctrine semblable, caractères différents, talents inégaux.

A voir M. Martin-Feuillée, à l'entendre, jamais

on ne devinerait en lui l'auteur de la loi fameuse qui a, pour de longues années, désorganisé toute la magistrature française. Il ne ressemble pas du tout à l'homme audacieux qui a porté une main hardie sur l'inamovibilité des juges, celui enfin qui a permis en ces derniers temps à la presse et au Parlement de suspecter parfois l'indépendance des gardiens de la loi. Il est probable, en effet, que M. Martin-Feuillée n'aurait pas conçu un tel dessein. Il a été l'exécuteur des décisions arrêtées au-dessus de sa tête.

C'est un gros et excellent homme, familier, ce qu'on appelle « tout rond ». Il plaide souvent et longuement dans les divers barreaux de France. Avocat utile et recherché par les clients qui veulent se donner le luxe de se faire représenter à la barre par un ancien ministre. Le luxe est abordable. A la Chambre, il parle comme on cause, non sans esprit, non sans finesse. C'est un professeur de droit qui plaît par sa bonhomie.

Tout au rebours, son copain, M. Waldeck-Rousseau, est le plus élégant, le plus compassé, le mieux peigné, le mieux vêtu des orateurs. C'est un régal rare, trop rare, qu'un discours de M. Waldeck-Rousseau. Comme il sait le prix de ses paroles, il les ménage. Il distille les doctrines les plus autoritaires dans un langage châtié, d'une forme précieuse, mais son autorité ne s'est jamais manifestée que dans son langage et dans ses votes. Ministre de l'intérieur, ce césarien gouverna comme un anarchiste. Sous lui, les bureaux furent une vraie pétaudière; chacun des directeurs tirait librement de son côté; il ne songea jamais à appliquer les lois draconiennes qu'il avait faites et contribué à faire; il n'est actif et énergique que dans ses harangues. Gambetta l'honorait d'une tendresse particulière; l'élève a fait honneur au maître, il l'a même de beaucoup dépassé dans l'art de bien dire. Il ne manque à l'éloquence de M. Waldeck-Rousseau pour être parfaite qu'un peu de flamme, un peu de modestie, un peu de négligence. Ses périodes, comme ses cheveux, sont trop bien peignées, rien ne dépasse.

M. Antonin Proust, autre élégant, survivant du « grand ministère », autre débris de l'héritage de Gambetta recueilli par M. Jules Ferry. Au début de sa carrière politique, M. Proust s'essaya dans la carrière diplomatique. Puis il se lia avec le peintre Claude Manet qui fit de lui un portrait affreux; il acheta des tableaux de l'école impressionniste, et il découvrit que sa vocation l'appelait aux beaux-arts. Il se fit le Mécène des ateliers d'où le dessin est banni, où la « tache » proscrit la couleur.

M. Proust veut doter Paris d'un musée de copies et d'une exposition permanente des arts décoratifs. Ses intentions sont excellentes; seulement, si en politique il relève de l'école autoritaire, en peinture il relève de l'école anarchique. Homme d'un commerce agréable et d'un solide talent, qui se corrigera sans doute de sa passion désordonnée pour les tableaux *intentionnistes*, quand il découvrira que sa collection n'a aucune valeur devant la postérité.

La tête la plus politique peut-être de l'opportunisme, celui qui, sous la présidence de M. Ferry, serait le ministre d'État, appartient à la religion israélite. M. David Raynal, quand il ne préside pas l'union des gauches, quand il cède la place à quelque solennel copain comme M. Ricard (de la Seine-Inférieure), dirige néanmoins la politique du groupe. M. Gambetta et M. Ferry lui conférent des portefeuilles d'affaires. Depuis il est passé au premier plan. Sa spécialité est de répondre dans la Gironde aux discours que M. Ferry a prononcés dans les Vosges, c'est-à-dire : *Tue!* quand le maître a dit : *Assomme!* La presse entière s'occupe de ces discours qui révèlent les décisions suprêmes du grand sanhédrin opportuniste.

M. David Raynal a pour émule un autre député du même département qui, lui aussi, préside à tour de rôle l'union des gauches : M. le pasteur Jules Steeg. Éloquence onctueuse, allures douces, politique sincèrement et loyalement modérée, M. Steeg est un des sages de l'opportunisme. A-t-il six collègues en sagesse? Je ne le crois pas. M. Steeg a une confiance, digne d'une belle âme, dans la droiture intentionnelle de ses chefs de groupe. Le pendant de Mgr Freppel dans la gauche.

Les pontifes de l'opportunisme ont, eux aussi, leur Éliacin. M. Emmanuel Arène, jeune député de la Corse, porte devant eux l'encensoir. Journaliste, clubman, député, orateur, joli garçon, M. Arène cumule avec élégance tous ces emplois. Arrivé à la Chambre par la grâce de M. Gambetta et la volonté de ses compatriotes, à l'âge où les journalistes rédigent encore les faits divers, le jeune député n'a épargné ni peine ni moyens pour conserver ou reconquérir un siège plusieurs fois menacé. Il désarme l'hostilité par son aimable scepticisme et son joyeux esprit.

Un jeune est encore M. Paul Deschanel, esprit particulier, original, plein de larges envolées et bien plus préoccupé de certaines « questions » touchant aux bases de la société française, que de la forme même du gouvernement, bien plus rapproché d'opinion de M. Piou, par exemple, que de M. Millerand. Pour lui la concentration des gauches est une pure chimère. Il admet la coalition possible des partisans du pouvoir électif contre le pouvoir héréditaire, c'est-à-dire des républicains contre les monarchistes ; mais c'est là tout. Occupé de politique extérieure, il est prêt à ajourner toutes les réformes en cas où elle se présenteraient comme un obstacle quelconque à notre influence internationale. Il est de ceux qui veulent avant tout reconstituer la patrie, mais qui ne croient pas qu'on peut travailler à la fois au bien public et au bien national, qui confondent le libéralisme avec une autorité à vau-l'eau, qui voient dans la recherche de la décentralisation administrative la recherche de l'organisation du gâchis. Ils veulent le pays tout entier dans les mains d'un seul, pour qu'il soit prêt plus vite à faire face à l'ennemi. M. Deschanel a une vraie valeur, un talent réel ; mais il est exagérément délicat : la démocratie non encore dégrossie l'irrite ; la médiocrité, image d'un suffrage universel non éduqué, le désespère. Plus on est jeune, plus on est impatient. On entasse des observations sévères, on les porte haut et l'on refuse au temps le loisir d'adoucir les angles brutaux.

Beaucoup de jeunes esprits ont en politique une tendance réactionnaire et en religion une tendance cléricale. Les fils des libéraux sont aujourd'hui autoritaires, ceux des voltairiens sont ultramontains. Le cycle de la pensée est-il si étroit que pour se mouvoir à nouveau près de leurs ascendants, les jeunes soient forcés de tout juger à rebours? Les hommes mûrs trouvent la jeunesse toujours illogique et répètent sans cesse : « De mon temps on pensait mieux et de tout autre façon. » C'est vrai, et ce sera toujours vrai pour ceux qui, en vieillissant, auront tourné dans le cercle des idées et verront à leur tour leurs descendants revenir au point d'où leur grand-père était parti.

M. Paul Deschanel rêve un grand parti national, supérieur aux querelles des factions, uniquement soucieux des intérêts permanents, essentiels, généreux de la patrie. Le groupement actuel des partis lui semble arbitraire et contingent, né de circonstances accidentelles et non conforme à la diversité réelle des doctrines, des principes. Beaucoup d'entre nous ont rêvé le même idéal à l'âge de M. Deschanel ; mais l'enrégimentation qui fausse les esprits individuels vient forcément tôt ou tard, les milieux n'admettant que les cotes mal taillées des doctrines ; d'ailleurs ceux qui jugent faux le classement des groupes en politique, le font d'un point déterminé qui prouve qu'eux-mêmes sont classifiables.

Je citerai encore dans le groupe M. Thomson, qui, avant M. Arène, tenait la place de Benjamin de M. Gambetta. M. Étienne, à qui les ministères de son parti aiment à confier le sous-secrétariat des colonies, homme d'affaires plus qu'homme politique. M. Jules Roche, ex-radical, célèbre jadis par ses exploits contre le clergé, à présent assagi et qui ne fait plus la guerre qu'aux chiffres du budget et aux radicaux impénitents.

Au milieu de tous ces groupes politiques, et planant au-dessus d'eux, un homme spirituel, l'indépendant par excellence, mais un indépendant nullement sauvage. L'existence de M. Andrieux est extraordinaire comme sa personne. Le 4 septembre le trouva dans une prison de Lyon, où il expiait je ne sais quel méfait politique, et l'en tira pour le nommer procureur de la République. Les comités groléens l'envoyèrent au Parlement. Les premiers ministères républicains lui conférent la préfecture de police, où il batailla avec une vigueur merveilleuse contre les radicaux, ses anciens électeurs et amis. Il était alors l'idole de l'opportunisme. C'est lui qui régla, à Paris, l'exécution des décrets et il y présida en personne avec les gants que l'on sait. Marié à une parente de Mme Jules Ferry et de Mme Charles Floquet, il possède une jolie fortune qui lui permet d'être un dilettante de la politique.

Il faut remarquer que ces alliances de famille n'ont engendré aucune alliance parlementaire. On voit bien que les députés sont souverains. Leurs unions matrimoniales n'ont pas eu plus de résultats que les unions royales. L'oncle Floquet et le neveu Jules Ferry ne s'entendent pas plus que l'oncle Frédéric-Guillaume et le neveu Alexandre II; quant au cousin Andrieux, il va de son côté, harcelant aujourd'hui M. Jules Ferry, demain M. Floquet, s'il lui plaît que cela soit.

La préfecture de police a interrompu sa carrière, non pas tant pour ce qu'il y a fait que pour ce qu'il a écrit plus tard. Aucun régime n'aime les fonctionnaires dont la mémoire est si implacable et l'esprit si aiguisé; ils font peur.

Entre la préfecture de police et les *Souvenirs* M. Andrieux avait été envoyé en mission temporaire à l'ambassade de Madrid. Il y avait réussi. C'est un homme tout à fait aimable et il s'accommodait fort de la galanterie espagnole. Un malencontreux ruban rouge, qu'une nouvelle prématurée, et probablement d'une traîtrise voulue, lui fit porter deux ou trois jours avant le décret officiel, fut cause de sa retraite.

M. Andrieux, au retour de Madrid, se fit journaliste. A présent la presse est libre et l'on n'envoie plus les journalistes à la Bastille. Ils n'ont guère gagné au change et leur vie entière suffit à peine pour expier leurs indiscrétions.

Quand il monte à la tribune M. Andrieux est certain d'être écouté ; mais comme pour ses *Mémoires*, on se venge volontiers sur lui, à la première candidature, du courage qu'il montre à révéler la vérité.

Au moment suprême, M. Andrieux s'était rallié à M. Grévy ; il faillit être chargé du ministère des dernières prières. Il avait trop d'esprit pour accepter ce sacerdoce et pas assez d'onction pour le remplir.

Où faut-il également classer M. Amagat, député de Saint-Flour ? Il entra à la Chambre au sortir d'une école de médecine ; de Montpellier, je crois, où il fit quelque tapage, comme professeur, non comme élève, bien qu'il soit très jeune. A peine arrivé à la Chambre, il commit l'étourderie de vouloir débuter par un discours ministre ; c'était trop se hâter. Jean Amagat s'est brûlé les ailes en montant trop vite et trop haut. Le discours était remarquable mais exagérément ambitieux. L'orateur avait franchi d'un bond la nuance imperceptible qui sépare le ridicule du sublime. Depuis il a parlé encore et très bien ; il est doué d'une mémoire exceptionnelle ; il classe les chiffres et les débite sans broncher ; il travaille, il sait, il a tout ce qu'il faut pour conquérir l'autorité, sauf la simplicité et le naturel. Républicain sincère, très libéral, très érudit, il n'obtient d'autres bravos que ceux de la droite. Trois ou quatre heures, qui ne sont pas tout à fait perdues, lui sont réservées dans toute discussion générale du budget. Il est indépendant avec le genre grave, comme M. Andrieux l'est avec le genre spirituel.

La gauche radicale dispute à l'opportunisme l'importance numérique et l'influence politique ; si M. Floquet ne présidait pas la Chambre il présiderait la gauche radicale. Ce groupe oppose la république libérale et ouverte à la république autoritaire et jalouse de M. Jules Ferry.

La gauche radicale a reçu l'être de M. Boysset. Il l'a fondée en février 1882 après la chute de Gambetta. Il en a été le premier président ; depuis lors, les collègues de M. Boysset lui ont conféré cette présidence à quatre reprises, la dernière fois en décembre 1886.

M. Boysset a toujours inauguré son installation au fauteuil par des discours radicaux et libéraux considérés comme des événements politiques, publiés et longuement commentés par la presse.

M. Boysset sans doute est radical, mais c'est surtout un libéral. Ses vues sont larges, son esprit généreux, la secte ne mordra jamais sur les convictions de M. Boysset; sa politique est avant tout une politique de liberté. Il ne comprend la République que par l'amoindrissement graduel de ce qu'on appelle l'État et par le développement correspondant du libre jeu des énergies individuelles syndicales et communales. Le caractère de M. Boysset a une intégralité rare. Il n'a jamais varié ni dans sa vie, ni dans son programme, ni dans sa conduite effective à travers bien des années de combat. Sa fermeté ne lui a pas enlevé l'indulgence, et à travers des convictions arrêtées il a gardé la tolérance. Je tiens en passant à lui donner une marque particulière d'estime, et je serais désolé si un mot dans le jugement que je porte sur lui pouvait lui paraître faux, car M. Boysset est l'un des hommes que j'aime le plus à questionner dans les couloirs de la Chambre. On le rencontre peu dans le monde politique, c'est un penseur et un travailleur. Écrivain de mérite, il a gardé toute sa foi dans ses idées, qu'il aime à répandre par la parole et par la plume.

Individuellement, les chefs officiels de la gauche radicale, MM. Desmons et Peytral, n'ont pas dépassé les limites de la notoriété intime de la Chambre, quoique le second ait une valeur financière de premier ordre. M. Peytral est un aimable homme, travailleur infatigable, que sa fortune et sa loyauté mettent à l'abri de toute action intéressée.

Le groupe fournit toujours au moins un vice-président au Corps législatif; généralement, ce vice-président est M. Ernest Lefèvre, rédacteur du *Rappel*, la courtoisie même. Il préside avec une soigneuse équité; il possède bien son règlement. Orateur précis, quand il monte à la tribune, ce qui lui arrive rarement, il représente très honorablement et très dignement à la Chambre le journalisme républicain. Il a fait partie de plusieurs combinaisons ministérielles qui n'ont pas abouti.

Il vote avec M. Édouard Lockroy, ancien rédacteur du *Rappel* comme lui. M. Lockroy, le premier élu de Paris, de 1885, est devenu avec l'âge un homme grave, lui qui était avec Rochefort le plus finement spirituel des journalistes. Il a occupé, sous les ministres Freycinet et Goblet, le ministère du commerce et de l'industrie; il a eu l'honneur d'attacher son nom aux règlements fondamentaux de l'Exposition universelle de 1889. M. Lockroy, malgré sa gravité récente, n'a pas beaucoup vieilli depuis le temps où il était jeune. Cela tient à ce qu'il a toujours eu l'air plus âgé qu'il ne l'était. Prématurément gris, il semble n'avoir qu'un souffle d'existence; mais je lui crois au fond une âme aussi forte qu'il a l'esprit fin. Il a épousé Mme Charles Hugo et il est devenu le tuteur des petits-enfants du grand maître, Jeanne et Georges Hugo. M. Lockroy n'a pas dit aux portefeuilles un adieu sans retour.

Son ancien collègue M. Granet mérite encore, dans le groupe, une mention particulière. Il a laissé beaucoup de souvenirs au ministère des postes et télégraphes dont il fut le titulaire. Brillant élève de Sainte-Barbe, M. Granet est entré de bonne heure dans le Parlement, où il ne fit pas un long stage avant de passer ministre. Il rédigea des journaux populaires, prononça quelques discours à sensation; son passage aux affaires a plutôt retardé qu'avancé sa carrière. On lui reproche de s'être intéressé exagérément à quelques entreprises relevant de son département. Je n'en crois pas grand'chose; mais aujourd'hui, pour arriver, il faut rester pauvre si l'on n'est pas né opulent. L'aisance brusque, si légitime soit-elle, provoque la malveillance et le soupçon.

M. Laisant, ancien officier d'artillerie, appartient à la race des fougueux; sa figure hirsute, ornée d'un farouche binocle, apparaît souvent à la tribune; le corps voûté, il lance de formidables apostrophes. Excellent garçon, en somme, il n'a d'ennemis irréconciliables que dans le conseil général de la Loire-Inférieure, où il tient tête à une majorité royaliste gouvernée par le baron de Lareinty. Son duel avec M. Ernest de La Rochette est resté fameux. Tireurs d'égale force et de premier ordre ils se sont touchés tous deux. M. Laisant reçut la balle de M. de La Rochette en plein foie; mais il avait demandé et obtenu la permission de garder son paletot. Des journaux pliés dans sa poche firent cuirasse et lui sauvèrent la vie; ils empoisonnent tant d'autres existences! M. E. de La Rochette reçut la balle de M. Laisant dans la cuisse. Le docteur Bourgeois, assisté de M. le docteur Clémenceau, témoin de M. Laisant, fut assez heureux pour extraire le projectile sur le terrain même du combat; pendant cette douloureuse opération, le brave La Rochette fumait une cigarette. Il se rétablit en quelques jours; deux mois après, il était mort.

Les questions militaires n'ont pas de secrets pour M. Laisant, c'est Bonaparte resté jacobin et capitaine d'artillerie.

Paris a envoyé à la Chambre M. Sigismond Krzyzanowski, dit Lacroix, Polonais naturalisé. M. Sigismond Lacroix a gardé la physionomie et l'accent de son pays. Ses parents, avant d'arriver en France, ont dû même s'arrêter en Allemagne, ou bien ils étaient originaires de la Pologne allemande; car M. Lacroix pourrait aussi bien passer pour Germain que pour Slave. Il fit sa réputation dans la presse radicale et au conseil municipal où il créa le groupe autonomiste, qu'il présida non sans éclat. C'est un travailleur, un érudit; il parle avec une sobre et énergique précision; ses discours méthodiques sont bourrés de faits et d'arguments. Il défend avec une implacable douceur, avec une froide logique, des thèses radicales; mais il est des accommodements avec son radicalisme. Trop instruit pour donner dans les théories absolues, il a montré en maintes occasions une rare finesse politique. Il figura pendant vingt-quatre heures dans le cabinet avorté de M. Goblet, au début de la présidence actuelle. Il faisait vis-à-vis à M. Ribot. C'était bien là de la concentration, et de la plus hardie. Et pourquoi pas? M. Ribot, toujours irrésolu, avait d'abord accepté, puis il déclina le voisinage. Le plus accommodant des deux n'eût peut-être pas été celui qu'on pense.

Le vénérable M. Madier de Montjau est à cheval sur l'extrême gauche et sur la gauche radicale. Il porte la grande barbe blanche à la mode des ancêtres de 1848. Son éloquence date aussi de cette époque. Il croit toujours défendre les émeutiers du 15 mai devant la cour de Bourges. Si ce n'était à la fois l'offenser et le grandir que de le comparer à un dieu, fût-il païen, je dirais qu'il a de commun avec Jupiter la barbe et le tonnerre. Ses grandes phrases éclatent avec des grondements, et, semblable aux artilleurs, il n'entend pas ses coups de canon. Son frère est un monsieur fort distingué, second chef d'orchestre à l'Opéra; la surdité n'est donc qu'un accident dans cette famille, quoi qu'en disent les mauvais plaisants abonnés à l'Académie nationale de musique. Mais M. Madier de Montjau, quoique sourd comme Beethoven, est aussi un musicien à sa manière. Son éloquence est toute en harmonie, une harmonie sévère, forte, bruyante. Il semble toujours dire des choses énormes; au fond il n'est pas si féroce et il protège à l'occasion les gouvernements modérés. C'est un radical de transition; j'imagine qu'il serait désolé qu'on exécutât les mesures violentes qu'il conseille.

L'économiste du groupe est M. Yves Guyot. Le maître ou le disciple, lui seul le sait! de M. Menier, le richissime chocolatier. Beaucoup de talent, une grande force de travail, ont valu à M. Yves Guyot une situation importante à la commission du budget. Pourtant il reste fantaisiste; il a des idées en abondance, mais jusqu'ici elles m'ont semblé plus originales que réalisables. Il est vrai que je suis à demi réactionnaire, quoique libéral. L'impôt sur le capital, notamment, n'a jamais guère séduit que le grand industriel, ami de M. Yves Guyot.

La plupart des indépendants, ou *sauvages*, se rattachent par la doctrine à la gauche radicale, et même ils s'en distinguent fort peu.

Au premier rang, après M. Goblet, le chef des indépendants, il faut citer M. Ferdinand Sarrien, député de Saône-et-Loire, ministre presque perpétuel, qui a passé par beaucoup de ministères. Il doit cette constance dans l'attribution des portefeuilles, moins à son talent oratoire qu'à une probité impeccable et à une rare faculté de travail. C'est un administrateur très intelligent, très juste et très ferme. On l'a accusé jadis de quelque amitié pour M. Wilson. C'est une calomnie absolue, parce que M. Sarrien n'a eu aucune relation avec M. Wilson sinon celles qui sont nécessaires et quotidiennes entre députés. Jeune encore, malgré sa tête blanche, M. Sarrien fait partie du petit nombre des ministres nécessaires partout où le portefeuille exige de la droiture, une intelligence nette et précise des questions. Causeur charmant dans l'intimité, il résout toute difficulté avec l'esprit le plus équitable et le plus conciliant. S'il n'est pas destiné à la direction suprême des affaires, il gardera longtemps une place d'honneur dans tout cabinet libéral et honnête.

M. Edmond Turquet ne siège non plus dans aucun groupe depuis qu'il a quitté le sous-secrétariat des beaux-arts. Ce sous-secrétariat, qui ressemble fort à la surintendance des monarchies, n'est vraiment guère enviable sous une république.

Les artistes, et c'est l'un des défauts sur lesquels s'appuie leur originalité, n'ont jamais été bien gouvernables, mais ont toujours été indépendants; depuis que l'esprit d'indépendance a envahi toutes les classes sociales, ils ont bénéficié du courant et gardé leur acquis, de sorte que, restant aussi avides d'encouragements, ils sont devenus rebelles à toute discipline.

M. Turquet avait-il bien l'autorité nécessaire et les facultés de critique qu'il faut pour protéger au nom de l'État la peinture, la sculpture, l'architecture, la musique et la déclamation (les lettres en France se protègent toutes seules)?

On a beaucoup ri de certaines idées de M. Turquet. Son projet de « groupes sympathiques » avait pour défaut principal celui de rappeler les escargots de même nom. La classification qu'il proposait d'adopter aux expositions organisées par l'État n'eût peut-être pas été plus arbitraire que la classification en honneur dans les salons annuels.

L'œuvre capitale de l'administration de M. Turquet, ce fut le désintéressement de l'État dans l'organisation des Salons, et la constitution de la Société des artistes français. M. Turquet a introduit la souveraineté du nombre et le suffrage universel dans les questions d'art.

Depuis que l'esthétique nouvelle a aboli ce que nos pères appelaient le goût, depuis qu'on a supprimé tout *criterium* officiel, depuis que toute école, meilleure ou pire, a été proscrite comme attentatoire aux droits du génie, sur quoi la protection de l'État pouvait-elle s'exercer? De quel droit un ministre des beaux-arts allait-il déléguer à une douzaine de personnages officiels le pouvoir de décider sans appel du mérite de telle ou telle œuvre? On s'en est remis au suffrage universel; de cette façon on n'a rien à dire. Les artistes mécontents ont le droit de ne pas envoyer leur travaux au Salon.

M. Turquet avait voulu installer le Salon triennal, une Exposition modèle où l'État aurait agi seul et à sa guise. Les artistes en république ont considéré la création comme attentatoire à leur liberté. La Société des artistes est depuis demeurée maîtresse du terrain. L'État n'intervient plus dans ses affaires que pour acheter des tableaux et des statues; c'est lui le client.

Voilà comment M. Turquet a dirigé les beaux-arts.

Les tracas et les difficultés ne lui ont pas été épargnés dans les théâtres subventionnés. Il s'est trouvé aux prises avec une caste plus irritable encore que celle des poètes. Il a dû protéger la tragédie contre la comédie et Mlle Dudlay contre les colères peu galantes de M. Coquelin aîné. L'Académie de musique lui a donné aussi quelque fil à retordre. Pauvre M. Turquet!

L'orage le plus rude qu'il subit lui vint des hauteurs de Médan; chef de la censure il porta la responsabilité de l'interdiction de *Germinal* de M. Zola. Attenter aux droits du puissant romancier, quelle audace! Et cela sous prétexte de faire respecter la morale, la concorde sociale et la force publique: quelle vétusté! M. Zola se fâcha tout rouge; les innombrables ennemis de M. Turquet firent naturellement chorus à la grande colère. Plus tard M. Spuller leva l'interdit. *Germinal* n'est pas encore joué.

D'autres mésaventures moins admissibles et moins défendables attristèrent les jours du Mécène républicain. Je jette un voile sur les faux Raphaël, achetés si cher et dont l'administration du Louvre ne voulut pas.

M. Turquet garde à présent un silence modeste; il rumine mélancoliquement les plaisanteries des petits journaux.

Où faut-il classer M. Henry Maret? Il doit être inscrit à un groupe, peut-être à l'extrême gauche. C'est tout de même un indépendant, rebelle à toute discipline. Combien je m'intéresse à ce visage étrange! De longs cheveux noirs, à la mode d'autrefois, couronnent les épaules, la barbe inculte jaillit des joues maigres, tirées et pâles. Est-ce un farouche communard, est-ce un moine? Il cumule.

Sous la Commune il exerça les fonctions, non officielles, mais périlleuses, de secrétaire de M. Henri Rochefort; sa physionomie, plus que ses crimes de plume, le désigna à la vindicte publique. On le parqua dans l'Orangerie de Versailles. Peu s'en fallut que, sur sa mine, on ne l'envoyât tout droit au poteau de Satory. Il fut protégé et sauvé par un prêtre qui avait été son professeur dans un petit séminaire. Le prêtre avait raison. Il a accompli ce jour-là une œuvre pie, une œuvre dont Dieu lui tiendra compte. Il a conservé à la société un écrivain charmant et honnête, un homme d'un talent extraordinaire, un caractère fortement trempé, une âme droite et juste; il a conservé à toutes les libertés un intrépide défenseur.

C'est pourquoi, dans son journal et à la Chambre, M. Henry Maret se trouve en contradiction perpétuelle avec tous ses amis. Il a bataillé contre l'article 7, bataillé contre les décrets, bataillé contre l'expulsion des princes. Il a aimé la liberté, non en jaloux qui ne la veut que pour lui, mais en philanthrope qui en veut distribuer à tous les bienfaits.

Il parle rarement mais avec force. Ses votes ne relèvent que de lui-même. On ne les lui dicte pas. Ses articles étincelants de verve et de bon sens fouaillent toute hypocrisie, toute tentative sournoise de petite tyrannie. Il n'est pas un de ses articles dont un honnête homme de tout parti ne tiendrait à honneur de signer la majorité des phrases.

Le radicalisme de M. Maret, c'est le libéralisme, c'est la justice pour tous, c'est ce qu'il y a de meilleur, de plus noble, de plus durable dans les conquêtes modernes.

Le député de la Seine n'est pas seulement un polémiste et un orateur fort remarquable, c'est aussi un critique d'art très compétent. Enfin sous le pseudonyme d'« Aramis », il donne à un journal littéraire des articles humoristiques que le voisinage de l'étourdissant Grimsel ne fait pas trop pâlir.

Sur presque toutes les questions M. Maret s'entend avec M. Anatole de la Forge, député de la Seine aussi, et vice-président de la Chambre.

De M. Anatole de la Forge on peut dire comme les dramaturges : « C'est une belle tête de vieillard », et de plus un noble et chevaleresque caractère d'autrefois. Il ne s'engage pas une querelle à la Chambre entre députés fougueux, on ne se décoche pas des mots amers, des témoins ne sont pas convoqués; sans qu'on ait recours à l'arbitrage de M. de la Forge. Tous les partis acceptent, sans discuter, les sentences rendues, en matière d'honneur, par ce juste, par ce délicat, pour qui l'on dirait que fut inventée l'expression « galant homme ». A lui seul il remplit les fonctions de l'ancien tribunal des maréchaux. Que de coups d'épée n'a-t-il pas épargnés! que d'égratignures au biceps ou à la partie supérieure de l'avant bras n'a-t-il pas prévenues! que de procès-verbaux ont été, grâce à lui, laissés dans les limbes!

Il a conquis cette situation spéciale par toute une vie de loyauté et de bravoure. Ses articles au *Siècle*, sous l'Empire, étaient d'un gentilhomme autant que d'un écrivain. Pendant la guerre, on sait sa belle conduite à Saint-Quentin. Il échoua plus d'une fois dans le VIIIe arrondissement de Paris aux élections législatives; mais le scrutin de liste le nomma député à vie, sans opposition.

Encore un radical avec lequel il est facile de s'entendre. C'est l'esprit le plus ouvert et le plus conciliant; lui aussi il s'est opposé à toute loi d'exception, au grand scandale des opportunistes et des prétendus modérés.

Les indépendants, unis à la gauche radicale, forment dans la République et dans la Chambre la fraction vraiment gouvernementale. Les vrais opportunistes, les voilà. Le parti qui porte encore ce nom n'est plus qu'une coterie de brise-tout.

Les vrais libéraux, il ne faut pas les demander au centre gauche, associé aux basses œuvres de M. Ferry. Ils sont avec MM. Goblet, Sigismond Lacroix, Maret, Anatole de la Forge.

Au delà, c'est l'extrême gauche. Je vous ai tracé le portrait de M. Clémenceau et de ses lieutenants ; nous sortons des régions gouvermentales pour entrer au pays des abstractions, de la logique pure, des utopies, nous y ferons d'aimables rencontres.

Jadis à la Montagne, les grandes barbes blanches étaient de rigueur. Il en reste encore quelques-unes fort vénérables, outre celle déjà mentionnée de M. Madier de Montjau, portées par MM. Barodet, Martin Nadaud, Raspail fils, qui représentent la tradition ; mais de nos jours, la Montagne elle-même s'est peuplée de muscadins. M. Laguerre, avec sa fine moustache et sa tenue élégante, porte son radicalisme en son cerveau, non en son extérieur. Du reste, quoiqu'il soit tout jeune, — pas encore trente ans — son radicalisme est encore plus jeune que lui. Il l'a adopté bien peu de temps avant de s'en servir pour entrer à la Chambre. Enfin le radicalisme « vieux jeu » était fait d'austérité, de principes et de grandes phrases à la Madier de Montjau. Le radicalisme muscadin jouit gaiement de la vie, il s'attable dans les restaurants à la mode avec les généraux populaires, il manie agréablement la langue du plus parfait scepticisme. Avocat distingué, lieutenant du général Boulanger, ami plus ou moins sincère de Rochefort, M. Laguerre concilie à la fois les bonnes grâces de la droite avec une popularité naissante. Jadis il en coûtait davantage pour jouir de la faveur des « frères et amis ». Il fallait avoir fait le voyage de Lambessa, celui de Cayenne, au moins celui de l'Orangerie à Versailles. Il suffit aujourd'hui de savoir à propos chauffer et prolonger une grève, et d'endosser gratuitement une toge devant des juges de département. M. Laguerre n'est pas de l'étoffe dont on fait les proscrits, il préfère celle dont on habille les ministres. Il le deviendra quand... IL reviendra?

M. Francis Laur, ami du général et de M. Laguerre, a adopté aussi la spécialité des grèves. Il est ingénieur et s'occupe des mines, non pour les creuser, mais pour y favoriser la suspension du travail. Pendant plusieurs mois, rien ne se passait en France ni au dehors sans que l'inévitable Laur entrât en scène! Laur était partout, à Decazeville et à Metz auprès de M. Schnæbelé. Laur intervenait, pérorait, s'agitait, écrivait. Il a modéré cette activité dévorante et l'on parle moins de Laur. Je lui crois de la valeur. S'il veut la faire admettre, il devra réparer non pas le temps perdu, mais le temps trop laborieusement employé.

Vous vous retournez, mon cher, avec quelque effroi. Rassurez-vous! La Gorgone effroyable qui vient de nous croiser, ce n'est qu'un original, M. Clovis Hugues! Sans doute, il porte les cheveux en Méduse et la barbe en Vulcain; sans doute ses petits yeux flamboyants, percés en vrille, sont surmontés trop haut de sourcils trop abracadabrants; sa peau, largement couturée, n'est pas plus blanche qu'elle n'est unie. Ce petit homme, trapu, avec sa grosse tête, figurerait bien M. Croquemitaine; et si vos babies venaient à la Chambre, ils reconnaîtraient vite M. Clovis Hugues pour l'avoir vu sauter hors de quelque boîte, la blouse noire attachée au fond. Sans doute aussi il y a des flaques de sang dans son histoire, où les épées et les revolvers ont tenu plus de place qu'il n'eût fallu. Mais on m'a dit que rien n'était curieux comme de l'écouter, au cercle des Méridionaux, quand il est en verve. La tête de Méduse se transforme. C'est un Apollon peint par un impressionniste, paraît-il. Il dit des vers, et la poésie le transfigure. L'homme terrible devient un maître dans le gai savoir, et il improvise comme un troubadour. Il ne faut pas lire ses poésies, mais les écouter récitées par lui. Le hasard l'a fait mon commensal. En république, tout arrive. Il m'a raconté, avec bonhomie, toute l'histoire de son âme, elle vaut la peine d'être entendue. Il m'a dit comment il a pris et quitté la soutane; comment, rédacteur d'un journal radical, il allait, en sa première jeunesse, au sortir de sa rédaction, se frapper le front contre la pierre des églises et faire pénitence des blasphèmes que sa plume venait de tracer; il m'a confessé croire en Dieu et même au diable, surtout au diable, car il donne furieusement dans l'hypnotisme, le magnétisme, le spiritisme, depuis que les docteurs de la science pratique ont fait surgir un *médecin* dans le poète. Il ajoute que son radicalisme est une poésie comme celui de Victor Hugo, que les misères du peuple, les colères des foules fournissent de beaux chants comme la foudre et la tempête, que l'éloquence et les vers jaillissent de la contemplation de l'absolu, que la politique d'un poète est un beau rêve, que le monde est rempli de choses douces et tristes, enivrantes et terribles qu'il est bon de traduire en strophes, d'idéaliser dans l'harmonie, et qu'au fond des plus furieuses revendications palpite une vertu divine, la charité. Ne le mesurez pas à l'aune comme de simples mortels. S'il parle à la Chambre, ce n'est pas pour entraîner une majorité ou pour devenir ministre, c'est pour vous éblouir de sa verve provençale, c'est pour colorer les débats misérables d'un rayon du soleil de Marseille, pour vous rafraîchir d'une gorgée de poésie puisée aux sources de Vaucluse, l'Hippocrène des Gaules. Il ne vous fera plus peur, vous l'aimerez.

Au delà de M. Clovis Hugues, aux dernières limites de la Montagne, je vous mentionnerai quelques solitaires; mais ils ne font pas partie de la société politique, grâce à Dieu! Les compagnons Basly, Hude, Camélinat, n'ont pas encore pris rang dans la Chambre, comme M. Martin Nadaud, l'ancien maçon, leur prédécesseur, aujourd'hui questeur. M. Martin Nadaud a gardé de ses humbles origines un parler danubien, mais il est devenu tout à fait un monsieur. Il a beaucoup de bon sens et même un certain flair politique. Les compagnons susnommés ne sont encore que des excentriques que l'on n'écoute guère et qui ne font pas peur parce qu'ils n'ont encore su rien dire qui ait le sens commun; ils ne font pas peur parce qu'ils représentent bien moins les revendications de leurs électeurs, une théorie quelconque, une ébauche de doctrine sociale, que le triomphe de l'ouvrier malin, du *sublime*, du bavard de club; les exploiteurs du peuple, ce sont ceux-là.

J'ai oublié M. le comte de Douville-Maillefeu dans ma galerie fort incomplète d'originaux. Une antithèse m'aide à réparer l'omission. Basly, Camélinat, Hude, sont des ouvriers pervertis, déjà à demi embourgeoisés. M. le comte de Douville-Maillefeu, c'est le gentilhomme voulant jouer au démagogue et outrant la démagogie de crainte qu'on lui reproche son aristocratie. Il régnerait sur les Halles si les Halles avaient aujourd'hui pour monarque M. le comte de Paris ou pour lieutenant général M. le curé de Saint-Eustache. Seulement il leur a emprunté leur langage, et ses discours ressemblent à ceux de Clairette Angot.

Il a servi dans la marine et il a quitté le service pour une vivacité de jeunesse. Sa langue et sa main ont conservé cette vivacité fâcheuse, et il est arrivé que ses incartades de couloir ont obligé M. Floquet à prendre le ton solennel et à interrompre la séance.

Bel homme, il aurait l'air distingué qui sied à son rang, s'il n'affectait l'air débraillé qui sied à son parti. A la tribune il parle comme du haut d'une borne, mais comme il parle haut, comme il manie à merveille la langue verte, il exerce sur l'extrême gauche, et non en deçà, une espèce d'action grossière mais puissante. Il ne se met pas en peine d'étudier les questions, ni de raffiner les arguments. Mais il enfourche des *dadas*, comme dit Swift, il chevauche sur les économies, sans savoir au juste lesquelles, et, à l'aide de quelques lieux communs, il a réussi à ébranler plusieurs ministères.

Affectant l'athéisme pour son compte, il a fait élever ses enfants dans la religion dite nationale de M. Hyacinthe Loyson. Il a été pendant longtemps assidu aux séances de la rue d'Assas, et si M. Loyson n'est pas devenu le pape de la France, ce n'est pas sa faute.

J'aurais tout de même plus de confiance dans l'intransigeance de M. le comte de Douville-Maillefeu que dans celle du trio Hude, Camélinat, Basly. Ceux-ci aspirent à monter, celle-là aspire à descendre.

ONZIÈME LETTRE

LE SÉNAT

La conception savante et compliquée de l'excellent M. Vallon, adoptée par M. Gambetta, par suite d'un compromis entre la gauche et le centre de l'Assemblée nationale, ne devait guère survivre, dans la pensée des républicains qui acceptèrent la constitution du Sénat, aux premiers actes de la République délivrée de la domination orléaniste.

Dans un pays où le suffrage universel doit être souverain, on ne sait guère comment justifier par une théorie l'existence d'une haute Assemblée de contrôle issue d'une élection à trois degrés, renouvelable par tiers, jouissant, sauf en matière de finance, d'une initiative et d'une autorité égales à celles de la Chambre issue du suffrage direct et universel.

On a maintes fois inscrit dans les programmes électoraux l'abolition du Sénat. Chaque fois qu'on revise la constitution, le Sénat fait une partie des frais de la revision. Mais on ne peut l'abolir sans son consentement, et il ne le donnera jamais. Puis les républicains modérés ont pris le Sénat en affection, d'abord parce qu'ils sont presque assurés d'y trouver une aide contre l'inconstance du suffrage universel, puis parce que le nombre relativement restreint des électeurs sénatoriaux permet à l'administration une influence plus efficace sur les élections; enfin parce que le Sénat aujourd'hui pourvu, et pour longtemps, d'une majorité républicaine, garantit la République contre les entreprises monarchiques toujours à craindre avec la mobilité du suffrage universel.

Lors de l'alerte du 4 octobre 1885, tous les regards se tournèrent vers le Sénat comme vers le Palladium de la République.

Le Sénat habite le beau palais du Luxembourg. Il était mieux logé encore à Versailles dans la salle élégante du théâtre de Louis XIV.

La salle provisoire n'est pas très vaste. Elle était

destinée au Sénat restreint de l'Empire. Avant le retour des Chambres à Paris, elle donna asile au conseil municipal parisien. Les échos discrets en eussent frémi si le conseil municipal d'alors eût ressemblé à celui d'aujourd'hui. Mais il ne faut pas croire que le Sénat républicain soit une assemblée languissante ; les délibérations y ont leurs tempêtes rares, mais violentes. C'est le musée ou, si l'on veut, le conservatoire de la politique ; c'est le prytanée où se réfugient ceux qui ont bien mérité de la République et que le suffrage universel a dédaignés ou menace de dédaigner. Mais ces gérontes ont encore dans les veines l'ardeur des passions politiques, et plusieurs d'entre eux manifestent une pétulance qu'on tolérerait à peine à la Chambre.

Il est vrai que M. de Gavardie a cessé de faire partie du Sénat ; depuis ce temps, les séances paraissent un peu décolorées. Vers quatre heures on est surpris de ne pas entendre la voix perçante de l'excellent sénateur lancer une de ces boutades dont il avait le secret. Mais M. Tolain reste, et c'est assez.

L'Assemblée nationale avait voulu se survivre, s'embaumer dans le Sénat, par l'institution des 75 inamovibles. Aujourd'hui on ne fait plus d'inamovibles, mais quelques-uns siègent encore, chaque jour moins nombreux, comme les médaillés de Sainte-Hélène. Ceux de la première fournée, les élus de l'Assemblée, deviennent rares.

A eux appartient le Président du Sénat, M. Le Royer.

M. LE ROYER

C'est la Suisse qui en a fait don à la République française. Quoique Français d'origine, M. Le Royer a gardé la simplicité un peu raide, un peu hautaine des citoyens de Genève.

Le 4 septembre le fit procureur général à Lyon. Lyon l'envoya à l'Assemblée nationale qui le nomma sénateur à vie. Il occupa le portefeuille de la justice en divers ministères. Jurisconsulte solide, républicain ferme, il préside le Sénat à perpétuité et le congrès aux grands jours. On songe à lui pour la présidence de la République chaque fois que la constitution ou quelque accident amènent une élection présidentielle; mais on n'insiste pas.

M. Le Royer se trouve bien sur son siège élevé. Il ne se hasarde pas à en descendre pour accepter quelque ministère fugitif. Il préfère se laisser oublier. C'est un sage.

Il accomplit dignement, correctement, une

mission qui n'est pas trop fatigante, car le Sénat siège peu. Il dirige les débats d'une voix faible mais avec expérience et autorité. Il n'est pas très décoratif, avec son visage rouge et glabre, et ses lunettes d'or. Ce n'en est pas moins un très haut personnage, dont l'avis est précieusement recueilli par le Président de la République, en toute crise ministérielle, bien qu'il soit d'usage que le Sénat n'exerce aucune action sur la vie ou sur la mort des ministères. Il fournit des ministres, mais ne les renverse ni ne les sauve.

L'histoire de M. Le Royer tient en peu de lignes, comme l'histoire des hommes et des peuples heureux.

Il se répand fort peu dans le monde. Les réceptions du Petit-Luxembourg se bornent au monde officiel. On ne le voit ni dans les salons ni à l'Opéra comme M. Floquet. En dehors des assidus des séances du Sénat — et ils sont rares — personne ne connaît M. Le Royer, si ce n'est pour l'avoir vu au travers d'une glace de carrosse, encadré de cuirassiers, les jours de gala, le 1er janvier ou le 14 juillet.

M. Le Royer est entré dans sa soixante-treizième année, mais sa vieillesse est très verte et il présidera sans doute longtemps encore la Chambre haute de la République.

DOUZIÈME LETTRE

LA DROITE

Le premier sénateur élu par l'Assemblée nationale fut aussi le premier président du Sénat, M. le duc d'Audiffret-Pasquier. Je vous ai tracé son portrait parmi ceux de l'entourage immédiat de M. le comte de Paris. Au Luxembourg, le duc Pasquier prend rarement la parole, mais c'est un événement oratoire quand il la prend. Il a gardé toute la verve, toute la jeunesse, toute l'impétuosité de son premier discours, celui qui le classa hors de pair et lui valut les honneurs académiques. Il n'a plus retrouvé le : *Vare, redde legiones*, mais de telles trouvailles ne se rencontrent pas deux fois.

Je vous passe aussi, de peur de redites, les

physionomies sympathiques et curieuses des conseillers de M. le comte de Paris, qui sont l'ornement de la Chambre haute : M. Bocher, l'orateur d'affaires qui donne aux chiffres l'éloquence, le mouvement, la vie ; M. Buffet, l'un des très grands orateurs de notre temps et de tous les temps, l'homme de bien, habile à parler, et qui se fait écouter avec respect de tous les partis.

M. Audren de Kerdrel a longtemps été vice-président du Sénat, lorsque la droite était en majorité ou en imposante minorité au Luxembourg. Grand, maigre, droit, malgré son âge, vif et ardent avec toutes les formes parlementaires, il a gardé et il défend avec jalousie les traditions de la droite monarchique et catholique. Il appartient à l'école des Falloux, des Dupanloup, des Montalembert, école un peu étroite, rigoriste, batailleuse, faisant front vers les intransigeants de la légitimité et de l'ultramontanisme, plus occupés peut-être à les tailler en pièces qu'à résister à la gauche révolutionnaire. M. de Kerdrel excelle dans les déclarations ; c'est lui qui porte la parole au nom de la droite dans les grandes circonstances ; ses déclarations sont brèves, guindées, hautaines.

Il n'a pas l'éloquence onctueuse, souple, infinie de M. Chesnelong.

M. Chesnelong traite avec une égale faconde tous les sujets, bien qu'il préfère les sujets religieux et qu'il tienne provision d'homélies. Mais il parle avec une égale facilité de l'Église, des sucres, des acquits-à-caution, des *drawbacks;* il disserte sur les finances, sur la justice, sur l'instruction publique, sur les enfants, sur les femmes, sur les vieillards, c'est le Nestor du Sénat. Mais le Sénat ne suffit pas à son éloquence, il préside une quantité innombrable de sociétés, de conférences, de comités, de réunions. Il parle partout où l'on parle, et quand il a quitté les assemblées, il parle encore à ses amis, en dînant et en se promenant; et toute parole, chez lui, est discours.

Il fait le désespoir des orateurs conviés à prendre la parole dans une réunion qu'il préside. Il ouvre, en général, la séance par une harangue d'une heure et demie. Il présente le conférencier, il expose les sujets, il lui trace d'avance tous les points de son discours, il les développe, il les reprend, il les retourne. On était venu pour écouter M. le duc de Broglie et c'est M. Chesnelong qu'on entend; puis, quand le conférencier a profité d'un essoufflement du président pour débiter son morceau qu'il est contraint d'abréger, M. Chesnelong remis, réconforté par cette interruption, profite de l'instant où l'orateur boit son verre d'eau pour se lever, pour le remercier, pour résumer ses paroles, et il résume en deux heures un discours d'une demi-heure.

Si M. Chesnelong présidait le Sénat, il remplirait toutes les séances.

D'ailleurs, il parle bien, avec correction, clarté, énergie. Quand il est possédé du dieu oratoire (je ne puis parler du démon à propos d'un si saint homme), son visage, naturellement coloré, tourne à l'incarnat le plus vif, sa bouche s'humecte afin que ses paroles glissent plus rapidement; ses gestes s'animent, il frappe la tribune, il invective, il discute, il réfute. Il ne manque à son éloquence qu'une qualité, celle d'être rare.

Sorti d'une humble famille des Pyrénées, élevé parmi les paysans, il est parvenu, par la seule force de son intelligence, à la fortune et au talent. Il s'est enrichi dans le commerce des salaisons renommées d'Orthez, et il s'est instruit de toutes choses, sans grand travail, je crois, par l'ouverture naturelle d'un esprit propre à tout comprendre, les affaires comme les idées générales. Déjà, sous l'Empire, il occupait une haute situation au Corps législatif, où il fut rapporteur général du budget. Ses convictions religieuses, très ardentes, le rattachèrent à l'Assemblée nationale au parti légitimiste. Avec M. Lucien Brun, il fut le délégué du comité de restauration, pour engager M. le comte de Chambord à transiger sur la couleur du drapeau. On sait comment il réussit ; comment, ayant mal interprété les paroles du prince, il l'amena à écrire la lettre fameuse du 28 octobre 1873, qui réduisit à néant l'entreprise de la restauration. La bonne foi absolue de M. Chesnelong ne fut jamais mise en doute ; mais probablement, tandis que le prince lui parlait, il ruminait le discours à faire, et il le faisait au gré de ses désirs. Depuis ce temps, M. Chesnelong s'est confiné surtout dans les questions religieuses. Il est devenu patriarche laïque. Au rebours de M. de Kerdrel, il n'appartient à aucune école religieuse distincte. Il plane au-dessus des petites chapelles.

Son compagnon de voyage à Salzbourg, M. Lucien Brun, est aussi froid et réservé que M. Chesnelong est exubérant. Lui aussi, né d'une humble famille, il doit au travail la position élevée et respectée qu'il occupe dans le monde politique.

Lorsque M. le comte de Chambord vivait, M. Lucien Brun le représentait au Sénat. Grand, élancé, avec une figure correcte et douce ; il parle rarement, mais avec un talent exquis. Il atteint parfois les hauts sommets de l'éloquence, sans jamais se départir de la simplicité et de la discrétion. On n'a rien à reprocher à la dignité parfaite de sa vie, à la stabilité de ses convictions religieuses et politiques. Les royalistes lyonnais, ses compatriotes, ne trouvent à redire qu'à son excessive modestie, qui le tient trop souvent à l'écart de l'action. A Paris, M. Lucien Brun ne se répand guère dans le monde ; il accepte rarement de prendre la parole en dehors du Sénat. Son nom figure pourtant dans la plupart des comités religieux ou des œuvres de charité; mais il cède volontiers à son ami M. Chesnelong son tour de parole. Universellement aimé, écouté, respecté, il n'a jamais donné que d'excellents conseils; il n'a jamais dévié d'une ligne de la voie droite tracée par ses convictions. Il fait honneur à son parti. Depuis la mort de M. le comte de Chambord, il s'est d'ailleurs retiré de la politique active. Rallié à la famille d'Orléans, il se tient discrètement à l'écart.

Autrefois, l'un des membres les plus actifs de la droite sénatoriale était M. Numa Baragnon, le dernier sénateur inamovible créé par la majorité de droite. A l'Assemblée nationale, M. Baragnon avait joué un certain rôle; sous-secrétaire d'État à la justice pendant le régime du 16 mai, c'est à lui qu'on attribua la parole : « Nous ferons marcher la France. » Gros et court, avec des traits accentués, ayant gardé cet accent méridional qui prête à l'éloquence un supplément de couleur et de saveur, il eût été un tribun comme Gambetta s'il n'eût conservé les traditions religieuses du Père d'Alzon, le maître de son enfance. Au 4 septembre même, dans sa ville natale de Nîmes, il n'avait manifesté aucune répugnance contre le régime républicain.

Il n'arriva que par degrés au rang de chef du parti royaliste, et il y fut conduit par des convictions plus religieuses que politiques. Avocat estimé, recherché, bon et serviable, il n'avait qu'à donner carrière à son grand talent oratoire. Des conseillers funestes lui persuadèrent qu'il fallait encore acquérir une grande fortune pour parvenir au suprême honneur, et il s'engagea dans des affaires douteuses. Il expia chèrement cette tentative. Il y compromit, non l'honneur demeuré sauf et indiscutable, mais cette intégrité absolue de réputation nécessaire à l'autorité morale de chefs politiques et à laquelle le talent même, si grand qu'il soit, ne supplée pas. Reconnu coupable de complaisances pour des irrégularités ou tout au moins d'un manque de clairvoyance, il ne profita certes pas de la faute. Il partagea seulement l'erreur de ces légitimistes qui voulurent vaincre le judaïsme sur son propre domaine, celui de la Banque et de la Bourse, et lui disputer la royauté de l'argent. Depuis la catastrophe du Crédit de France, M. Numa Baragnon prend rarement la parole au Sénat et il s'abstient des grandes discussions. C'est dommage pour la tribune de la Chambre haute. Sa parole avait une vigueur, un éclat, une verve incomparables. Il était de bon conseil, habile aux négociations et d'une extraordinaire activité. Homme de famille, modeste en ses goûts, demeuré provincial par son genre de vie, s'il eut le tort de se risquer en des conseils d'administration suspects, il n'y fut pas amené par le grossier appât du lucre, mais par l'illusion qu'il rendrait service à son parti. Le « enrichissez-vous » de M. Guizot n'a porté bonheur ni aux régimes, ni aux hommes d'État. Malheur à ceux qui veulent acquérir par les voies rapides!

M. le baron de Lareinty n'est pas seulement l'homme du grand monde dont je vous ai parlé dans mes précédentes lettres. Il a joué et joue encore un rôle politique. Président du conseil général de la Loire-Inférieure, sénateur du même département, il représente dans la Chambre haute le royalisme bouillant et quelque peu tapageur.

Aux derniers moments de l'échauffourée du 16 mai, M. le maréchal de Mac-Mahon songea un moment à charger M. de Lareinty de la formation d'un ministère de résistance à outrance. Personne, je crois, M. de Lareinty tout le premier, ne doit regretter que cette pensée ait été fugitive. L'excellent sénateur a des ardeurs qui s'éteignent vite. Brave comme son épée, chevalier sans peur, il se fût peut-être laissé déconcerter par les roueries de la politique. Grand seigneur des pieds à la tête, il ne compte pas un ennemi en France, pas même le général Boulanger, avec qui il eut un duel fameux d'où les deux adversaires sortirent sains et saufs, intacts d'honneur.

Une des figures les plus curieuses de la droite sénatoriale est celle de M. Soubigon, dont le costume breton a fait la célébrité. Un sénateur en petite veste et à large chapeau de chouan, c'est une rareté. Je n'ai jamais entendu dire que, outre son chapeau et sa fidélité, M. Soubigon eût quelque mérite particulier.

La droite impérialiste n'existe presque plus au Sénat, du moins les grandes illustrations qui survivent au régime n'y ont pas trouvé un refuge. Le maréchal Canrobert fait encore écouter, dans les débats militaires, son éloquence si colorée; mais il a beaucoup vieilli. Il devient de moins en moins assidu aux séances de la Chambre haute. Il est entré dans l'histoire. La maréchale, toujours jeune, toujours belle, fait encore l'ornement de quelques salons du parti, le maréchal n'y paraît plus guère. M. Béhic ne fait plus partie du Sénat. Les vieux ministres de Napoléon III n'ont plus de prytanée. Ils se sont d'ailleurs désintéressés de la politique.

Où faut-il classer M. Pouyer-Quertier? Sous l'Empire, il fit moins au régime qu'aux innovations économiques de M. Rouher une guerre acharnée. La République lui confia l'honneur et le péril de procéder à la première liquidation de la guerre, de signer les conventions commerciales et financières du traité de Francfort et de payer au vainqueur la plus lourde rançon dont l'histoire ait fait mention. Ce fut la plus noble période de la vie du sénateur de la Seine-Inférieure. Il tint tête à M. de Bismarck à table comme dans la salle du conseil, et l'extraordinaire capacité de son estomac fournit une aide puissante à la capacité de son cerveau. Qui ne connaît ce beau convive à la face large, épanouie, à l'œil narquois, dont la bouche bien fendue est sans cesse occupée à bien dire et à bien manger?

Industriel aux conceptions vastes, trop vastes;

président de conseils d'administration nombreux, trop nombreux, M. Pouyer-Quertier s'assimile avec une facilité merveilleuse les affaires, les comptes, les calculs, les chiffres. C'est le plus étonnant des comptables, et son éloquence est un grand livre, mais le plus spirituel, le plus vivant, le plus imagé de tous. Chacun de ses chiffres a une passion ; c'est un soldat qui lutte contre l'adversaire libre-échangiste, qui l'abat, qui le tue, qui l'écrase. M. Pouyer-Quertier s'intitule encore protectionniste ; c'est un euphémisme. La vérité est qu'il tient pour la prohibition absolue. Au fond, il n'a guère d'autre politique, bien qu'il siège à droite, dans les rangs des monarchistes, sans trop savoir pourquoi ni pour qui. Beau joueur politique, il sacrifia son portefeuille des finances à la liberté et à l'honneur de son ami, M. Janvier de La Motte, ancien préfet de l'Eure, traduit en cour d'assises pour excès de virements. M. Pouyer-Quertier le fit absoudre ; mais il se laissa condamner par M. Thiers. Il gagna, à ce dévouement, l'inaltérable confiance des populations normandes. Il laissera un nom historique, mais sa vie est faite d'antithèses. Le plus gai, le plus riant des hommes d'État, a attaché son nom à la page la plus lugubre de nos annales ; le calculateur impeccable est toujours embrouillé dans des affaires compliquées. Ce convive énorme mène une vie plutôt triste et inquiète.

Le centre droit se résume dans M. Paris, sénateur du Pas-de-Calais, ancien ministre des travaux publics du 16 mai, l'une des plus lucides intelligences de votre Parlement. La nature a oublié de le pourvoir d'un nez suffisant, ce qui ne l'empêche pas d'avoir un flair politique des plus rares. Il traite avec une clarté correcte et brillante les questions politiques aussi bien que les questions d'affaires. Si les partis faisaient trêve, si la chimère d'une République ouverte à tous les mérites se réalisait jamais, il faudrait confier à perpétuité à M. Paris un portefeuille d'affaires. Détaché lui-même de toute secte, sincèrement attaché à la légalité parlementaire, je suis sûr qu'il ne refuserait pas de servir à la fois la France et la République. Quel dommage qu'un si franc patriotisme, qu'un talent si élevé ornent un sénat déjà si riche en hommes éminents et qui font défaut à une Chambre où ils sont clairsemés! Député, M. Paris eût sans doute adhéré des premiers à l'œuvre patriotique de M. Raoul Duval, et il lui eût succédé avec des qualités égales bien que différentes. Il eût fourni à la République cette opposition loyalement constitutionnelle et largement équitable qui lui manque. Il l'eût pourvue de cette droite, à la fois conservatrice et républicaine, ouverte d'ailleurs à toute réforme utile, à tout progrès généreux sans laquelle elle ne trouvera jamais un équilibre bien stable.

Car le partage actuel de vos groupes républicains n'est pas de ceux qui favorisent le jeu régulier des institutions. En effet, la scission très nécessaire qui s'est produite, au lieu de mettre d'un côté comme il convient les modérateurs, de l'autre les progressistes, a divisé les forces républicaines en forces gouvernementales et en forces anarchiques. Encore le parti des gouvernementaux enferme-t-il plus d'ambitions que de principes, plus d'impatience fébrile que de sagesse prudente. Il a fourni nombre de brise-tout; on l'a vu dans les récents événements, et ses turpitudes modérées ont amoncelé plus de ruines politiques que n'ont jamais fait les anarchistes de profession.

A part quelques amis et confidents de M. le comte de Paris, la droite du Sénat n'abrite guère que des constitutionnels; mais dans la Chambre haute leur rôle demeure forcément effacé. C'est à la Chambre qu'une opposition constitutionnelle pourrait fournir une utile carrière, et elle n'y existe presque pas, ou elle n'est représentée que par une poignée de députés moins pourvus de bonne volonté que de talent et qui, depuis la mort de M. Raoul Duval, leur chef, manquent de boussole. Si le constitutionnalisme le plus pur, le plus accompli pouvait quelque chose, M. Wallon, le père de la République, aurait conservé dans les conseils de l'État une influence prépondérante.

L'historien Wallon figurera dans l'histoire à côté de Solon et de Lycurgue. Il a donné une constitution à un grand peuple.

Qui donc, parmi les auditeurs sorbonniens du professeur; qui donc, parmi ses anciens élèves de l'École normale, se fût douté que cette bouche souriante dicterait un jour des lois à la République, qu'il créerait de toutes pièces des constitutions qui dureraient treize ans et davantage? Treize ans, c'est un grand âge pour une constitution. Bien peu l'ont atteint parmi les innombrables chartes qui sont écloses chez nous depuis un siècle. Sans doute la constitution Wallon a été maintes fois remaniée déjà; on l'a profondément modifiée. Tout grand ministère en a emporté un lambeau, mais toujours suivant les règles posées par M. Wallon.

M. Wallon, père d'une constitution quelconque, le paradoxe était déjà grand; mais père d'une constitution républicaine, c'est un comble... En effet, l'honnête et pieux historien ne passait pas pour un fervent républicain. Ses ouvrages glorifiaient le temps des rois. Il a élevé un monument historique à Jeanne d'Arc. Puis il avait travaillé Bossuet au point d'en extraire une traduction complète des livres saints. Préparation singulière pour le législateur de la République.

A l'Assemblée nationale, ce bon vieillard aux lunettes d'or, à la figure effacée, ne faisait pas grand bruit. Il siégeait au banc des vieux universitaires de la droite, à côté de M. Vitet et de M. Saint-Marc Girardin. Il n'eût, je crois, jamais songé à présenter d'emblée un projet de constitution. Vous savez dans quel désarroi d'impuissance se trouva l'Assemblée nationale après qu'elle eut rejeté les lois constitutionnelles de M. le duc de Broglie, rejeté aussi les projets présentés par la gauche.

Des majorités se formaient pour tout exclure; alors M. Wallon proposa timidement un amendement à une loi repoussée en bloc. Ce n'était guère régulier; mais M. Buffet sauta, avec la complicité de l'Assemblée, par-dessus le règlement. On se raccrocha à l'amendement Wallon avec l'énergie du désespoir. Le centre droit et la gauche firent à l'élucubration du docte professeur un succès et un sort imprévus. De là sortit toute la constitution par amendements ! Rien n'est durable et solide comme un compromis, comme une transaction, comme une motion détournée et provisoire.

Du coup M. Wallon devint illustre, ministre de l'instruction publique, sénateur inamovible. Comme toute cette gloire l'éblouissait, il se réfugia dans le demi-silence de la Sorbonne, retourna à ses études. Il n'en sort guère ; il ne monte plus à la tribune. Il accomplit sans tapage ses fonctions de sénateur, et il se laisserait oublier, si l'oubli était possible pour lui.

Les guides le montrent aux étrangers ! Voilà le fondateur de la troisième République française. Washington avait, je crois, continué son rôle plus longtemps que M. Wallon ; le *W* est, paraît-il, une initiale prédestinée aux grands fondateurs de républiques modernes. Je souhaite à celle de M. Wallon même fortune qu'à celle de Washington.

Détail particulier, M. Wallon, le vieux savant, est un nageur émérite. Il a sauvé des flots une jeune fille qui se noyait sur une plage normande et ajouté une médaille de sauvetage à ses décorations. Puisse la constitution française n'avoir jamais besoin qu'il lui rende le même service !

Entre le centre droit et le centre gauche siège un jeune sénateur de l'Aisne, M. Sébline, le plus fougueux des modérés, le plus belliqueux des pacifiques. Voyez-le monter à la tribune : « Je ne veux pas passionner le débat, s'écrie-t-il d'une voix terrible; il faut calmer les passions! » et il frappe le marbre à poings furieux. « Envisageons la situation froidement », et il écume. Avec tout ce tapage, tout ce brouhaha d'une éloquence débordante, M. Sébline, ancien préfet du département qui l'envoya au Sénat, est le meilleur des hommes et, en politique, fort avisé. L'usage prolongé du parlementarisme calmera sa fougue, son éloquence se dépouillera d'une exubérance excessive, et il se fera écouter lorsqu'il renoncera à brusquer les oreilles de son auditoire.

TREIZIÈME LETTRE

LE CENTRE GAUCHE

A la Chambre, ce vieux tiers parti est représenté par un illustre débris, M. Ribot; au Sénat, il brille de quelque éclat, bien que numériquement faible.

Je vous ai longuement parlé de M. Jules Simon.

Autour de lui, délibère et s'agite un petit groupe d'orateurs éminents qui, presque toujours associés à la droite, bien que fermement républicains, pèsent d'une grande autorité dans les délibérations.

M. Léon Renault, ancien préfet de police au temps de M. Thiers, semble avoir dit un éternel adieu à l'orléanisme, ses premières amours. Lors du 16 Mai, il fit partie du fameux comité de patronage, composé de tous les chefs de groupe de la Chambre dissoute, et qui sauva la République. M. Léon Renault prononça alors d'éloquents discours, et il se signala contre les meneurs de la réaction par une ardeur d'autant plus vive que ces meneurs l'accusaient alors de nourrir un secret dépit contre le maréchal de Mac-Mahon et le duc de Broglie. On aurait omis de le mettre dans la confidence du complot et de lui réserver un portefeuille dans le ministère. Pure calomnie, sans doute ; mais si, par hasard, le fait était vrai, les conjurés avaient commis une grave faute en ne s'associant pas un homme de si haut talent, si bien fait pour rassurer les conservateurs républicains contre les suites de l'aventure. Le 16 Mai n'en est pas à une faute près.

A la préfecture de police, M. Léon Renault avait apporté les qualités maîtresses de l'emploi : un scepticisme d'avocat élégant, une indulgence supérieure pour les misères ou les vices de ce monde, une rare ingéniosité pour prévenir, étouffer ou réparer les scandales. La tradition de ces préfets classiques s'est perdue avec MM. Léon Renault et Andrieux. Leurs successeurs ont été de bons magistrats, des fonctionnaires utiles ; mais ils n'appartenaient plus intimement à ce monde qu'ils devaient protéger contre les sortes les plus diverses de périls, surveiller et régenter au besoin.

Le talent de M. Renault relève de l'école dite de la conférence Molé : correction d'académicien, chaleur d'avocat. Il sait l'art de soulever les applaudissements aux bons endroits et de conduire avec agrément les divers points d'une discussion bien ordonnée. Le suffrage universel lui fut pourtant infidèle : le suffrage restreint l'adopta, le consola et lui rendit au Sénat une place éminente dans les conseils du centre gauche. Pourtant, le barreau, où il plaide de grandes affaires civiles, l'entend plus souvent que la tribune.

Son tour de ministère n'est jamais venu et risque de ne jamais venir. C'est un homme d'entre-deux, toujours au delà ou en deçà de l'opinion dominante. Il prépara l'avènement des hommes de gauche, et il pourra peut-être un jour préparer la revanche des hommes de droite. La souplesse ne lui manque pas ; mais il sera toujours à la fois le jésuite et le jacobin de ses voisins politiques.

Dans ces parages distingués du centre gauche, nous remarquons encore la figure distinguée de M. Denormandie, la correction et l'urbanité mêmes ; il fut l'avoué des rois et le roi des avoués avant de passer au gouvernement de la Banque de France. Il employa toute la première moitié de sa vie à rédiger des rôles pour les princes et pour la crème de la société parisienne, véritable type de ces procureurs du siècle dernier, qui, à force de rendre des services aux nobles, acquéraient le privilège de devenir leur ami, leur égal, et qui constituaient, un peu au-dessous de la noblesse de robe, celle de l'écritoire. La Révolution leur donna le pas sur leurs anciens clients, sans qu'ils aient perdu la déférence traditionnelle, les manières courtoises et respectueuses qui leur faisaient pardonner leur élévation. M. Denormandie a gardé le visage, les favoris blonds, l'air discret, l'allure complaisante de ces grands avoués mondains.

Il traversa les fonctions augustes de gouverneur de la Banque de France, se tenant à sa place et dans son monde, au milieu des régents de la haute finance et du grand commerce. Au Sénat, il prend la parole dans les discussions d'affaires, où il s'exprime avec la clarté d'une requête. Au nom des républicains tempérés, il lui est arrivé aussi de défendre soit les intérêts de ses princes, soit ceux de la société. M. Denormandie, tout en devenant sénateur inamovible, tout en recevant honneurs et profits de la République naissante, n'a jamais perdu, une minute, ni la confiance, ni l'amitié des grands de la terre.

Discret comme lui, penché comme lui, bien que de moins haut, est M. Bardoux, à qui sied si bien le prénom d'Agénor, et qui excelle aussi dans la bienveillance paternelle, dans la conciliation. Il a érigé la chaude poignée de main en instrument de règne. L'Auvergne s'en glorifie comme d'un des plus brillants parmi tant d'enfants brillants que ses montagnes ont nourris de miel. M. Bardoux fait partie de toutes les sociétés qui réunissent à Paris les fils du Midi; la *Cigale,* la *Soupe aux choux*, etc. Cette extrême urbanité de manières n'est pas chez lui l'effet d'un calcul, mais l'effet d'une complaisance naturelle pour tous ses semblables. Son visage glabre, sa démarche timide, sa politesse onctueuse lui donnent parfois l'air d'un ecclésiastique habillé en laïque. Du moins, il porterait bien la soutane et même la mitre.

Il consacre ses loisirs aux plus nobles travaux littéraires et historiques. L'Académie ne manquera pas de consacrer un jour son talent. Elle a même déjà beaucoup tardé, par la faute sans doute du candidat trop modeste, trop timide. On sera contraint d'aller le chercher et de lui faire une douce violence pour l'asseoir au fauteuil. M. Bardoux a été sous-secrétaire d'État, puis ministre de l'instruction publique et des beaux-arts. Il se plaisait surtout à ces dernières fonctions, et sa bonne grâce souriante lui avait conquis le cœur de ses administrés, race pourtant difficilement gouvernable. Il eût voulu que la nature lui eût donné cent mains, comme au géant mythologique, et que l'État lui eût fourni de quoi remplir ces cent mains afin d'en faire une distribution plus complète. Parfois même il s'imaginait que vouloir c'est agir. Ainsi fit-il à un jeune et brillant artiste qu'il rencontra un soir dans les salons de son ministère. Il s'étonnait de lui voir une boutonnière vierge de décoration : « Nous allons réparer cela au prochain 14 juillet, lui dit-il, nous mettrons le feu à ce parement d'habit. » Le 14 juillet se passe, les croix pleuvaient sur toute la gent décorable, l'artiste excepté.

La distinction méritée vint plus tard, quand M. Bardoux n'était plus au pouvoir, ce qui n'empêcha pas l'ancien ministre, rencontrant à une réunion de Cigaliers, son excellent ami, de le prendre par la main et de le présenter à tous en s'écriant : « C'est moi qui ai décoré ce gaillard-là, et c'est ce que j'ai fait de mieux dans mon ministère. » L'intention vaut le fait, et notre artiste lui sut gré de sa décoration comme s'il la lui devait.

Il est impossible de ne pas estimer, de ne pas envier un homme qui, à une sincère bienveillance, joint un talent de premier ordre.

Il a pour voisin de siège et d'opinion M. Bérenger (de la Drôme), ancien procureur général, qui a gardé de ses fonctions le parler haut, l'éloquence magistrale. M. Bérenger est un travailleur infatigable, qui veille sur toutes les réformes imaginables qu'on peut infliger à toutes les sortes de codes. Autoritaire et républicain, M. Bérenger fût parvenu sous l'Empire aux situations les plus élevées. Sa carrière n'est pas finie.

La revue du centre gauche sénatorial est une revue de magistrats et d'avocats. Le groupe s'est renforcé de M. de Marcère qui a laissé d'inoubliables souvenirs au ministère de l'intérieur où il succéda à M. Ricard (de Niort), mort subitement à l'hôtel de la place Beauvau. M. de Marcère apporta le premier au ministère de l'intérieur la politique fermement républicaine, après les élections de 1876. Il fut donc en butte aux attaques passionnées de la presse de droite qui l'accusa de jacobinisme, de radicalisme, d'anarchisme. Aujourd'hui, sans qu'il ait modifié en rien sa façon de voir, il est devenu un pâle centre gauche! Il dut, en outre, dans son court passage à la place Beauvau, porter les premiers coups aux très puissants directeurs du ministère qui se flattaient de justifier l'adage : « Les régimes tombent, les bureaux restent. » Un ancien administrateur, fort au courant des choses, a qualifié, le 16 Mai « la revanche des directeurs, et notamment de M. Durangel ». Ce M. Durangel, en effet, directeur de l'administration départementale, faisait marcher la France depuis de longues années et gouvernait les préfets, suivant une règle uniforme, à travers tous les changements de ministères et même de gouvernements. La République a eu plus de peine à révoquer M. Durangel qu'à renverser l'Empire et le maréchal de Mac-Mahon. M. de Marcère a commencé cette laborieuse et courageuse entreprise, qui n'est pas encore, paraît-il, tout à fait achevée.

Depuis, M. de Marcère a été moins injustement apprécié par les conservateurs. Il a écrit plusieurs brochures sur les questions religieuses, auxquelles il porte un sérieux et vif intérêt ; comme M. Bardoux, lui aussi serait partisan du rétablissement du droit canon dans les diocèses de France, de manière à réduire l'omnipotence absolue des évêques et à réconcilier le bas clergé à la République, en lui offrant de plus amples garanties. Il fut question, un instant, d'envoyer M. de Marcère à Rome pour représenter la République devant le saint-siège. Récemment encore, l'honoré sénateur a publié dans la *Nouvelle Revue* des articles fort remarqués sur la papauté. Les catholiques s'offensèrent jadis qu'il leur eût proposé un édit de Nantes. Peut-être regrettent-ils aujourd'hui de n'avoir pas accepté l'offre alors qu'elle était sincèrement faite. M. de Marcère est un libéral sincère, une nature élevée, idéaliste même, qui a souffert plus qu'un autre des rudesses de la politique, de la déloyauté de certaines ambitions, qui gémit sur la grossièreté démocratique quoiqu'il soit un vrai démocrate, et dont la délicatesse répugne à l'étalage et à l'avidité des appétits des nouvelles couches. D'antique famille, esprit supérieur, âme haute, homme du monde, très distingué, raffiné même, il s'épouvante d'avoir à marcher sur ces premiers sols d'alluvions qui forment peu à peu le terrain des grandes démocraties, mais qui, au début, ressemblent parfois à des marécages, à des tourbières.

Le centre gauche compte encore quelques hommes éminents, comme M. Desvoisins-Lavernière, l'un des lieutenants de M. Jules Simon. L'action du centre gauche ne saurait être assez puissante, le groupe étant peu nombreux, pour déplacer la majorité ; mais le talent de ses membres prête de l'éclat à ses délibérations, et dans presque tous les grands débats politiques ce sont les sénateurs du centre qui portent la parole au nom de la droite avec qui ils font campagne.

C'est le parti des amendements. Ils en ont fait passer plusieurs qui ont atténué la rigueur des lois de combat.

Entre le centre gauche et la gauche républicaine, c'est-à-dire aux confins de la minorité et de la majorité du Sénat, siègent quelques hauts fonctionnaires de la République, ambassadeurs, généraux, magistrats, que la loi du cumul n'a pas encore atteints.

Parmi eux, l'excellent M. Teisserenc de Bort, ancien ministre, ancien ambassadeur à Vienne, qui revient d'une mission commerciale à Rome, où il s'est heurté à des impossibilités. M. Teisserenc de Bort est vice-président du Sénat. Riche propriétaire foncier de la Haute-Vienne, il a emprunté la seconde moitié de son nom à sa femme, fille de M. Muret de Bort, grand industriel à Châteauroux, qui passa au ministère du commerce sous la seconde République. M. Teisserenc de Bort veille donc avec un intérêt égal sur les intérêts du commerce et sur ceux de l'agriculture. Il eut l'honneur de représenter la France devant l'univers convié à l'Exposition de 1878. Ministre et commissaire général, il présida à l'hospitalité magnifique offerte alors aux nations par la République.

On a gardé le souvenir des fêtes qu'il donna alors, fêtes où l'art tenait la première place, car M. Teisserenc de Bort est le plus délicat des mélomanes. Bien qu'on lui ait trouvé des ressemblances avec Jacques Offenbach, il préfère la grande musique sérieuse et savante.

Ses goûts artistiques eussent dû l'acclimater bien vite à Vienne, où il fut ambassadeur. Vienne n'est-elle pas la capitale des gracieuses harmonies, la cité des arts aimables? Avec sa fortune, avec son passé d'homme du monde, avec la magnificence de ses réceptions, M. Teisserenc de Bort semblait choisi pour représenter la République auprès d'une cour aussi fastueuse que celle de Vienne.

Je n'aurai pas la cruauté de rappeler les anecdotes auxquelles la malignité viennoise se complut pendant la durée de son séjour. Ce ne fut pourtant pas la faute de M. Teisserenc de Bort si les relations n'étaient pas tout à fait cordiales entre la France et l'Autriche. M. Teisserenc de Bort fut choisi comme bouc émissaire et victime expiatoire à l'heure où l'on signait les premiers traités d'alliance entre la Prusse et l'Autriche-Hongrie. Il est permis cependant de se demander si M. Teisserenc de Bort réunissait les qualités de force, de prévision, d'observation justement nécessaires à ce poste, à cette heure grave où se jouait le sort de l'Europe.

Notre carrière ne lui a jamais réussi, car à Rome il n'a pu que constater, malgré son esprit de conciliation, l'impuissance où il se trouvait de conclure un traité avec M. Crispi. Et c'était, là encore, l'alliance austro-allemande qui le poursuivait. Il s'acquitta, cette fois, de sa mission avec une parfaite dignité, et les Italiens rendirent un éclatant hommage à sa courtoisie, à son bon vouloir et à sa compétence.

Son collègue, M. le comte Foucher de Careil, réussit beaucoup mieux à Vienne. M. Tanneguy du Châtel, qui avait succédé à M. Teisserenc de Bort, avait d'ailleurs fait cesser les plaisanteries sur nos représentants et rendu à notre ambassade son éclat traditionnel. M. le comte Foucher de Careil apportait aussi à la cour de Habsbourg le prestige d'une grande fortune, fastueusement dépensée, celui d'un très réel talent de littérateur et l'autorité d'un sénateur rompu à toutes les difficultés politiques. Comme M. Teisserenc de Bort, M. Foucher de Careil est un agriculteur émérite. En Normandie, où il possède le beau château qui domine la mer et la vallée d'Auge ; en Seine-et-Marne, où il fait grande figure à côté des opulents châtelains dont le pays abonde, M. Foucher de Careil met au premier rang de ses soucis le succès de ses élèves et de ses produits dans les comices agricoles. Votre monde politique compte un grand nombre de Cincinnatus, habiles à la charrue comme aux grandes charges publiques. M. de Falloux n'était pas le seul qui préférât les médailles des concours régionaux aux palmes de la politique. M. Foucher de Careil avait d'ailleurs emprunté à M. de Falloux d'autres traditions que celles de l'agriculture. Sous l'Empire, il l'avait suivi au célèbre congrès de Malines, où il prit la parole avec distinction ; il avait aussi donné au *Correspondant*, la revue de M. de Falloux, des études religieuses fort distinguées, où il apparaissait comme un disciple de Mgr Dupanloup. Malgré cela, il se rallia à l'Empire, dont le chef le décora de sa propre main. Mais gouvernemental avant tout, conservateur libéral dans le sens le moins étroit et le plus élevé du mot, il vint à la République dès qu'il lui parut qu'elle devenait le gouvernement du pays, et il l'a, jusqu'à présent, servie avec une fidélité qui ne s'est pas un instant démentie.

Il prit une part active aux discussions de la loi sur l'enseignement supérieur, qui restreignait les libertés octroyées en 1875, et il s'attira bravement les reproches et les railleries de ses anciens collègues du congrès de Malines.

Cependant, il ne poussa jamais la complaisance envers la République au point de s'associer à toutes ses entreprises; il s'opposa toujours aux lois d'exception, aux lois d'exil, et il donna sa démission d'ambassadeur à Vienne, lorsque le Sénat eut voté l'expulsion des princes.

Je n'oublierai pas le doyen du parlementarisme de France, M. le comte Rampon, questeur du Sénat, âgé de quatre-vingt-deux ans, qui débuta en 1836 dans les assemblées politiques et qui eût pu célébrer, il y a deux ans, ses noces d'or avec la tribune. Il n'était pas le doyen d'âge de la haute Assemblée, puisque M. Carnot père, âgé de quatre-vingt-sept ans, apportait encore à chaque ouverture de session, il y a quelques semaines, son éloquence ferme et virile. En cette longue carrière, et sous les divers régimes, le comte Rampon est demeuré fidèle à ses opinions libérales et modérées. Il tint une grande place à l'Assemblée nationale, parmi les fondateurs de la troisième République, qu'il eût toujours voulue sage et nationale.

QUATORZIÈME LETTRE

LA GAUCHE RÉPUBLICAINE

Il n'y a pour ainsi dire qu'un seul groupe dans la majorité du Sénat, la gauche républicaine. La gauche radicale existe à peine à l'état embryonnaire, et l'extrême gauche pas du tout. Ce n'est pas que le parti ouvrier manque au Sénat ; M. Tolain, M. Corbon, questeur de la haute assemblée, quelques autres encore, ont manié l'outil. Fait remarquable, vos grands artistes ne sont pas représentés au Sénat. Quand M. Meissonier songea à briguer une candidature, ce fut presque un éclat de rire. Un peintre sénateur! quelle folie! On oubliait que l'Empire avait appelé M. Ingres au grand conseil des illustrations françaises. Il semblait que la République française dût rendre au mérite éclatant tous les honneurs, et peut-être un grand artiste mêlé à une société d'élite, représentant d'ailleurs cette part du génie français où notre patrie n'a pas de rivaux, est-il aussi capable qu'un médecin ou un vétérinaire de comprendre les mystères de la politique. En revanche, on trouve tout naturel qu'un ancien ouvrier en métaux comme M. Tolain ou qu'un ex-apprenti praticien comme M. Corbon siègent dans la plus haute assemblée de l'État. Ils ont, il est vrai, appris la politique dans les clubs où les membres de l'Institut et des beaux-arts n'ont jamais mis les pieds, et le club, en temps de démocratie, c'est l'antichambre des assemblées. Seulement, MM. Tolain, Corbon et consorts sont des ouvriers assagis. Ainsi finiront les Hude, les Basly, les Camélinat. Futurs sénateurs! C'est une injure qui manque encore au vocabulaire des nouvelles couches. Le parti ouvrier au Sénat a oublié ses origines. M. Corbon loge au Palais et il s'acquitte avec une dignité sévère et scrupuleuse de ses fonctions de questeur. M. Tolain n'a gardé de son passage dans les ateliers que des habitudes d'interruptions tapageuses et des gestes violents, ses opinions n'ayant plus rien d'excessif.

La gauche sénatoriale a conservé les plus pures traditions de l'opportunisme. Là survivent les doctrines de M. Gambetta qui, ailleurs, ont un peu vieilli. Là se sont réfugiés les anciens compagnons du maître. Là domine la volonté souveraine de M. Jules Ferry.

M. Jules Ferry comptait sur l'unanimité de la gauche sénatoriale pour réussir dans l'entreprise hardie qu'il avait conduite contre M. Grévy.

Seulement, il ne faut jamais trop compter sur les sénats, ni pour défendre les constitutions ni pour les renverser. Qui se fie au Sénat pour repousser une loi audacieuse se trompe toujours. Les sénats sont institués pour voter « la mort dans l'âme ». Les amis que M. Ferry possède au Sénat ont voté contre lui la « mort dans l'âme ». Le Sénat n'est qu'un frein ; les freins n'arrêtent pas, ils retardent la machine lancée à toute vapeur. Le frein sénatorial a retardé de quelques mois l'amnistie de la Commune, l'expulsion des princes, et d'autres mesures qui lui répugnaient. Le Sénat n'empêchera rien parce qu'il sait bien que le jour où le frein deviendrait trop gênant, on le briserait.

On peut dire que le Sénat n'est que toléré par les radicaux. Cependant ils ne le dédaignent pas quand il s'agit d'y entrer ; il est vrai qu'ils se présentent avec la promesse d'entrer au Sénat pour le supprimer. C'est une promesse qu'ils n'ont aucune envie de tenir.

Le président de la gauche républicaine au Sénat c'est, si je ne me trompe, le célèbre M. Jules Cazot. La politique lui fut douce. Il donnait modestement des leçons de droit, quand il rencontra M. Gambetta dans quelques-uns de ses estaminets de jeunesse. Sa tête hirsute, sa barbe en broussaille, son air commun, garantissaient la pureté de ses convictions républicaines. Le 4 Septembre, le dictateur en fit un secrétaire général d'un de ses ministères, un collègue de Pipe-en-Bois. Tandis que Gambetta grandissait et dépouillait le vieil étudiant, M. Cazot, qui s'était plus longtemps attardé dans les brasseries; M. Cazot, répétiteur d'étudiants, c'est-à-dire étudiant à la quinzième puissance, gardait les allures et les habitudes d'un de ces réfractaires décrits par Jules Vallès. C'est ainsi que la première fois qu'il fut appelé à garder les sceaux, la nouvelle de son élection lui fut portée dans un petit café de la rive gauche où il cultivait le domino. C'était sa charrue à lui. Il demanda sans doute au dragon qui portait la dépêche s'il était bien urgent qu'il se rendît place Vendôme, et il prit le temps d'achever la partie d'où dépendait le *prix de la consommation*. Simplicité de l'âge de l'*Assommoir*!

Comme il arrive souvent à ces « réfractaires », M. Jules Cazot, ministre de la justice, voulut tout de suite passer pour homme du monde et du plus grand. Il ne put, il est vrai, jamais se résoudre à tailler ses cheveux et sa barbe, mais il se procura aussitôt un habit, ce que M. Joffrin, votre conseiller municipal, appelle si élégamment « une queue de pie », et des gants blancs. Il fut tellement satisfait de sa double emplette qu'il ne voulut plus s'en séparer, si bien qu'au jour du Grand-Prix on fut tout étonné de voir dans la tribune présidentielle, derrière M. Grévy, un ministre en habit et en gants blancs. O Brummel!

M. Cazot se signala par d'autres exploits. Son ministère fut laborieux; il assista à la démission en masse de la magistrature debout, lorsque les ordres religieux portèrent devant les tribunaux civils la légalité de l'exécution des décrets. On sait que M. Cazot avait ordonné à tous ses procureurs de soutenir l'incompétence des tribunaux civils. Presque partout, les procureurs rendirent leur toge et les tribunaux se déclarèrent compétents. Restait à trancher le conflit.

M. Cazot, juge et partie, vint en personne présider le tribunal des conflits et départager les voix incertaines entre les membres de la Cour de cassation et ceux du Conseil d'État. C'était de l'audace, beaucoup d'audace. Mais M. Cazot est un admirateur passionné de Danton. Il est vrai que son audace fut chèrement payée. Les avocats des congrégations religieuses adressèrent en face, au président du tribunal des conflits, tenant ainsi une sorte de lit de justice, les plus cruelles apostrophes. D'autant plus qu'alors les esprits étaient singulièrement excités. Le matin même où le tribunal des conflits allait rendre cette sentence mémorable et trancher une si redoutable question de droit, à Paris et dans toute la France les décrets venaient d'être exécutés contre tous les ordres que les premiers décrets n'avaient pas atteints. L'air retentissait encore du bruit des coups de hache portés dans les clôtures, du cri des femmes arrachées des chapelles, des lamentations des fidèles. Ce jour-là, M. Cazot eut du courage. Il se fit un front impassible.

On l'en récompensa en l'appelant à la plus haute magistrature de la France, à la Cour de cassation. Il n'y put achever ses jours en paix, de grosses responsabilités commerciales l'obligèrent à se démettre, afin d'empêcher que le premier magistrat de France ne fût traduit devant la justice qu'il dirigeait souverainement.

Aujourd'hui il est resté le plus fidèle lieutenant de M. Jules Ferry au Sénat. Les affaires mauvaises ont brisé sa carrière politique et judiciaire si remplie dans un si court espace de temps.

Malgré la confiance dont l'honore M. Jules Ferry, on peut dire de M. Jules Cazot que c'est un homme fini.

L'amitié de M. Gambetta poussa encore aux suprêmes honneurs un sénateur de plus large envergure, de plus haut talent : M. Challemel-Lacour.

M. Challemel-Lacour était professeur de rhétorique au lycée Louis-le-Grand, quand il refusa de prêter serment à l'Empire. Il dut errer à l'étranger, d'universités en universités, faisant admirer son talent et la rigidité de ses convictions républicaines. Les lois d'amnistie lui permirent le retour dans sa patrie, et, tout de suite, l'amitié de Clément Laurier l'accueillit, le réconforta et lui valut un bien plus précieux que tout, l'intimité de Gambetta, de Gambetta dont le renom commençait. Au 4 Septembre, on confia à M. Challemel-Lacour la préfecture de Lyon, poste brillant dont il connut bientôt les périls. Je suis sûr que M. Challemel-Lacour y regretta plusieurs fois l'exil, car l'exil vaut encore mieux que la prison, et M. le préfet était le prisonnier, l'otage des républicains dans sa préfecture. Il n'est pas bien étonnant qu'aigri par le sentiment de son impuissance unie à son mérite, il se fût oublié jusqu'au légendaire « Fusillez-moi ces gens-là! » A l'Assemblée nationale M. Challemel-Lacour se signala par de brillantes passes d'armes avec Mgr Dupanloup. Il s'opposa de toutes ses forces au vote de la loi de 1875 sur la liberté de l'enseignement supérieur. La droite elle-même rendait hommage à cette éloquence élevée, correcte, académique et forte. L'orateur a belle tenue; sa tête blanche et hautaine, surmontant une stature élevée, a un caractère antique, qu'atténue à peine la coloration bilieuse du teint. Le geste simple et aisé scande les paroles qui tombent chacune en la meilleure place et la période cicéronienne, qui se développe sans raideur. Le talent de M. Challemel-Lacour a été nourri à la bonne école.

La République fondée et affermie lui confia l'ambassade de Londres. Le choix n'était pas très heureux. Le talent ne suffit pas à un ambassadeur; il lui faut encore la tradition, la respectabilité au moins apparente de la vie; le *cant* britannique pardonne à tout ce qui se cache, à rien de ce qui se montre. En Angleterre, il est d'usage que l'ambassadeur de France à Londres marche de pair avec les plus puissants lords et qu'il sache recevoir les princes. M. Challemel-Lacour, que les obligations mondaines et officielles ennuyaient, ne demeura pas longtemps à Londres. M. Ferry lui donna alors le portefeuille des affaires étrangères dans le cabinet qu'il présidait comme ministre de l'instruction publique.

A M. Challemel-Lacour fut dévolue la tâche d'ouvrir les hostilités contre les Pavillons-Noirs. C'est alors qu'il traita la Chine de « quantité négligeable ». Une maladie d'estomac, dont souffrait visiblement le ministre des affaires étrangères, prêtait dès lors à son éloquence, toujours belle et correcte, un caractère âpre, agressif, raide, et à sa politique je ne sais quoi de cassant et de dur. M. Jules Ferry fut obligé de modifier son cabinet et de prendre lui-même le ministère des affaires étrangères. On sait comment il continua la politique de M. Challemel-Lacour. Je dis bien « continua », car c'est M. Challemel-Lacour qui avait engagé, sans déclaration et sans vote de crédit, la guerre à la Chine. C'est M. Challemel-Lacour qui avait inauguré la politique de rapprochement et d'entente cordiale avec l'Allemagne. M. Challemel-

Lacour avait été le précurseur de M. Jules Ferry, et dans les questions scolaires, et dans les questions militaires, et dans les questions diplomatiques.

A présent l'ancien ministre prend rarement la parole; il a renoncé aux grandeurs, il survit à son ami Gambetta et il médite sur les vicissitudes de la diplomatie, pour laquelle il n'était point né.

Nous avons déjà rendu visite à M. Faye, ministre de l'instruction publique et des cultes; homme aimable, conciliant, modéré, détaché des coteries, un vétéran de cette démocratie de Tarn-et-Garonne à laquelle nous devons déjà M. Fallières. Avocat distingué de son pays, digne de l'être partout, M. Faye, avant de devenir ministre, a été sous-secrétaire d'État, président de section à la Cour des comptes. Il remplit ses fonctions de grand maître de l'Université à la satisfaction des professeurs; de ministre des cultes à la satisfaction des évêques. C'est un administrateur intelligent et sage, qui fait honneur au cabinet Tirard.

Tout le monde connaît à présent la figure de M. Tirard, président du conseil, le premier, non pas que M. Carnot ait désigné, mais que M. Carnot ait réussi à porter au ministère.

Après les secousses de la crise présidentielle, il

fallait à la tête des affaires un ministre des finances qui menât à bonne fin le vote du budget de 1888; il fallait que ce ministre fût d'une probité indiscutée et indiscutable; et qu'il ne pût s'entourer que d'hommes également honnêtes, afin de ramener la République à ce que Montaigne appelle son fondement : la vertu; afin aussi qu'il y eût harmonie parfaite dans le gouvernement. Il fallait que ce ministre n'eût pas pris une part trop active dans les événements récents, aux luttes à peine apaisées, afin que son avènement ne fût pas regardé par les uns comme un triomphe, par les autres comme une défaite; car après l'unanimité du vote qui avait élevé M. Carnot à la présidence, il ne devait y avoir dans la République ni vainqueurs ni vaincus. Il fallait enfin que ce ministère n'eût pas une politique personnelle trop accentuée, qu'il ne donnât pas aux débuts de la présidence une signification trop précise, qu'il ne compromît pas de nouveau le chef de l'État.

M. Tirard était désigné. Sorti d'une boutique d'orfèvrerie en plaqué, il a gardé la rigidité du négociant correct, l'activité silencieuse d'un artisan qui a sa fortune à faire, son honneur commercial à sauvegarder. Dès la fin de l'Empire il se trouva mêlé au mouvement démocratique, et la confiance de ses concitoyens du IIe arrondissement de Paris le porta à la mairie, où il rendit de grands services. Député à l'Assemblée nationale, il traita des questions financières et commerciales avec une compétence rare, rehaussée par un talent de parole très coloré.

Il devint plusieurs fois ministre, soit du commerce, soit des finances, sans briller d'un éclat offusquant, il remplit ces postes avec une dignité froide et un peu triste. Le défaut de M. Tirard est la tristesse dans la correction et dans l'honnêteté. Il ne rit jamais, ses grands cheveux plats tombent raides comme des chiffres; sa barbe longue et grise ressemble à un nombre composé d'une série d'unités; ses yeux sont ternes comme des zéros.

Il ne se fit aucune illusion sur son prestige personnel, dès qu'il eut accepté par dévouement d'essuyer les plâtres de la jeune présidence. Il présenta un programme plus philanthropique que philosophique. Il se résigna à n'être qu'un ministre d'attente comme le budget qu'il se chargeait de défendre; mais il a su triompher des premiers obstacles, résister aux premières interpellations. A force de clarté et de bon sens il semble devoir l'emporter dans le duel qu'il soutient après tous ses prédécesseurs contre la commission du budget.

Son ministère a quelque chance de durer plus longtemps qu'on ne le croyait et qu'il ne le croyait lui-même. Après tout, la France ne se trouve pas mal d'un gouvernement qui lui assure l'ordre, l'économie, la rigidité financière, qui ne la tracasse pas, qui expédie correctement les affaires courantes, qui ne l'engage pas dans des entreprises passionnées. Un gouvernement Monthyon, a-t-on dit; eh bien! soit! vous aviez besoin de vous reposer dans un bain de vertu, cette vertu fût-elle un peu austère.

Combien différent de M. Tirard est M. Dauphin, l'ancien ministre des finances de M. Goblet! Jamais, à le voir, on ne dirait ni un financier ni un magistrat. Il était aussi étonnant comme président de la cour d'Amiens que comme ministre des finances. Il ne manque pourtant ni d'intelligence, ni de savoir, ni de compétence; seulement il est né comique. Il parle avec facilité et souplesse, mais ses intonations sont du Palais-Royal et sa mimique des Funambules. Il a le masque d'un personnage de la comédie italienne. Oh! ne lui demandez pas l'acharnement de la conviction ni la fermeté dans la thèse. Il émet son idée, mais il en sera comme vous voudrez. Si vous l'approuvez, tant mieux; si vous ne l'approuvez pas, lui, n'y tient guère. Il en a de rechange et tout à votre service. Les projets financiers de M. Dauphin ne manquaient pas d'ingéniosité, son système de la reconstitution des capitaux n'était qu'un expédient, mais un expédient habile. Chargé d'essayer un système d'impôt sur le revenu, il avait proposé, en somme, le moins vexatoire de tous, la réforme de l'impôt mobilier. Si ces projets avaient été présentés par un ministre plus sérieux, moins sceptique, moins prêt à tout, ils méritaient une étude attentive. L'orateur a fait tort aux idées. M. Dauphin a grande chance d'avoir terminé sa carrière ministérielle.

Il eût été inadmissible qu'on lui donnât, en quittant le pouvoir, quelque situation importante comme la compensation si brillante accordée à M. Magnin, aujourd'hui gouverneur de la Banque de France.

On appela longtemps M. Magnin, le « beau Magnin », et il mérite encore le surnom, malgré l'âge qui avance. Sa parole est aussi élégante que son visage; il rend les chiffres aimables. La haute position qu'il occupe très dignement n'a rien ôté à la simplicité de son accueil, à l'obligeance de son caractère. En politique, M. Magnin est un modéré, fidèle à ses premiers actes, à ses premiers engagements. Durant le siège de Paris, il prit une part considérable dans la défense, à côté de Dorian, et même aux moments les plus tragiques il ne perdit jamais cette sérénité souriante qui semble rendre tout facile et qui garde des affolements.

Mme Magnin est l'une des rares femmes de républicains de laquelle on peut dire qu'elle est quelqu'un. On peut trouver la preuve de sa personnalité exceptionnelle dans les ennemis qu'elle a et qui ne sont pas les premiers venus. Mme Magnin a beaucoup d'esprit, mais un esprit qui ne peut supporter l'incorrection en quoi que ce soit, qui a l'horreur des demi-conseils et de tout ce qui a un rapport quelconque avec l'hypocrisie; ses meilleures amies ont-elles une imperfection, un défaut, une toilette qui leur va mal, un manque d'empressement mondain, elle le leur signale sans agrémenter sa phrase, avec une rondeur qui n'appartient qu'à elle. Lorsqu'elle s'adresse à des gens sincères, elle se les attache par sa franchise, et elle les retient par la sûreté de son commerce; lorsqu'elle tombe sur des susceptibilités délicates, elle les abat du premier coup, avec l'habileté d'un bon tireur. C'est merveille de l'entendre adresser une question que nul n'ose faire, répéter tout haut ce qu'on chuchote. Très élégante, femme du monde, sa bonne grâce a une vraie saveur de sincérité.

Vous vous arrêtez, mon jeune ami, devant deux autres figures, curieuses entre toutes celles qu'offre en abondance la galerie des bustes au Sénat: vous me demandez qui est ce quaker? Inclinez-vous bien bas, c'est le vénérable M. Victor Schœlcher, l'émancipateur des nègres; cela suffit à sa gloire. Il a poussé si loin ses bienfaits pour la race noire, qu'un blanc de ma connaissance, opprimé par ses esclaves d'hier, m'affirmait que si M. Schœlcher vivait encore un quart de siècle, il serait dans l'obligation de recommencer sa campagne en faveur de l'émancipation de la race blanche. M. Schœlcher est un pontife laïque, profondément chrétien, dans le sens qu'on donne au dévouement, à la charité, à l'oubli de soi, malgré ses opinions antidéistes. Une discussion entre Victor Hugo, si croyant en l'immortalité de l'âme, et Victor Schœlcher, négateur résolu, était l'une des joutes de l'esprit les plus extraordinaires à laquelle il pût être donné d'assister.

Et cet autre, ce petit bossu, pétillant de malice, au nez busqué, qui décèle sa race: saluez encore, car c'est aussi un émancipateur, celui des ménages, l'apôtre du divorce, M. Alfred Naquet. L'histoire de M. Alfred Naquet ne commence pas avec son apostolat pour le divorce; mais cette grande œuvre a éclipsé toutes les autres gloires de sa vie politique. Avant le divorce il était connu par son originalité, par ses mots frappés en médaille. Depuis le divorce il est illustre. Il donne des consultations; on le rencontre chez les maris trompés et chez les femmes incomprises; on le recherche, on le choie, on le gâte partout où il y a un mauvais ménage. Et quand les époux infortunés lui ont dû le retour à la liberté, M. Naquet est béni par chacun d'eux comme un bienfaiteur.

Je n'en finirais pas si je voulais vous tracer le portrait de tous les sénateurs. Tous mériteraient une biographie. J'ai omis à dessein les nombreux généraux qui peuplent la Chambre haute, parce que nous les retrouverons en d'autres études.

N'oublions pas M. Cochery, qui vient d'entrer au Sénat et qui n'est pas classé encore. C'est le ministre des postes modèle. Travailleur infatigable, esprit clair, conciliant, ami sûr, M. Cochery est possesseur d'une belle fortune loyalement acquise, qui lui permet d'honorer les emplois qu'il accepte de la République et non pas d'être honoré par eux.

Je cite encore M. Testelin, sénateur, dont les citations latines ont tant de fois éveillé la belle humeur de l'ancienne Assemblée nationale. M. Testelin, avec Edmond Adam, comme lui sénateur inamovible, remplissait à l'Assemblée nationale l'office que M. Anatole de la Forge remplit à la Chambre aujourd'hui, décidant et tranchant tous deux sans appel dans les affaires d'honneur qu'ils étaient, plus que personne, autorisés à juger.

M. Peyrat, ancien directeur de l'*Avenir national*, journal qui groupa les oppositions abstentionnistes sous l'Empire, est un écrivain remarquable, un lettré, un érudit même, qui s'est confiné dans sa bibliothèque, auquel la lutte pour l'existence seule avait donné l'activité et qui, depuis un grand et somptueux mariage de sa fille, s'est laissé reprendre par ses instincts de bénédictin. Le suffrage restreint n'est pas, en somme, aussi condamnable que le pensent beaucoup de républicains. Peu à peu il opère dans votre monde politique une sélection, qui fait graviter vers la retraite sereine du Sénat les plus illustres et les plus méritants.

On ne saurait reprocher au Sénat républicain de manquer de talents. La science y fait grande figure par ses plus célèbres représentants. MM. Berthelot, Pasteur, dont la valeur n'est plus à constater, et dont la célébrité est européenne, prouvent eux aussi qu'il y a pléthore de valeurs au Sénat français, et vous savez que la pléthore est dans tous les organismes une cause d'impuissance.

QUINZIÈME LETTRE

LA PRESSE POLITIQUE

On a dit de la presse, non sans raison, qu'elle est le quatrième pouvoir. Autant de journaux, autant de tréteaux autour desquels se rassemble la foule. On discute son député, on ne discute guère son journal; on le croit, on s'en amuse, on en fabrique son esprit quotidien. Le journaliste donne le ton à toute votre société; ce n'est pas un très bon ton sans doute, mais la presse parisienne, malgré ses défauts qui vont grandissant, est encore la plus amusante, la plus vivante de toutes, et celle qui exerce sur la marche des événements la plus grande influence.

A vrai dire, il n'y a encore qu'à Paris où la

presse se pique de littérature et d'éloquence. A Paris seulement la presse compte des écrivains, des académiciens; ailleurs, c'est une profession, un métier; ici, c'est un art, un art qui a ses maîtres et qui produit des chefs-d'œuvre.

Les journalistes, chez vous, ne sont pas, comme ailleurs, de simples échos du monde politique, des reporters qui écoutent aux portes et sténographient leurs indiscrétions. La politique, ils la font tout autant que les députés; ils la préparent, ils la mâchent aux hommes d'État, ils la dirigent et ils la jugent.

Seulement, le régime de la liberté, indispensable dans une démocratie, n'est pas très favorale aux intérêts des journaux, ni à la bonne tenue de la presse. La presse est une profession libre, y entre qui veut; c'est un club permanent où toute opinion a le droit de se reproduire, bonne ou mauvaise, bien ou mal exprimée. Le pouvoir d'imprimer son avis sur des feuilles quotidiennes n'est plus le privilège d'une élite; il appartient, en somme, à tout le monde, car dans cette multitude de journaux je vois mal quel est l'homme, sachant non pas manier, mais seulement tenir une plume, qui n'ait la faculté de trouver un journal où il pourra exposer sa pensée, fût-elle la plus saugrenue du monde. Et cette faculté, combien en abusent!

Puis la concurrence a produit dans le public des besoins nouveaux. On a accoutumé le lecteur à une nourriture intellectuelle de plus en plus pimentée. Il lui faut des scandales, des historiettes, des personnalités, ce que vous appelez des « potins ». Cela complique singulièrement la tâche des hommes d'État obligés de manœuvrer au milieu des innombrables pétards que des centaines de journaux leur tirent chaque jour dans les jambes.

J'essaierai, mon jeune ami, de vous esquisser un petit nombre de figures de journalistes, les plus saillants, les plus connus, ceux qui appartiennent au monde politique. Je laisserai forcément dans l'ombre la pléiade infinie des chroniqueurs, des reporters, des interviewers, des feuilletonistes, des critiques, des bibliographes, des soireux, des échotiers, monde particulier où l'esprit et le talent se ramassent au boisseau, mais où la politique a peu de chose à voir.

Traversons d'abord et rapidement le monde des grandes revues. C'est la haute presse, celle qui confine à l'Académie.

M. Charles Buloz a succédé à son père dans

la direction de la *Revue des Deux Mondes*.

M. Buloz est le fils de son père. Il n'eût pas fondé sans doute ce que les gens de la maison appellent « la Revue », comme on dit la Bible ou le Coran, c'est-à-dire le Livre. Il la conserve et il a conservé aussi les traditions rigides de la maison. Seulement, à mesure que « la Revue » était de plus en plus une pépinière d'académiciens, elle devenait comme le reflet des opinions académiques. Éclectique sans doute, elle a cessé d'être un recueil libéral, voltairien, avancé. Le salon de M. Charles Buloz, dont l'intelligente et charmante femme fait les honneurs avec grâce, est un de ceux que M. Pailleron a peints dans sa comédie la plus célèbre, salon d'un républicanisme teinté d'orléanisme, d'une libre pensée qui chaque jour davantage se teinte d'un semi-cléricalisme, élégant, littéraire et de bonne compagnie. Mais vous avez assez lu la *Revue des Deux Mondes*, en vos loisirs à l'étranger, pour la connaître.

L'école du catholicisme libéral et de l'orléanisme dogmatique se perpétue dans le *Correspondant*. Dirigé jadis par Montalembert, par le duc de Broglie, par M. de Falloux, par M. Léopold de Gaillard, illustré par la collaboration d'Ozanam, de Mgr Dupanloup, le *Correspondant*, dirigé par M. Léon

Lavedan, est aujourd'hui un recueil d'écrivains aristocratiques, qui écrivent pour les gens du monde. M. Léon Lavedan, rédacteur au *Figaro*, sous le nom de Philippe de Grandlieu, a été un protégé de M. de Falloux et de Mgr Dupanloup; ses hautes amitiés firent de lui un préfet, et sous le 16 Mai un directeur de la presse. C'est lui qui rédigea ce fameux *Bulletin des communes* qui valut tant d'insomnies à M. de Fourtou. Sa plume très élégante, très discrète, est aussi âpre et mordante. C'est un écrivain hardi qui ne peut admettre de ne pas donner à sa première pensée son développement. Un de ses articles, au *Figaro*, sur la soirée du comte de Paris lors du mariage de la princesse Amélie avec le duc de Bragance, attira sur les princes les rigueurs du gouvernement. Récemment Philippe de Grandlieu a soulevé une querelle sur la mémoire du comte de Chambord. Homme de parti, ayant toutes les facultés nécessaires aux grandes luttes politiques, l'inactivité doit lui être douloureuse. Son gendre, M. Auguste Boucher, rédige le bulletin politique du *Correspondant* avec une correction froide qui fait contraste avec la vigueur de son beau-père.

Les cléricaux ultramontains ont pour organe périodique la *Revue du monde catholique*, rédigée par M. Eugène Loudan. M. Eugène Loudan est un écrivain de grande race, qui fut l'un des confidents du prince impérial, et l'un des amis du cardinal de Bonnechose; il apprit alors et regarda beaucoup d'hommes et beaucoup de choses; il a consigné ses souvenirs dans plusieurs volumes qu'il signa du pseudonyme de « Fidus ». Il entreprit aussi sous le titre de : *Le bien et le mal*, une sorte de philosophie de l'histoire, où il essaya la tâche gigantesque de démêler ce qui se fit de bon et de mauvais sur la terre depuis l'origine des empires! M. Eugène Loudan est demeuré lié avec les chefs du parti impérialiste, bien qu'il ait renoncé à la politique militante. Il s'est confiné dans le cléricalisme et il a apporté à sa cause une érudition, une solidité de style, une bienveillance et une courtoisie dans la polémique, qui ne sont pas habituelles à ses coreligionnaires. Mme Eugène Loudan est de la grande famille des Rendu. Elle reçoit, dans son modeste salon de la rue du Frère-Philippe, les plus distingués d'entre les écrivains catholiques. C'est un salon littéraire et artistique très recherché, mais dont les portes ne s'ouvrent pas très facilement.

Il y a quelque difficulté à faire, en ce volume, le portrait de la directrice de la *Nouvelle Revue*.

Et pourtant comment l'omettre dans une galerie du monde politique parisien; comment, au milieu de tant de physionomies diverses, ne pas esquisser au moins l'une des plus curieuses de toutes?

Je m'aperçois, mon jeune ami, que ce volume, consacré à l'austère politique, manque de femmes: C'est que les femmes ne jouent pas, dans votre troisième République, un aussi grand rôle que dans la première, ni même que dans la seconde. Plus de Tallien, plus de Roland, plus de George Sand. Si le « tyran des hommes et des dieux » n'a pas abdiqué son pouvoir sur les cœurs, il laisse à peu près leur liberté aux intelligences et aux votes.

L'Assemblée nationale n'était pas aussi indépendante des salons que le sont devenues vos deux Chambres. L'austérité n'y a pas gagné grand'chose, je le crains, et quelques-uns de vos honorables ont occupé les officiers municipaux de maints divorces où ils n'avaient pas le beau rôle.

Une seule femme a veillé au berceau de votre République, a aidé à ses premiers pas, a éduqué son adolescence et morigène encore, avec sollicitude, sa maturité. J'ai nommé Mme Adam, directrice de la *Nouvelle Revue*. Son salon, formé à la fin de l'Empire, travaillait à grouper tous les éléments d'opposition qui devinrent brusquement gouvernement au 4 Septembre. Elle a raconté elle-même, dans son *Journal d'une Parisienne*, la part qu'Edmond Adam et elle prirent à la défense de Paris. Le 16 Mai lui donna l'occasion de révéler à ses amis ses qualités d'action, de prévision, de courage. Brisée par la mort de son mari, elle voulut que le nom d'Adam continuât de vivre au milieu d'eux. Tous ont reconnu ce qu'elle leur apporta de dévouement, de vaillance, et Gambetta, le jour de la victoire, adjura ses amis, en termes magnifiques, de ne jamais oublier quelle part ils devaient de leur union triomphante à Mme Adam.

L'éparpillement nécessaire d'hommes appelés à de hautes fonctions, des désaccords violents à propos du congrès de Berlin, des persécutions religieuses, de la campagne en faveur du scrutin de liste, trois grandes idées du règne gambettiste que Mme Adam blâmait avec énergie, détachèrent de son salon un à un, et bientôt, tous les conjurés du 16 Mai. Un petit nombre lui resta fidèle, parmi lesquels M. Duclerc, M. de Freycinet, le général Billot, l'amiral Jauréguiberry, MM. de Marcère, Andrieux, Cochery, Dorian, Ménard-Dorian, etc.

Comme femme, Mme Adam se trouvait dans une situation qu'on ne pouvait désarmer, réduire ou enrégimenter, par un poste dans l'État. Elle demeura donc libre en son isolement relatif, restant juge de l'imprévoyance de ceux qui s'étaient séparés d'elle. C'est alors qu'elle fonda la *Nouvelle Revue* « pour épargner dix ans de luttes aux jeunes pessimistes, et leur garder le peu qui leur reste de bonne humeur ». Elle a réussi. La *Nouvelle Revue* est la revue des jeunes, dont quelques-uns lui doivent, et ne l'oublient pas, leur grande célébrité.

La presse politique a ses groupes analogues à ceux du Parlement. En étudiant avec soin les physionomies les plus remarquables de ses directeurs, j'observerai le même ordre, de droite à gauche, celui qui préside à la révolution des astres.

A l'extrême, extrême droite, nous trouvons une petite feuille hebdomadaire, celle qui a hérité des pures traditions de la légitimité et n'a renié ni les principes ni le drapeau de M. le comte de Chambord. Le *Journal de Paris*; qui jadis servait les princes d'Orléans, a ressucité pour les combattre. Le directeur politique en est M. le comte Maurice d'Andigné, ancien-secrétaire du roi, bien que tout jeune encore. Cavalier pimpant, très joli garçon. il ressemble plus à un élégant directeur de cotillon qu'à un chef de parti. Cependant il mène avec activité sa campagne en faveur des blancs d'Espagne et contre M. d'Eu. Ce sont des sobriquets dont se sont réciproquement affublés les blancs et les bleus de la royauté. Il a réuni autour de lui M. Joseph du Bourg, le général Cathelineau, M. Sébastien Laurentie, quelques légitimistes irréconciliables à l'orléanisme, ou qui attendent de la maison d'Anjou le salut de la France et de Rome au nom du Sacré-Cœur. Ils luttent vaillamment, indifférents à leur petit nombre, fermes sur les principes, guerroyant contre le traité d'Utrecht, forts comme des Turcs sur le chapitre des renonciations. Ils avaient jusqu'au dernier moment un prétendant qui se tenait coi, don Juan d'Espagne, père de don Carlos. Leur prétendant les a quittés avec la vie. Ils fondent leur espoir nouveau sur don Carlos, sur son fils ou sur son frère, ou sur le premier des descendants de Louis XIV, qui voudra bien se joindre à eux pour revendiquer l'héritage politique du comte de Chambord. Ils comptent surtout sur la bienveillance avouée ou secrète des républicains qui applaudissent à leurs brillants tournois, contre des adversaires réputés jusqu'ici comme les plus habiles.

Leur doctrine fait l'effet d'un dissolvant actif et dangereux au milieu du monde royaliste.

Le rédacteur en chef du *Journal de Paris* est M. Henry Marchand, plume alerte et brillante, fort digne homme, convaincu et solide. Il croit à son parti, à son présent et à son avenir. C'est un fidèle, une belle âme.

A l'extrême droite des régions orléanistes se dresse le puissant *Univers*, catholique avant tout, sévère aux princes d'Orléans, dont il désire pourtant l'avènement. Louis Veuillot n'est plus là pour animer la polémique de son journal, pour enchanter amis et adversaires de sa verve gauloise, pour traiter les questions ardues de la philosophie transcendante, tantôt avec le style épicé de Rabelais, tantôt avec l'élégance d'un Père de l'Église. Son frère Eugène ne vise pas au sublime. C'est un écrivain clair, précis, cruel, un polémiste redouté tant il excelle dans l'art d'exprimer une grande dose de venin en un tout petit volume. M. Eugène Veuillot est un administrateur habile en même temps qu'un écrivain de mérite. Il a su retenir sa clientèle en ne démordant pas des doctrines absolutistes de son frère.

La rédaction de l'*Univers* est une chapelle ou plutôt une bibliothèque de bénédictins. On travaille beaucoup au numéro 10 de la rue des Saints-Pères. MM. Louis Aubineau, Auguste Roussel, Arthur Lotu, Pierre Veuillot, gardent les pieuses traditions de la maison, ce sont tous gens d'honneur et de savoir. Dévoués au pape, dévoués quand même lorsque le pape s'appelle Léon XIII, ils écoutent volontiers les oracles de Mgr Freppel évêque d'Angers.

Du *Monde,* pâle reflet de l'*Univers*, moins indépendant du pape et du comte de Paris, il n'y a rien à dire, sinon que son directeur, M. de Claye, est aussi estimable que son journal.

L'*Union* s'est ensevelie dans la tombe de M. le comte de Chambord. Ses directeurs suprêmes, M. le comte de Blacas, M. le marquis de Dreux-Brézé, portent encore le deuil de leur roi; ils ont crié du bout des lèvres sur le cercueil de Goritz, le « Vive le Roi! » d'étiquette, et ils sont rentrés dans le silence. Ils appartiennent au monde politique d'il y a cinq ans. Ils ne communiquent même pas avec la *Gazette de France* qui a recueilli les abonnés de l'*Union*.

M. Gustave Janicot, le directeur de la vieille *Gazette de France,* a débuté dans la presse par les infimes emplois. Il n'a jamais quitté la *Gazette*. Il est monté en grade sans changer de régiment; il en est devenu le directeur, le propriétaire et l'âme ; il n'a aucune prétention à la littérature ni au beau style, mais c'est une tête politique. Il a gardé son franc parler et il est aujourd'hui beaucoup plus royaliste que son nouveau roi, après l'avoir été beaucoup moins que l'ancien. A vrai dire son parti c'est la *Gazette;* son chef de file c'est lui-même, et il se soucie des conseils de M. Lambert Sainte-Croix comme il se souciait des ordres de M. le comte Stanislas de Blacas; il a réuni dans sa rédaction quelques écrivains de talent : MM. Charles Dupuy, Bourgeois, de La Brière, Simon Boubée, etc.

Le *Moniteur universel,* beaucoup plus officieux, plus franchement orléaniste que la *Gazette,* a perdu récemment son directeur M. Paul Dalloz, le plus aimable des hommes, et a gagné plus récemment encore la clientèle du *Français* disparu. M. Octave Depeyre, ancienne lumière de la droite à l'Assemblée nationale, ancien garde des sceaux, dirige ce solennel journal où il est assisté d'un journaliste de bonne race, M. Louis Jules. On dépense beaucoup de talent au *Moniteur universel* pour la satisfaction exclusive des chefs du parti.

Au *Moniteur universel* est annexée la *Petite Presse,* dont le directeur, M. Ferdinand Duval, l'un des chefs du parti orléaniste, a été préfet de la Seine : le voilà conseiller municipal.

Tout Paris connaît ce bel homme, au visage épanoui, à la haute stature. Au conseil municipal il critique la question urbaine avec une rare compétence. Dans la *Petite Presse* il tâche de rendre les princes populaires. Ce n'est pas un journaliste, c'est un chef de parti qui dirige un journal comme une préfecture.

M. Édouard Hervé a fondé le *Soleil,* sur les ruines du *Journal de Paris;* il a créé aussi la grande presse à un sou. M. Édouard Hervé est un serviteur libre des princes d'Orléans et il prétend ne relever que de lui-même dans l'exposé des doctrines orléanistes. Ce fut un brillant élève au lycée Henri IV, où il obtint le prix d'honneur au concours général; ce fut un brillant normalien, mais il fit ses études politiques à une meilleure école encore, celle qui nourrit Prévost-Paradol et J.-J. Weiss, celle des Thiers et des Guizot. Dès ses débuts, M. Édouard Hervé s'imposa comme un maître écrivain. Il a pris pour modèle les plus délicats des Attiques, ceux qui s'interdisent comme un ornement superflu toute figure de rhétorique, toute comparaison; ceux qui répriment les mouvements trop vifs de la pensée, et qui cherchent le coloris du style dans l'harmonie des couleurs plus que dans leur éclat. Il parvient à la suprême limpidité ; cette fraîche limpidité n'exclut pas la chaleur, mais la chaleur de ce style reste volontairement latente. Au fond M. Édouard Hervé est un passionné, mais un passionné toujours maître de lui, toujours contenu par le respect de lui-même et des autres. Le plus ardent des polémistes en est aussi le plus courtois. Jamais sa plume n'a écrit une injure, jamais elle n'a excédé l'attaque parlementaire. M. Édouard Hervé est né diplomate et il a honoré la presse par ses qualités diplomatiques.

Je crois bien que ce journaliste hors de pair a souffert de n'avoir jamais été qu'un journaliste. L'Académie française elle-même, qui l'a admis dans l'élite des beaux esprits, ne l'a pas consolé d'avoir passé sa vie à juger les autres, à rédiger l'histoire au jour le jour, alors qu'il eût aimé à agir pour être jugé à son tour, à faire figure dans cette histoire qu'il écrivait si bien. Du moins il a dissimulé sa souffrance intime sous un masque impassible. Il a dû penser avec mélancolie au mot de Piron en le travestissant, et dire : « Ci-gît Hervé qui ne fut rien, sauf académicien. » Ne pouvant sortir de ce journalisme, il s'est attaché à rehausser sa profession à son propre niveau et il marche l'égal des plus parvenus parmi les politiciens officiels. Il a fait du journalisme une charge, un emploi, une puissance honorée.

La maison de M. Édouard Hervé est fréquentée par l'élite de tous les mondes. Mme Hervé, l'une des plus belles personnes de Paris, n'a pas peu contribué à réunir chez son mari les plus hauts personnages. Elle a fait du salon de M. Hervé la plus gracieuse des académies et la plus recherchée. Le nom de M. Hervé appelle aussitôt le souvenir de M. J.-J. Weiss, aujourd'hui retiré du monde, un disparu, non pas un oublié. L'Académie ne l'a pas proclamé encore immortel. Tel de ses articles politiques ou littéraires mérite de passer à la postérité. Plus heureux que son ancien camarade et collègue, M. J.-J. Weiss a connu les dignités officielles. L'empire libéral lui avait commis le secrétariat général des beaux-arts, la République le fit siéger au Conseil d'État. M. Gambetta lui confia la direction des affaires politiques au ministère des affaires étrangères. Haut fonctionnaire, M. J.-J. Weiss demeura toujours le plus grand des journalistes. De temps à autre il donne encore au *Figaro* ou à quelque journal indépendant un article étincelant de verve classique et pétillant de bons mots. Il a gaspillé dans la presse quotidienne des trésors d'esprit, de style, d'éloquence. On recueillera un jour sans doute ces perles et ces diamants et on en composera un écrin qui figurera au musée de la littérature française.

Le caractère unique de votre presse, c'est qu'il s'y dépense chaque jour autant de talent, et même de génie, que dans toutes les académies du monde entier. Le XIXe siècle est le grand siècle de la presse. Vos journaux ont eu leurs Racines, leurs Corneilles, et leurs Molières.

L'organe mondain de l'orléanisme est dirigé par M. Arthur Meyer, surnommé à juste titre « l'homme du monde ». En effet, pour M. Arthur Meyer, la seule ambition qui vaille la peine qu'on s'y attache, l'idéal, c'est de figurer dans un costume irréprochable dans une réunion mondaine, de toucher, d'une façon élégante, la main des *gentlemen* et des *ladies selected*, de voir son nom imprimé dans les échos qui relatent un brillant *rallye-paper*, un *lunch*, un *five o'clock* du *high life*. Voilà que j'aligne les mots français dont on se sert le plus aujourd'hui dans le grand monde. Israélite, M. Arthur Meyer pouvait rechercher toutes les gloires qu'atteignent si souvent ses coreligionnaires. Il avait à choisir entre la banque et le théâtre, la musique ou l'argent ; il pouvait se faire une fortune comme les Camondo, les Pereire, les Bamberger, les Hirsch, ou une réputation artistique comme les Meyerbeer, les Halévy, les Bizet ; car les juifs excellent dans l'art le plus matériel de tous, celui de ramasser l'or, et dans le plus céleste, celui de rassembler les harmonies sublimes ; et plusieurs d'entre eux ont associé ces deux arts si dissemblables.

M. Arthur Meyer s'est proposé un but cent fois plus éloigné, cent fois plus paradoxal. Sans naissance, sans fortune, n'apportant au monde qu'un patrimoine, celui de la religion de ses aïeux, patrimoine qui le gênait plus qu'il ne le servait pour l'objet qu'il voulait atteindre, il se dit dès le plus jeune âge : « Je serai un homme du grand monde, je forcerai la porte des salons les mieux gardés, je marcherai de pair avec les princes, je baiserai galamment la main des duchesses, j'aurai mes grandes et mes petites entrées dans le noble faubourg, je serai le Brummel israélite. »

Il y est parvenu. Rare exemple de la force invincible d'une volonté unique appliquée à un but unique.

Aussi M. Arthur Meyer a-t-il volontairement négligé, dans son éducation, tout ce qui est superflu pour briller au milieu du monde où il convoitait de s'élever ; il parle et il écrit le français des grands seigneurs d'autrefois, des fils de famille d'aujourd'hui.

Toute sa vie est un paradoxe. M. Arthur Meyer, s'il n'opère pas lui-même dans son journal, n'en est pas moins un très habile directeur. Il a le flair de ce qui plaît à sa haute clientèle. Il trouve des titres flamboyants. Il a des initiatives, des idées presque géniales. Il gouverne autocratiquement son journal, et il le gouverne bien. Il a fait du *Gaulois* l'organe le mieux approprié à distraire les loisirs élégants.

Son lieutenant, M. Henri de Pène, est mort il y a peu de temps. J'écourte aux épreuves son portrait, sur lequel je m'étais longuement étendu dans ma copie manuscrite. C'était le galant homme, l'honnête homme, l'écrivain d'honneur. Il pensait *noble* et il écrivait de même. Il a usé sa vie au labeur effroyable du journaliste qui veut, au travail de bureau, joindre la fréquentation du monde. Lui, d'ailleurs, n'avait eu aucun effort à faire pour y entrer. Il y était chez lui.

M. Louis Teste est le plus connu des écrivains politiques du *Gaulois*. Vrai bénédictin de la presse, il se concentre en son travail; il aime le journalisme pour lui-même. Écrire un article beau, puissant, déduit, rempli d'aperçus ingénieux, c'est sa suprême jouissance. Il a encore trouvé moyen d'écrire des livres remarquables, notamment sur les choses romaines, dont il s'est fait une spécialité.

Il a pour collègue M. Cornély, écrivain bouillant, fougueux, au style tantôt oratoire, tantôt familier, esprit nourri, original, hautain et passionné, quoiqu'il soit homme du monde très tolérant dans l'intimité. Ancien directeur du *Clairon*, autre journal de Gand, il a passé, armes et bagages, au *Gaulois*, où il continue à inspirer à ses lecteurs l'enthousiasme de la cause royaliste.

Une des ambitions du *Gaulois* est de supplanter le *Figaro* dans la faveur des salons et des châteaux. Avec sa clientèle de ducs, de marquis et de barons, le *Gaulois* s'enorgueillit de la qualité. Le *Figaro* joint à cette même qualité la quantité.

L'héritage de M. de Villemessant a été partagé entre trois lieutenants : MM. Francis Magnard, Périvier et de Rodays, qui ont eu le rare esprit pratique de ne pas morceler leur empire et de s'associer étroitement pour exploiter le fonds magnifique confié à leur gestion. M. Magnard s'est réservé le département de la politique. Presque chaque jour, il rédige un petit bulletin, chef-d'œuvre de clarté, de concision, étincelant d'esprit ironique. La pensée, toujours haute, est à la fois substantielle, élevée et pratique. La perfection de ces vingt lignes est telle que le lecteur n'y voit que le suprême bon sens. On a signalé des longueurs dans certains distiques; nul n'en a jamais trouvé dans les entrefilets de M. Magnard.

Le rédacteur en chef du *Figaro* a conservé les traditions éclectiques de la maison. M. de Villemessant, légitimiste, donnait l'hospitalité du *Figaro* à toutes les opinions conservatrices. M. Magnard, républicain du centre gauche, agit de même. C'est à lui que les chefs des partis les plus divers réservent leurs articles à sensation, chez lui qu'ils tirent leur feu d'artifice. Le prince Napoléon a-t-il rédigé un manifeste? C'est au *Figaro* qu'il l'envoie. Au *Figaro* les confidents des princes réservent le secret de leurs espérances; et les républicains eux-mêmes, pourvu qu'ils soient modérés, sages, et qu'ils aient quelques révélations intéressantes à faire au public, sont acceptés au *Figaro* comme des frères.

Une entreprise bien assise, bien achalandée comme le *Figaro*, va toute seule. M. Magnard emploie ses loisirs à lire tout ce qui s'est écrit en tous les temps, tout ce qui s'écrit de nos jours. C'est un puits d'érudition ancienne et moderne. S'il est passé maître dans l'art de condenser en quelques lignes son opinion sur le fait politique du jour, c'est que, voulant dire peu, il a beaucoup à dire.

Parmi les écrivains politiques du *Figaro* je vous signale M. Saint-Genest qui a laissé reposer sa verve belliqueuse pendant plusieurs années. Singulière fortune littéraire que celle de cet officier qui désarme avec sa plume comme avec un sabre. Il a son style à lui, sa logique à lui, son esprit à lui ; ses clients sont nombreux et lui reviennent fidèles, bien que M. Saint-Genest soit un peu gêné depuis qu'il n'a plus de maréchal à qui adresser sa patriotique objurgation : « Garde à vous, monsieur le maréchal, et sabrez-moi ces pékins-là. »

Le *Gil Blas* fait au besoin de la politique, mais c'est un journal littéraire. Sous des pseudonymes connus de tout Paris, vos meilleurs écrivains y débitent de spirituelles sornettes, voire des gaudrioles. Le *Gil Blas* a la prétention de justifier son nom original et nul ne la lui conteste. C'est un journal essentiellement parisien.

Vous parlerai-je de l'*Autorité* orléano-impérialiste de M. de Cassagnac? Vous connaissez déjà son directeur. — Du *Pays*, victorien? M. Robert Mitchell, qui dirige le *Pays*, est un esprit clair, modéré, tolérant, ennemi de tout ambage, de toute hypocrisie, très patriote, quelque peu lassé des luttes jérômiennes et victoriennes, j'imagine. Journaliste de talent, homme d'esprit, il aurait mieux à faire qu'à s'épuiser en des discussions byzantines. La *Patrie*, journal hautement patronné par M. le duc de Padoue, est victorien comme le *Pays*. Journal bien fait, bien renseigné, qui vit par la force de volonté de son directeur, M. Eugène Guyon, homme d'une intelligence très ouverte, d'une bonté proverbiale, très tolérant, qui déploie à la *Patrie* une activité, un dévouement, un amour de son pays dignes de servir une meilleure cause que celle du prince Victor.

Entre les journaux de droite et ceux de gauche il y a le *Constitutionnel*, dirigé par M. des Houx (c'est sous ce pseudonyme que M. Henri Durand-Morinbau est connu dans la presse). Il a fait de brillantes études au lycée Henri IV où il remporta des succès retentissants au concours général. Il appartient à la génération qui frise la quarantaine. C'est un camarade et un contemporain de Jean Richepin, de Félix Granet, de Jules Patenôtre, etc.; normalien, il conquit régulièrement tous ses grades et il acheva ses études préparatoires à la presse en diverses chaires de rhétorique. Ainsi fit plus d'un maître du journalisme.

Marié fort jeune, il traversa ces salons de province où se conserve le culte des vieux souvenirs; il en reçut l'empreinte, et le Parisien, le normalien, à son début dans la vie, se laissa prendre à la dévotion et au royalisme. C'est à Chambéry, chez le marquis Costa de Beauregard, qu'il entra dans l'intimité de Mgr Dupanloup et dans la carrière du journalisme catholique. L'évêque d'Orléans eut sans doute quelque peine à assouplir à la discipline quasi monastique de cette sorte de presse la nature indépendante, prime-sautière du brillant écrivain. Au fond, bien au fond, c'est un sceptique qui ne s'avoue pas, un pénitent qui rit amèrement sous sa cagoule et regarde effrontément par les trous.

Ses unions avec le clergé n'ont d'ailleurs jamais été bien heureuses; à peine l'évêque d'Orléans mort, les vicaires généraux du diocèse l'éliminèrent de la *Défense*. M. des Houx, redevenu libre, se jeta à corps perdu dans le parti le plus extrême de la droite, son journal *la Civilisation* se fit plus papiste que le pape, plus royaliste que M. le comte de Chambord. L'écrivain ne sut jamais addiquer son franc parler, et c'est un enfant terrible que Léon XIII accueillit à la direction du *Journal de Rome*. Là, M. des Houx, placé entre l'enclume vaticane et le marteau du Quirinal, trouva le moyen de se faire jeter en prison par le roi et à la porte par le pape. Il ne voulut rien entendre aux finesses de la diplomatie italienne et il se lança au travers de ces toiles d'araignée comme un boulet de canon, mais un boulet intelligent, qui aurait plaisir à faire son trou, et qui entendrait avec une joie ironique les malédictions qui saluent son ravage.

Les deux livres que M. des Houx a rapportés de Rome, ses *Souvenirs d'un journaliste français*, mis *à l'index*, et l'autre où il raconte ses impressions de prison et ce qu'il a vu de la triple alliance, ont chance de rester, comme modèles de bonne langue et comme témoignage historique.

C'est à Rome que s'accomplit l'évolution intellectuelle qui amena M. des Houx à la République. En cette capitale du vieux monde, près de la cour traditionnelle du Vatican, au milieu du passé, votre gouvernement lui apparut-il réhabilité par le contraste? M. des Houx nous contera peut-être un jour les étapes de sa conversion à la République. En tous cas, elle fut sérieuse et loyale. M. des Houx est un brûleur de vaisseaux.

Le premier de tous, dans le journal *le Matin*, il proclama la nécessité pour les catholiques, pour les vrais conservateurs, de se rallier à la République, sans réserves et sans arrière-pensée. Le premier de tous, il donna l'exemple ; il se fit écouter ; il démontra ses raisons avec un remarquable talent et une chaleur communicative. Quand M. Raoul Duval prononça son mémorable manifeste, M. des Houx lui avait déjà rassemblé bien des prosélytes.

A ce titre, le directeur actuel du *Constitutionnel* a bien mérité de la République.

Il ne s'est inféodé à aucun des partis républicains et s'est gardé de rien modifier à ses opinions religieuses. Il n'a jamais cherché au pape que des querelles politiques, et il a conservé intacte son orthodoxie. Son journal est donc franchement républicain et indépendant. Il a même porté à M. Jules Ferry de très rudes coups, déjouant ainsi les manœuvres qui ont fait entrer les conservateurs dans la République pour les livrer aussitôt au parti d'un homme.

M. des Houx estime que la liberté seule vaut la peine d'être préférée à l'autorité légitime des rois.

Son évolution a marqué une période très intéressante, très décisive peut-être de la République. Sans amoindrir le talent de l'écrivain, ni rabaisser son caractère, on peut dire que M. Henri des Houx a puissamment contribué à accomplir une œuvre plus grande et plus forte que lui-même.

Le *Journal des Débats* a conservé l'antique académisme. On y cultive le style raffiné. On y traite spécialement la politique, l'économie sociale, la science, la littérature et la bonne grammaire classique. C'est un journal de nuance. On lui a reproché d'avoir varié en sa ligne politique. Non, il a changé de couleur comme la gorge des pigeons; c'est une couleur! Le *Journal des Débats* est demeuré l'organe des héritiers de la famille Bertin, dont MM. Léon Say et Bapst sont les chefs. Le rédacteur en chef est M. Patinot, ancien préfet de M. Thiers et gendre de M. Bapst. Un ami de la maison me disait un jour : « Quand vous verrez M. Patinot prendre la direction du *Journal des Débats*, c'est que les d'Orléans sont proches. » Il se trompait de deux façons. M. Patinot est venu, et il a dirigé le journal dans le sens républicain ; il est vrai que s'est dans la nuance la plus voisine de l'orléanisme, mais enfin elle est républicaine; écrivain de valeur, esprit pondéré, tolérant, homme aimable et sûr, M. Patinot a redonné la vie au *Journal des Débats* sans lui laisser rien perdre de son autorité.

On a comparé M. John Lemoinne à un ténor. M. John Lemoinne a du ténor la voix retentissante.

Il donne l'*ut* dièse, il domine l'orchestre, il se fait entendre par toute la France et souvent par toute l'Europe; il trouve des mots que les autres ne trouvent pas. Comme un ténor il ne consacre pas toujours son talent à la même œuvre; son répertoire est très divers. En 1873, il commença dans les *Débats* la campagne en faveur du comte de Chambord; puis, subitement, après l'échec de la conspiration, il alla d'un seul bond de l'extrême droite à l'extrême gauche. La variation était surprenante. Le public manifesta quelque surprise. Tout autre que M. John Lemoinne, à ce tour de force, se serait cassé la voix. M. John Lemoinne n'a rien perdu de ses moyens. Il donne au *Matin* des articles de politique étrangère où l'on retrouve toute la verve et tout l'esprit du rédacteur des *Débats*. M. John Lemoinne a de l'humour à la mode anglaise. Ses meilleurs articles sont étincelants comme ces toasts où excellent les hommes d'État d'outre-Manche. Il a fait passer dans la meilleure langue française les qualités les plus précieuses de l'esprit britannique. Que m'importe, à moi, la variété de ses opinions. C'est un artiste qui met en œuvre des matériaux différents; il voltige sur tous les sujets, les effleure et leur prend leur miel pour en composer un miel parfois acide. Au Sénat, il se tait; il y va dormir. Je ne crois pas qu'il ait abordé une seule fois la tribune. Le seul discours qu'il ait prononcé, c'est son discours de réception à l'Académie, le moins bon de ses articles.

Le *Matin* est un journal de fondation récente qui a essayé d'acclimater dans la presse française les coutumes de la presse anglaise et américaine, l'information à outrance, le reportage élevé à la hauteur d'un principe, l'éclectisme à sa dernière puissance. Le directeur en est M. Alfred Edwards, qui est Anglais, né à Constantinople, très intelligent, ayant toutes les qualités d'un organisateur, assez sceptique pour être fidèle au programme qu'il a inauguré. M. Alfred Edwards a confié les premiers articles de son journal à une réunion d'hommes politiques recrutés dans tous les partis. Plus il y a de disparates entre ces *leadings* articles, plus le directeur est satisfait. Tous les journaux français représentent une opinion, s'efforcent de faire prévaloir une doctrine. Le *Matin* ne vise qu'à distraire la multitude la plus nombreuse de lecteurs qu'il peut trouver. Le journalisme ainsi n'est plus un sacerdoce; c'est une représentation. Chaque acteur vient à tour de rôle débiter sa tirade. Une représentation! Pas même, puisqu'il n'y a pas de trame commune. C'est un concert où chacun récite son monologue et chante son morceau.

Il faut au *Matin* de la variété, des contrastes, des contradictions, des incohérences même. C'est ainsi qu'au *Matin* primitif on a vu M. Jules Vallès à côté de M. Paul de Cassagnac, M. Cornély à côté de M. Jules Simon.

Sous la direction de M. Edwards, le *Matin* a prospéré; mais la preuve a été faite que l'indifférence en matière de politique n'était qu'une utopie. Le *Matin* n'est pas resté longtemps ce journal neutre qu'il voulait être. L'orléanisme, l'impérialisme y sont tolérés, mais non pas toutes les républiques. Le *Matin* est au fond un journal opportuniste dont le Panthéon a pour Jupiter et pour Mercure MM. Jules Ferry et Rouvier.

Des *leaders* actuels du *Matin* vous connaissez déjà MM. Jules Simon, Cornély, John Lemoinne Emmanuel Arène; M. Henri des Houx, qui après avoir pris la direction du *Constitutionnel* a quitté sa revue hebdomadaire du *Matin*. Voici M. Aurélien Scholl, dont la fantaisie agile escalade souvent les sommets de la haute politique, mais il m'en voudrait de le prendre au sérieux. Cela le desservirait, attendu que sur la place parisienne les chroniqueurs sont plus appréciés que les politiciens.

Il me reste à vous parler de M. Jules Delafosse et de M. Ranc.

Député du Calvados, M. Jules Delafosse est resté le plus normalien des journalistes contemporains. Ses discours, comme ses articles, sont de Sorbonne, un vrai régal de lettrés. A la Chambre il s'est fait une spécialité de la politique étrangère, et il a choisi le meilleur des maîtres, M. Rothan, ancien normalien plénipotentiaire, un académicien de demain à qui ses révélations sur la diplomatie impériale ont valu l'honneur d'être expulsé d'Alsace. M. Jules Delafosse a appris à l'École normale l'art de parler et d'écrire une langue exquise, à celle de M. Rothan tous les secrets de la diplomatie. Bien que sa voix n'ait pas un grand volume, elle se fait entendre à la Chambre et jusqu'au dernier bureau de la dernière chancellerie européenne. L'orateur a d'ailleurs toutes les qualités de notre profession; il est né diplomate : un visage régulier, un œil discret, une coupe de barbe très distinguée, une méthode de conversation socratique qui consiste à interroger plus souvent qu'à répondre. Ses articles du *Matin* sont aussi d'un diplomate. Le diplomate, nous le savons, mon jeune ami, n'a pas d'opinion décisive sur les affaires intérieures des gouvernements. M. Jules Delafosse appartint d'abord aux orléanistes, puis il a transporté dans le camp impérialiste son talent, sa finesse, l'expérience politique et parlementaire qu'il avait acquise de l'autre côté. On lui fait grande fête, car les impérialistes savent mieux que leurs concurrents pousser leurs amis. Au fond, M. Delafosse s'accommoderait d'une République agréable et de bonne compagnie. Il n'y a pas de répugnance absolue, n'étant pas de ces sectaires étroits, que les préjugés retiennent aux causes condamnées sans appel; il ne serait pas le dernier à faire partie d'une droite ouverte. Il fera honneur d'ailleurs à tous les partis auxquels il viendra. Il a succédé avec avantage à M. Paul de Cassagnac pour l'article hebdomadaire du *Matin*. Il a tout le savoir, toute la finesse, toute la politesse qui manquaient à son prédécesseur. Son action sur la foule est moindre sans doute, mais il plaît infiniment aux délicats.

Jamais on ne croirait, à lire les articles de M. Ranc, qu'il se soit rencontré un tribunal, fût-il de guerre, pour le condamner à mort. La passion politique la plus exagérée a pu seule exiger d'un gouvernement qu'il confondît les énergumènes de la Commune avec ce politique raffiné. Il est bien vrai qu'il faut s'attendre à tout dans la vie, même à la peine capitale! Avant la guerre, M. Ranc se fit connaître dans une petite publication : *le Diable à quatre*, sorte de *Lanterne* à quatre glaces qui faisait concurrence à la lentille grossissante de M. Rochefort. Sous la Commune il fut, je crois, maire d'un arrondissement de Paris. Parisien avant tout, je veux dire Parisien du faubourg et du boulevard Montmartre, il n'imagina pas un instant qu'un gouvernement régulier pût exister en dehors de Paris. Il avait certainement vidé nombre de chopes au café de Madrid ou dans la cave de Frontin avec les élus de la Commune. Il ne se sépara pas de ses compagnons quand ils se transportèrent à l'Hôtel de Ville. C'était à peine changer de brasserie. Lorsque vinrent les jours sanglants, M. Ranc s'échappa sous un déguisement ecclésiastique qu'il devait porter très dignement, sa barbe étant rasée, puisque toute sa vie il a porté le froc de l'abbaye de Thélème. M. Thiers eut l'esprit d'omettre de le chercher et de le poursuivre. Il trouva un asile provisoire dans l'Assemblée nationale d'où le gouvernement du 24 Mai eut la brutalité de l'arracher. M. Ranc alors retourna à Bruxelles pendant les Cent jours de la réaction ; mais le lambic et le faro ne lui faisaient pas oublier la blonde bière de la cave Frontin. L'amnistie le rendit à l'affection de Gambetta, qui tenait en haute estime son adresse politique, et il devint à la Chambre le conseiller le plus écouté de l'opportunisme ; son action ne s'exerçait ni à la tribune, ni dans les commissions, ni dans les bureaux. Il rendait ses oracles dans les couloirs et dans la presse. On lui attribue des qualités de policier émérite. Le fait est qu'il connaît son personnel politique sur le bout des doigts, ses articles sont des chefs-d'œuvre d'érudition politicienne. Il sait le fort et le faible de chacun. Depuis que l'opportunisme a dévié, depuis que M. Jules Ferry a fait dégénérer en coterie césarienne, le grand parti fondé par Gambetta, M. Ranc est devenu indépendant. Bien qu'il fréquente encore quelque peu l'estaminet du grand *U*, il n'est plus de la maison. Il prêche la concentration et sa politique s'est rapprochée de la gauche radicale. Il a fait une opposition polie mais redoutable à la politique de M. Rouvier, préférant l'alliance radicale à l'alliance monarchique. Au dehors de la Chambre dont il ne fait plus partie, il exerce une action non moins puissante. Ses articles continuent à diriger une importante fraction de la majorité républicaine et il se promène comme un philosophe dans les couloirs de la Chambre, continuant ses consultations orales, tout comme s'il était encore assis dans l'hémicycle. Et, en effet, rien ne lui servait d'avoir un siège; ce n'est pas là qu'il agissait.

Il y a affinité de caractère et d'habitude entre M. Ranc et M. Adrien Hébrard, directeur du *Temps*, comme lui Parisien du boulevard Montmartre, mais avec une pointe de verve et d'habileté toulousaine. Vous lisez chaque jour le *Temps* à l'étranger, c'est le devoir de tout Français transplanté qui veut se tenir au courant de la politique française et internationale. Comment vous figurez-vous le directeur de ce sévère journal? Un homme grand, froid, blond, circonspect, dogmatique, haut cravaté, avec des lunettes d'or; un méthodiste protestant, un Alsacien de l'une ou l'autre rive du Rhin, quelque chose comme le solennel M. Schérer. Eh bien! je vous présente M. Adrien Hébrard, un petit gros homme riant, gasconnant, bruyant, mondain, sceptique, agile et spirituel plus qu'aucun autre, avec de l'esprit pétillant de la meilleure marque. Il a divisé sa vie en deux parties, l'une amusante et piquante, il la donne au Sénat et à ses amis, l'autre austère et grave, il la donne aux lecteurs du *Temps*.

Son journal, le plus long, le plus large et le plus lu des journaux du soir, est aussi le plus varié. Les chroniqueurs, les rédacteurs et les correspondants du *Temps* sont de premier ordre. C'est là que chaque semaine M. Francisque Sarcey tient chaire ouverte sur l'art dramatique. M. Sarcey écrit encore dans un nombre prodigieux de journaux républicains. C'est un causeur charmant, de prodigieuse fécondité, un chroniqueur toujours amusant, familier, érudit. Aucune figure parisienne n'est plus populaire que celle de ce gros homme au visage rubicond et fleuri, des roses aux joues, de la neige à la chevelure, il a sa place marquée en tout lieu où règne l'esprit; il n'a jamais manqué une seule fois de remplir son fauteuil à toutes les premières des théâtres, des séances publiques de l'Académie française, des salons et des cercles où l'on joue la comédie. Lui-même, chaque jeudi, à la salle des Capucines, il donne une représentation à la fois théâtrale et académique. Il joue les livres qu'il analyse; il prononce en même temps des éloges. Jadis M. Sarcey se fit une spécialité cléricale. Il déjeunait du frère ignorantin, dînait du prêtre et soupait de l'évêque. L'âge a calmé la fureur de cet appétit, l'âge et aussi le séjour qu'il fit auprès des Frères Saint-Jean-de-Dieu pour s'y faire opérer de la cataracte. Le choix de cet établissement hospitalier ne manquait pas de générosité. Thémistocle allait s'asseoir au foyer du roi de Perse, Napoléon se confiait à l'hospitalité britannique. M. Sarcey remettait à ses jurés ennemis le soin de ce qui, pour un critique dramatique, est plus précieux que la vie, la prunelle de ses yeux. Il se trouva mieux que Thémistocle et Napoléon de l'hospitalité des Frères. Il leur en sut un gré touchant. Rendu à la lumière et à la santé, il ne se montra ni ingrat ni oublieux, et les adversaires implacables s'honorèrent par une égale justice. On a reproché à ce normalien une certaine vulgarité de pensée et même un laisser-aller de style. Ce sont défauts rares chez ceux de son école; mais cette vulgarité qui s'élève toujours jusqu'au bon sens, cette négligence qui atteint la familiarité, prêtent à ses écrits, si nombreux, un supplément d'intérêt. Le style trahit le fond de l'homme, et il le montre bon, simple, judicieux jusqu'en ses colères. Il ne pose jamais.

Je ne crois pas que dans cette immense bibliothèque, écrite ainsi par M. Sarcey, à plume levée, au jour le jour, la postérité rencontre une très grande quantité de pages magistrales. De sa première profession pédagogique M. Sarcey a gardé l'allure littéraire d'un magister plutôt que d'un maître; cependant on consultera ses chroniques comme on consulte encore les mémoires du Bourgeois de Paris, on consultera aussi le recueil de ses feuilletons dramatiques comme on consulte les critiques de la Harpe et de Geoffroy. C'est un véritable cours que M. Francisque Sarcey adresse chaque semaine au rez-de-chaussée du *Temps*, à tout ce public d'auteurs et d'acteurs sur lequel il jouit d'une autorité incontestée, malgré de nombreuses révoltes.

Dans votre Paris où les gens d'esprit sont nombreux comme les grains de sable au bord de la mer, nul ne surpasse les autres s'il ne possède à un degré éminent le don de l'originalité. Parmi les originaux de Paris, M. Sarcey est l'un des plus sincères, des plus spontanés, des moins apprêtés. C'est, comme on dit en vos ateliers, une nature et un tempérament.

La *République française* inscrit avec fierté sur ses « manchettes » : *Gambetta fondateur*, car les journaux ont leurs manchettes tout comme M. de Buffon. En vous parlant de la *Justice*, de M. Clémenceau, je vous ai dit que le puissant tribun avait voulu se rendre digne des honneurs suprêmes en fondant le plus grave, le plus compassé des journaux. Depuis que Gambetta n'est plus, depuis que son parti tombe en déchéance sous la direction maussade de M. Jules Ferry, la *République française* a perdu une grande part de son importance mais non pas sa gravité. Aujourd'hui M. Joseph Reinach en est propriétaire et souverain absolu. Il gouverne une pléiade d'anciens ministres ou de candidats ministres. Il doit à son talent, à son dévouement sans limites à la cause opportuniste, autant qu'à sa très grande fortune, l'honneur de succéder à Gambetta en ce domaine détaché de son héritage politique. Il le doit aussi à la profonde amitié du maître pour l'un de ses disciples les plus fervents et les plus distingués.

M. Gambetta eut deux couches d'amis, ceux de sa jeunesse, du temps de la bohème, les amis du café Procope et ceux de sa virilité triomphante. Les premiers, il ne les avait pas choisis; c'étaient les camarades, il leur demeura fidèles quand même, et ces amitiés dont on l'a si cruellement raillé, formeront cortège à sa mémoire en témoignant la bonté de son cœur. Les seconds, il les a choisis et presque tous ils témoignent d'une faculté souveraine qu'il avait, celle de distinguer le talent et d'élever le mérite.

M. Joseph Reinach fut l'un des plus brillants élèves de l'Université à la fin de l'Empire. Il balança au concours général la gloire d'Augustin Filon, l'ancien précepteur du prince impérial, ce charmant esprit qui s'éteint dans l'oubli, dans les regrets et dans l'obscurité, et celle de M. Jules Dietz, le brillant écrivain des *Débats*, un élève politique de M. Ribot; M. Reinach enleva comme eux tous les prix d'honneur, et, à l'École de droit, qu'il préféra à l'École normale, il continua à briller d'un incomparable éclat. Sous les auspices de Gambetta, il se signala par une campagne savamment conduite contre les récidivistes. C'est lui qui élabora les principaux articles de la fameuse loi qui établit contre la récidive la peine de la relégation. Puis il publia le recueil des discours de M. Gambetta, monument grandiose élevé au tribun. Je ne sais si la gloire oratoire du maître, figée en ces volumes, donnera à la postérité une idée exacte de cette éloquence prestigieuse. Est-ce que les morceaux composés par Paganini nous renseignent sur sa virtuosité? Est-ce que Berryer est lisible? Est-ce que la lecture de *Phèdre* nous rend Rachel? Publiez un discours de Jules Favre, vous avez tout Jules Favre. Publiez les discours de M. Gambetta, vous n'avez presque rien du grand tribun. Il vous reste seulement ces lourdeurs de forme, si puissantes quand la voix, le geste, l'autorité de l'orateur, les portait, les enlevait jusqu'aux nues. Ce n'est pas la faute de M. Reinach si la sténographie a été exacte. Pour idéaliser Socrate il a fallu au génie de Xénophon et de Platon la liberté de le transfigurer. La sténographie eût porté dommage à Socrate comme à M. Gambetta.

M. Reinach demeure un journaliste très élégant, très sobre. Sa polémique parfois aigre et autoritaire, comme il sied au parti de M. Ferry, n'est jamais discourtoise. Il a gardé à la *République française* sa tradition académique et un peu scolastique. Son journal est lu par tous les hommes politiques. C'est l'expression même de l'école. Il n'a jamais été fait pour le peuple, mais seulement pour les parlementaires et pour les politiciens.

Au contraire, le *Siècle* d'autrefois ornait la table de tous les estaminets. A présent, d'une part, le nombre des estaminets s'est indéfiniment accru dans des proportions plus grandes que le tirage du *Siècle*; d'autre part, la presse à un sou a fait une concurrence désastreuse à tous les journaux politiques. Le *Siècle* n'en est pas moins un journal très lu, et très excellemment rédigé. Il fut dirigé jusqu'à ces derniers jours par un homme entouré de tous les respects, M. Philippe Jourde. M. Dupuis l'a remplacé depuis trop peu de temps pour avoir conquis sa place dans ma galerie. M. Jourde est entré assez tard dans la presse politique. Il apporta à la direction d'un grand journal la haute expérience d'un homme d'affaires consommé, d'un juge au tribunal de commerce. Il devint bien vite l'âme du syndicat de la presse parisienne, l'organisateur des plus sérieuses associations de journalistes, quelque chose comme le baron Taylor de la presse. Il apporta en ses fonctions d'arbitre, de président honoraire ou effectif de toutes les sociétés de journalistes, un esprit d'équité, de mesure, un ferme bon sens, qui désarment toute méfiance et toute animosité de parti. Son journal reflétait cette robuste honnêteté du directeur. M. Jourde a été, je crois, candidat au Sénat dans les Bouches-du-Rhône. Il est déjà le sénateur de la presse, bien plus que M. Adrien Hébrard, à qui l'accumulation de ses dignités n'a rien ôté de la grâce sémillante, étourdissante de son esprit.

En face du *Temps*, demeure l'*Événement*. Son directeur, M. Magnier, reste résolument libéral. Je le crois décentralisateur en administration, partisan du scrutin d'arrondissement et prêt à se rallier à un ministère dans lequel entreraient M. Goblet et M. de Freycinet, qu'il a toujours soutenus, soit au pouvoir, soit en dehors. M. Magnier est l'un des rares républicains qui se soient de bonne heure dégagés des erreurs du scrutin de liste, si dangereux pour la République. L'*Événement* a formé beaucoup d'écrivains. C'est une pépinière où se sont essayés nombre de chroniqueurs qui sont devenus grands et font honneur à l'organe qui les a vus naître.

Avant de vous parler du *Paris,* je vous dirai quelques mots de la *France,* dont le nom résonne comme un clairon dans le souvenir des lutteurs du 16 Mai. Quelle merveilleuse et admirable campagne y fit Girardin! Quelle verve, quelle puissance de dialectique, quelle fécondité il y déploya! M. Charles Lalou, qui l'administre, a laissé à ses rédacteurs une liberté entière; les uns, comme M. Raoul Frary, y sont modérés; les autres y sont radicaux. MM. Nicot, Hugonnet, Cère, sont des travailleurs et joignent l'érudition au talent.

Parmi les rédacteurs de la *France*, on distingue le normalien Raoul Frary, l'un des sept sages de la presse. Bien que jeune encore, M. Frary est un vieux journaliste. Il débuta, à la fin de l'Empire, avec éclat, dans les journaux libéraux du temps. Il a semé un peu partout ses articles spirituels et raisonnables; mais il doit la meilleure part de sa notoriété à deux de ses livres : *la Question du latin* et le *Manuel du parfait démagogue*. Voilà des écrits qui resteront. M. Frary écrit en outre la chronique politique de la *Nouvelle Revue* dans un esprit très libéral et très pondéré, et dans ce même organe, tous les trois mois, de grands articles littéraires ou philosophiques, étudiés, creusés, écrits en un beau style et qui, réunis en volume, ajouteront à l'estime en laquelle les lettrés tiennent M. Raoul Frary.

Le *Paris* a pour rédacteur en chef M. Charles Laurent, ancien secrétaire de M. Émile de Girardin, le fils de la grande artiste dramatique, Mme Marie Laurent. M. Charles Laurent, à la suite de dissentiments avec ses collègues de la *France*, après la mort de Girardin, fonda le *Paris*, pour servir la cause de Gambetta ; puis il devint indépendant, et aujourd'hui il semble incliner vers la gauche radicale. M. Charles Laurent est un journaliste éloquent et honnête. Il s'est fait une spécialité récente de flétrir M. Wilson et le trafic des faveurs gouvernementales. Son style, clair, vigoureux et spirituel, est de la bonne fabrique. Dans toute cette campagne, qui a remué bien des fanges, M. Charles Laurent trouvait en M. Portalis, directeur du *XIXe Siècle*, un frère d'armes qui frappait les coups les plus retentissants.

Le *XIXe Siècle*, fondé par Edmond About et Francisque Sarcey, est devenu entre les mains de M. Edouard Portalis un grand journal à un sou, rédigé à l'américaine. M. Portalis a toujours eu le goût le plus prononcé pour l'américanisme. Quand il dirigea, sous M. Thiers, ce journal auquel l'état de siège imposa les titres les plus variés; *la Vérité, la Constitution,* que sais-je? il recommandait, avec M. Jules Amigues et le fameux Alceste si longtemps inconnu et mystérieux et qu'on n'a identifié que sur le tard à Hippolyte Castille, les institutions démocratiques d'outre-Atlantique. La thèse étant un peu démodée, M. Portalis s'est consacré au journalisme pur, à la forme du journal, au reportage à outrance, à la dépêche télégraphique, à l'article découpé en menus morceaux. A son talent très remarquable de polémiste, M. Portalis joint la notoriété qui résulte des aventures étranges. On pénètre avec effraction dans son hôtel de la rue Juliette-Lamber pour lui voler ses papiers ; on l'assassine dans la rue, et l'assassin se nomme Zulpha et Piffero. Cela n'arrive pas à tout le monde, M. Portalis engage des luttes homériques avec le directeur de la sûreté, bien mal nommé, s'il est vrai qu'il organise des vols et des assassinats. C'est M. Portalis qui a, le premier, révélé les malheurs du général Caffarel. M. Portalis appartient à l'histoire de ces derniers mois, on ne l'en arrachera pas. Son journal, excellemment fait, compte, parmi ses chroniqueurs, un écrivain fécond, M. Henry Fouquier.

Ancien fonctionnaire, M. Henry Fouquier est devenu le plus actif des journalistes. Il écrit au moins quinze cents lignes par jour, et des lignes élégantes, correctes et sages. Sept ou huit journaux parisiens, à qui il distribue sa copie, ne suffisent pas à sa production ; il correspond encore avec la plupart des grands journaux de province et de l'étranger, sans que rien témoigne la hâte du travail, la fatigue de la main ni celle de l'esprit. C'est un phénomène de haute et grande fécondité littéraire et d'intarissable verve à laquelle on n'a que rarement à reprocher la cruauté.

Victor Hugo eut son journal. Le *Rappel*, rédigé par sa famille et ses amis, n'adora qu'un Dieu, ne servit qu'un maître : Victor Hugo. Sa grande ombre plane encore sur le *Rappel* où sa mémoire est pieusement adorée. MM. Vacquerie, Meurice, Lockroy étaient les servants de ce culte. Ils s'étaient partagé les diverses fonctions sacerdotales, empruntant chacun au grand génie qu'ils servaient quelqu'une de ses qualités supérieures. M. Lockroy a fait, en dehors du *Rappel*, une rapide fortune politique, quoiqu'il soit demeuré fidèle à sa plume d'écrivain brillant, à son goût de remueur d'idées sociales.

M. Paul Meurice, l'élégant écrivain dramatique, l'adaptateur ou puissant ou ingénieux, s'est consacré entièrement à l'administration de la fortune de Victor Hugo, à la publication des œuvres du Maître.

M. Vacquerie, quoi qu'on lui ait proposé, n'a pas quitté le *Rappel*. C'est un écrivain de premier ordre, le plus éminent des survivants de l'école romantique. L'auteur de *Tragaldabas* ne dédaigne pas d'écrire au *Rappel* un article quotidien, tout étincelant de cette profusion de mots éclatants qu'affectionnait le romantisme. Même quand le poète se fait journaliste, on sent qu'il a des ailes. La raillerie de M. Vacquerie est épique comme son invective ; ses articles, sonores comme des odes, colorés comme des *Orientales ;* sa prose a des rythmes, sa politique des harmonies. C'est le plus littéraire des journalistes.

Sa longue figure bienveillante, expressive, spirituelle, souriante, semble d'un autre temps, celui où les auteurs portaient de longs cheveux. M. Auguste Vacquerie ressemble à une eau-forte de Tony Johannot ou à une lithographie de Célestin Nanteuil.

Après avoir mis le grand *Petit Journal* à part, avoir salué son million de lecteurs, avoir dit quels soins, quelle habileté, quel travail, que de talent, d'érudition, je dirai de dévouement même, se déploient dans cette petite feuille si française, je passerai rapidement sur la presse à un sou, la petite presse. Bien que la politique lui fournisse sa matière, cette presse est devenue avant tout une industrie. On a trouvé moyen de fabriquer à bas prix et rapidement une énorme quantité de journaux, comme on a trouvé moyen de fabriquer, à l'usage de la démocratie, une énorme quantité de chapeaux, de vestes et de souliers. Cette petite presse est tout entière composée de feuilletons, et les plus émouvants ne sont pas toujours placés au bas de la page. La politique y est traitée à la manière des faits divers ou des comptes rendus des tribunaux. M. Eugène Mayer, directeur de la *Lanterne*, est passé maître dans l'habileté de rendre émouvant, de dramatiser le moindre fait, la moindre nouvelle.

Pour retrouver l'art, la littérature, il faut aller jusqu'à l'*Intransigeant* de M. Henri Rochefort.

Henri Rochefort! Quel roman que le sien! Je lui suis quelque peu allié par une « émigrée », sa parente, dont mon arrière-grand-père, veuf, tomba si brusquement amoureux qu'il la demanda en mariage après l'avoir rencontrée deux fois dans la rue, à Moscou. L'histoire d'Henri Rochefort est la plus agitée que je connaisse; elle est pleine de tribulations, et si populaire!

Jamais être au monde ne fut doué d'un esprit plus franc, plus prime-sautier; jamais écrivain ne trouva plus de mots drôles et n'eut, à un tel degré, la verve comique. Depuis la *Lanterne* de l'Empire jusqu'à l'*Intransigeant* de la République, il a semé partout, sur tout, sa plaisanterie cruelle. Un vaudevilliste, a-t-on dit : mieux et plus que cela, un satirique. Dans le vaudeville, il n'y a que de la gaieté; dans le satirique il y a de l'indignation véritable, de l'amertume, il y a le sentiment profond de la misère humaine. Rochefort est un indigné et un mélancolique.

On trouve en lui le marquis et le gavroche. C'est le fils des vieilles races en qui revit quelque chose des siècles passés. Le XVIe siècle lui a donné le scepticisme narquois et la verve rabelaisienne; le XVIIe, la pureté limpide de la langue; le XVIIIe, l'irrévérence et l'audace de la satire: enfin il est tout imprégné des odeurs ou des parfums de notre temps; il a grandi sur l'asphalte, piétiné sur le turf de tous les champs de course; il connaît le dessus et le dessous de la vie parisienne; il a éprouvé les angoisses de la pauvreté en bottes vernies, partagé les révoltes de notre société détraquée, il a vécu la grande vie de *Figaro* et la tragique existence du bagne; il a été, à la Chambre, le député des mansardes. Il s'est moqué du Parlement comme de tout; il a affronté les ivresses et les dégoûts de la popularité.

Un type, oui, et l'un des plus extraordinaires de l'époque.

On l'a remarqué, Rochefort n'est lui-même qu'à Paris. L'exil est fatal à son esprit; il le prive de son aliment quotidien. Il lui faut, pour renouveler sa verve, le spectacle du boulevard, le jargon de l'atelier. Ce caricaturiste incomparable languit loin de ses modèles; il ne vieillit pas, il se rajeunit chaque jour au contact des ridicules ou des bassesses qu'il flétrit ou qu'il invective.

A quel parti appartient-il? A celui de la négation, mais de la négation satirique, de la négation *blagueuse*. Le peuple l'aime parce qu'il comprend ce raffiné. Il lui pardonne son marquisat, sa tenue élégante, ses goûts artistiques et luxueux, il lui pardonne son esprit parce que tout chez lui est naturel, l'hérédité ou l'intransigeance.

Il ne saurait faire ni soutenir un gouvernement; ne lui demandez pas une doctrine sociale, une théorie politique. Il ne sait pas, il ne veut pas savoir; mais quand il fustige les puissants, quand il bafoue les ambitieux, quand il traîne dans la boue les malpropres: le peuple comprend en cette impitoyable raillerie un grand fonds de pitié pour les misérables, un sentiment d'équité. Il trace à la plume des caricatures tristes comme celles de Daumier. Il plaît à la masse; il satisfait les humbles en abattant les superbes. Au peuple il n'a rien à donner que le spectacle des hautes turpitudes, et cela plaît à cet éternel enfant.

Rochefort a parmi ses lecteurs fidèles un grand nombre de gens du monde. Ce qu'il fouaille ne les intéresse guère. Ils trouvent dans ses articles le matin leur provision d'esprit, un mot, un trait qui leur revient tout le jour en la mémoire, dont ils conservent la saveur amère ou pimentée, et qui les met en appétit d'esprit parisien.

Au delà de l'*Intransigeant*, au delà de toute politique il y a le *Cri du peuple*, dirigé par Mme Séverine, « pupille de Vallès », curieuse figure intelligente, écrivain de talent, femme élégante, chez laquelle les sensibilités, les apitoiements se mêlent aux duretés des sectaires. Mme Séverine aime le peuple, non dans sa masse, mais dans l'individu. Elle songe moins à l'amélioration de sort des classes rurales et ouvrières, qu'au bonheur de quelques milliers de faubouriens qui lui tiennent au cœur, derniers dont elle voudrait faire des premiers.

Auprès d'elle était, jusqu'à ces dernières semaines, un journaliste de grand et dangereux talent, M. Georges La Bruyère, qui vient de fonder la *Cocarde*, journal boulangiste et boulangeriste, quoiqu'en prétende son directeur.

Et plus loin encore que Mme Séverine il y a Louise Michel.

Dans ces régions de l'extrême démagogie dominent les femmes. Le peuple des déshérités, des misérables, des honteux, des affamés ; la démocratie à l'état de convoitise, de devenir, a pour patronnes, pour directrices, des femmes. Ces enfants sont réchauffés, éduqués, mal éduqués par des femmes.

Je vais vous choquer horriblement en vous parlant de Louise Michel. C'est bien là que ma qualité ou mon défaut d'étranger vous apparaîtra avec sa curiosité un peu indifférente. En d'autres siècles, si elle fût demeurée chrétienne, — et en tout autre siècle il n'était guère possible à une femme du peuple de n'être pas chrétienne et même fanatique, — elle eût gagné les honneurs de l'autel.

Elle pratique la charité au degré héroïque.

Louise Michel est laide, disgracieuse. Elle dit avec une certaine éloquence des choses qui n'ont pas le sens commun. Elle excite souvent ses protégés à des actes condamnables. Elle ne sait pas trop où elle conduit les foules quand les foules croient en elle. C'est une folle peut-être, mais elle est parvenue à un point suprême de vertu, celui de l'abnégation totale.

Quand on la hue, quand on lui jette des pierres, quand on l'emprisonne, qnand on la frappe, quand on la blesse, quand elle est dans la main des gendarmes, au bagne des hommes, sous le verrou de Saint-Lazare, sous la bouche des revolvers, quand les balles lui labourent la face ou lui entrent dans la tête, elle ne souffre pas plus que la carmélite ne souffre du cilice, que Louise Lateau, la stigmatisée, ne souffrait des plaies par où s'écoulait son sang, comme dans le supplice de la croix. Louise Michel sourit de toutes les misères qui l'assaillent parce qu'elle croit résumer en elle toutes les misères de ses clients.

Dans ses appels à la violence, oserai-je le dire? je crois qu'il y a encore une étincelle de charité. Elle hait moins les riches qu'elle n'aime les pauvres. Et quand elle veut dépouiller ceux qui possèdent, elle ne pense pas leur faire plus de mal qu'elle ne s'en fait à elle-même quand elle se dépouille de tout ce qu'elle gagne, de tout ce qu'elle possède, pour le donner aux plus pauvres qu'elle.

Je sais une dame qui alla visiter un jour Louise Michel; c'était une personne assez excentrique qui voulait voir celle dont on parle. Louise Michel lui demanda sa robe; une belle robe de soie, et séance tenante elle la déshabilla et lui donna en échange un haillon de sa pauvre garde-robe. Cette robe de soie, Louise Michel en avait envie pour en affubler une de ses amies qui n'avait guère de quoi se vêtir. Elle dépouillait une riche, non par haine et par convoitise, mais par charité.

Elle fut jadis, quand elle tenait une école dans la Haute-Marne, une institutrice dévote. Elle vit dans l'extase, et s'il lui arrivait de s'envoler de terre, comme on le rapporte d'extatiques, je n'en serais pas surpris. C'est une illuminée qui ne croit pas en Dieu, telle qu'il appartenait à notre siècle de détraqués d'en produire.

Je n'ai fait qu'effleurer mon sujet dans ces trop longues pages, mon jeune ami. La société politique de Paris, en cette période de transition, c'est tout un monde, c'est le monde entier. J'ai esquissé des figures, ébauché des classifications, pénétré la seule surface des hommes et des choses.

Au moment de terminer ce travail, je m'aperçois que je l'ai à peine commencé; mais je ne le finirais jamais si j'entreprenais de le pousser plus loin.

Paris, c'est la grande usine de la politique universelle; c'est là que bouillonnent et fermentent les idées et les principes encore à l'état de chaos; c'est là que le vieux monde est tombé en poussière; c'est là que s'agitent les éléments dont seront faits les temps nouveaux.

Tout semble désorganisé, tout paraît tourbillonner. Ni les vieilles choses ne sont encore assez détruites pour avoir perdu toute force de résistance et de réaction, ni les nouvelles n'ont encore acquis un degré d'être suffisant pour laisser deviner ce qu'elles seront.

Vos hommes d'État s'usent les uns après les autres, sans parvenir soit à arrêter la décomposition des sociétés anciennes, soit à diriger la formation de la société nouvelle. Vos générations grandissent, mûrissent et vieillissent sans parvenir à fixer une base sur laquelle reposeront les bases du futur édifice.

Vous en êtes à la période de démolition et de déblaiement. Les ouvriers de cette heure préparatoire ne connaissent pas le plan de la reconstruction. Il est impossible de discerner encore le secret de l'architecte ni même de prévoir l'heure de sa venue.

Vous auriez grand besoin que votre Révolution, à peine commencée, produisît un homme de génie qui mît un peu d'ordre dans ce chaos.

Mais le génie vient avec les temps propices. Pour qu'il arrive à l'heure nécessaire, il faut que le terrain ait été préparé par de vigoureux coups de charrue, profondément labouré, fumé par le sédiment des anciennes choses et semé de germes nombreux et variés. Alors seulement il naît, grandit, absorbe en lui tous les détritus et les rend à la circulation et à la vie.

L'un de ceux qui serviront le plus à accélérer les destructions nécessaires, est le général Boulanger. Remarquez que tous les politiciens qui l'entourent, le prônent, le *réclament*, surgissent des milieux où la démolition est le principe et où l'on est incapable d'édifier.

Votre société, il est vrai, paraît plus avancée que les autres dans la décomposition ; vous n'avez plus ces dehors majestueux et trompeurs qui cachent dans les autres capitales l'inanité des antiques traditions ; mais votre race est restée féconde, vivace et foncièrement honnête en dépit des apparences contraires ; je crois pouvoir prédire que l'homme qui ramènera votre patrie à sa race et la dirigera dans ses voies nouvelles doit déjà être né.

Attendez donc avec patience le moment où se révélera, non le grand sabre, mais le grand Français. C'est ici qu'il naîtra. La France est dans le laborieux enfantement d'une hégémonie nouvelle. Assistez en curieux au spectacle de ces évolutions, sachez que ces éphémères, qui passent sous vos yeux, ne vivent de cette vie rapide, fiévreuse, agitée, que pour servir de précurseurs au génie d'une France régénérée.

FIN

TABLE DES MATIÈRES

Paris. — Typ. G. Chamerot, 19, rue des Saints-Pères — 22699.

www.ingramcontent.com/pod-product-compliance
Ingram Content Group UK Ltd.
Pitfield, Milton Keynes, MK11 3LW, UK
UKHW012006240726
13965UKWH00001B/186

9 782013 470186